FRITZ MORSTEIN MARX

Das Dilemma des Verwaltungsmannes

Schriftenreihe der Hochschule Speyer

Band 26

Das Dilemma des Verwaltungsmannes

Von

Prof. Dr. Fritz Morstein Marx

DUNCKER & HUMBLOT / BERLIN

Gedruckt 1965 bei Albert Sayffaerth, Berlin 61
Printed in Germany

Dem Andenken an
einen aufrechten Mann
Bürgermeister Carl Petersen
1868 – 1933

Vorwort

Dies Buch handelt vom Verwalten. Im Zeitalter der Großorganisation beeinflußt das Verwalten zunehmend die Daseinsformen der Menschheit. Das trifft auf den privaten Bereich nicht minder zu als auf den öffentlichen. Die Auswirkungen durchdringen sowohl den Produktionsvorgang und den Güterabsatz in ihrer Gesamtheit wie ebenfalls die Lebenssicherung der Gesellschaft in anderen Hinsichten: Aufrechterhaltung der öffentlichen Ordnung im weitesten Sinne, Vorsorge für Erziehung und Gesundheitsschutz, Nutzung der Naturschätze, Landesverteidigung und vieles mehr. Der Einzelmensch ist nicht nur als Abnehmer, sondern auch im Verlauf seines Arbeitstages als Teilnehmer an der Bereitstellung der allgemeinen Existenzgrundlage in den Rahmen des Verwaltens einbezogen. Die Gebilde, die ihn als Konsumenten bedienen und als Erwerbstätigen beschäftigen, sind mit steigender Häufigkeit Strukturen, die im Wege des Verwaltens einerseits ihre Aufgaben nach außen bewältigen und andererseits sich dafür den nötigen inneren Zusammenhalt verschaffen. Es läßt sich kaum sagen, daß unser Gegenstand weit hergeholt ist.

Verwalten umfaßt also mehr als die Zuständigkeitsgebiete der öffentlichen Verwaltung. Wir begegnen dem Verwalten überall dort, wo fortdauernde Funktionen im geplanten Zusammenwirken einer Vielzahl von Menschen erfüllt werden: im Verbandsleben ebenso wie in der Wirtschaft, im kirchlichen Arbeitskreis ebenso wie im Wehrwesen. Inhalt und Formen des Verwaltens sind in vielen Einzelheiten durch die jeweilige Aufgabengestaltung bestimmt, wodurch sich mancherlei Unterschiede je nach der Sphäre der Verwaltungstätigkeit ausprägen. Aber ein umfassendes Gemeinsames verbleibt. Auf dies Gemeinsame soll hier in erster Linie abgestellt werden, gleichsam als eine Anmerkung zu unserer Zivilisation.

Vom Verwalten kann man auf ganz verschiedene Art sprechen. Es läßt sich als errichtetes System beschreiben, als organisatorischer Aufbau, als Arbeitsteilungsordnung. Es kann unter dem Gesichtspunkt der Verantwortlichkeit betrachtet werden, wobei Ermächtigung zum Handeln und Begrenzung des Statthaften in den Vordergrund treten. Es mag ebenfalls als spezifizierende Festlegung des Handelnsverlaufs gesehen werden, als verfahrenstechnische Gewährleistung sachgerechten Tuns. Seltener jedoch ist die Erörterung des Verwaltens aus der Blickrichtung des Handelnden selbst. In solcher Perspektive erscheint das Verwalten als Geschehen, als Erleben, als gewollte Verminderung der Spannung zwischen Sein und Sollen.

Darauf wird hier Gewicht gelegt. Die persönliche Auseinandersetzung mit den gegebenen Anforderungen macht letzten Endes das Dilemma des Verwaltungsmanns gegenständlich. Als Vorgang schließt das Verwalten vieles ein, was zwischen Sieg und Niederlage liegt. Es enthüllt gleichzeitig die Anmaßungen einer rein institutionellen Logik, die das Stipulierte kurzerhand als wirklich voraussetzt. Es unterstreicht die große Bedeutung des jeweils Handelnden, in allgemein menschlicher Qualität wie ebenfalls in beruflicher Haltung und im Verständnis seiner Rolle im Gesamtzusammenhang. In diesen entfaltungsfähigen Faktoren darf man die weithin vernachlässigte Achse des Verwaltungsgeschehens erblicken. Zugriff zu ihr setzt allerdings ein hinreichendes Maß von institutioneller Aufgeschlossenheit voraus.

Das Buch möchte sich in die deutschen Bemühungen um eine Belebung der Verwaltungswissenschaft einreihen. Es fußt im Empirischen, ohne sich an einen bestimmten statistisch-klinischen Befund zu fesseln. Das liegt vielleicht an der empirischen Schallplattensammlung, die der Verfasser als langjähriger Beteiligter am Verwaltungsgeschehen aufgehäuft hat. Schon daraus läßt sich eine Orientierung für einen nützlichen Rundgang zur Sichtung von Hypothesen gewinnen. Der Rundgang zeigt außerdem, wie sehr eine Wissenschaft vom Verwalten Anlaß hat, die Gesellschaft anderer Wissenszweige zu pflegen: Soziologie, Psychologie, Anthropologie, Politologie, Jurisprudenz, Betriebswirtschaftslehre, Technik, Wirtschaftswissenschaft, Geschichte, Philosophie und nicht an letzter Stelle die Sachbereiche der naturwissenschaftlichen Revolution.

Manches, was sich in diesem Buch findet, knüpft an frühere Schriften des Verfassers an. Einige Teile sind im ersten Konzept in amerikanischen Veröffentlichungen erschienen. Der Verfasser ist dafür dankbar, daß die akademischen Verlage von drei Universitäten (Duke, Michigan und Princeton) ihm im Geist wissenschaftlicher Zusammenarbeit den Weg zu einer Weiterentwicklung seiner Beiträge geebnet haben, die in ursprünglicher Form unter deren Copyright stehen. Er hofft, daß das Streben nach Verständnis des Verwaltens, auch wenn es von beliebten Positionen wegführt, mit wachsendem Verständnis aufgenommen werden möge.

F. M. M.

Inhalt

Drittes Kapitel

Viertes Kapitel

Fünftes Kapitel

Achtes Kapitel

Neuntes Kapitel

Erstes Kapitel

Entscheidung und Apparat

Dies kleine Buch handelt vom Dilemma des Verwaltungsmanns. Es ist nicht als Klagelied gedacht, noch weniger als Apologie, als Reinwaschung. Es soll einige Einblicke in die Welt des Verwaltens vermitteln, nicht weil diese Welt eine besondere Anziehungskraft besitzt, sondern weil sie unsere Zivilisation in ständig zunehmendem Umfang beeinflußt. Der Platz, den der Mann der Verwaltung einnimmt, verheißt uns dabei einen Aussichtspunkt. Wie der Verwaltungsmann in seiner Berufssituation seinen Aufgaben gerecht wird, vor allem den Aufgaben gestaltender und lenkender Art, welche Umstände auf ihn richtungweisend einwirken, in solcher Spannung zwischen Initiative und Gebundenheit enthüllt sich das Dilemma, das dem Verwaltungsmann durch seinen Arbeitstag folgt.

Er ist Bürge der Leistung, erhält sein Mandat zum Handeln jedoch aus anderen Händen. Er sieht sich auf Ziele verpflichtet, deren Bestimmung ihm indes nicht zusteht. Wieweit ist er sein „eigener Herr"? Welche Einengungen seiner Handelnsfreiheit ergeben sich aus der Natur der Organisation, in der er sich zur Geltung zu bringen hat? Das sind die beiden Fragen, denen zunächst nachgegangen werden soll.

Mythos der Persönlichkeit

Großorganisation als Typ

Im Zeitalter der Großorganisation liegt es nahe, den dadurch beeinflußten Daseinsformen Aufmerksamkeit zuzuwenden. Großorganisationen widmen sich ihren der Außenwelt zugekehrten Zwecken und ihrer schon darin begründeten Selbsterhaltung vermöge einer bestimmten Methodik. Wir wollen sie Verwaltung nennen, was Arbeitsweisen ebenso wie strukturelle Gestaltung und Zusammenhangspflege einbeziehen soll. Zwar wird diese Methodik auch von kleineren Organisationen zu ihrem Vorteil verwendet; aber die Notwendigkeit des Verwaltet-Seins und des Verwalten-Könnens gewinnt mit zunehmender Größe steigende Bedeutung. Darauf deutet nicht zum letzten der schöpferische Beitrag hin, den sowohl die mittelalterliche Kirche wie auch der neuzeitliche Staat zur Entwicklung der Verwaltung geliefert hat, beide umfassende Gebilde von überragenden Ausmaßen.

Im Spiegel ihrer Verwaltung erscheint die Großorganisation als ein relativ einheitlicher Typ. Kein Wunder, daß heute in der Wirklichkeit des Verwaltens manche der so lange sprichwörtlichen Unterschiede zwischen dem privaten und dem öffentlichen Bereich fragwürdig geworden sind. Solche Kontraste verblassen im Vergleich der Behördenwelt mit den Großbetrieben der Wirtschaft, nicht nur in Leistungswürdigung und Arbeitsrhythmus, sondern auch in den Umständen, die das Verhalten und die Wirkungsmöglichkeiten der Beteiligten bestimmen, einschließlich derer, denen Leitungsaufgaben zufallen.

Natürlich verbleiben trotz beträchtlich vermehrter Vergleichbarkeit wichtige Gegensätze in der Zielsetzung. Die im Privatbetrieb verkörperte Kapitalinvestition muß im Ergebnis der Geschäftsführung für die Investierenden hinreichend anziehend sein, was auf das wirtschaftliche Wohlergehen des Betriebs verweist, wiewohl dies normalerweise die Befriedigung von Abnehmerinteressen voraussetzt. Der höchste Maßstab der öffentlichen Verwaltung ist demgegenüber nicht das abrechnungsmäßige Wohlergehen der Behörde, etwa auf der Grundlage von Gebühreneinkünften, sondern das Wohlergehen ihrer Kunden, der von ihr durch wertvermittelnde Leistungen aller Art Bedienten, hinter ihnen der Allgemeinheit.

Aber in der Perspektive der Leitung ergeben sich dennoch bemerkenswerte Parallelen in beiden Situationen. Ohne die Bilanz außer acht lassen zu können, mögen weitreichende betriebspolitische Entscheidungen in Großunternehmen maßgeblich durch unverbuchbare Faktoren beeinflußt werden: durch die Vorbehalte von Bankfirmen, die Erwartungen der Aktionäre, die Haltung der Belegschaft, die Richtlinien von Industrieverbänden, die Beziehungen zu Gewerkschaften, die Einstellung von Behörden, die Möglichkeit von Pressekommentaren und selbst die Aufnahme in der breiten Öffentlichkeit, ganz zu schweigen von den Rivalitäten innerhalb des Hauses, die in der Führungsgruppe an den Zugängen zur Spitze entstehen können. Dazu lassen sich in der öffentlichen Verwaltung vielerlei Gegenstücke finden, von der realistischen Abschätzung der miteinander um Vorrangstellung ringenden sozialen Kräfte zur Verdrängung des Gemeinwohls durch das Sonderinteresse. Auf beiden Seiten kommt es zu ähnlichen Qualen des Entschlusses, ähnlichen Alternativen, ähnlichen Beengungen der Handelnsfreiheit, ähnlichen Bewältigungsverfahren. Auf beiden Seiten handelt es sich bei solchen Leitungsentscheidungen in der Regel darum, einer Vollzugsapparatur präzise Weisung für ein gewolltes Tun zu übermitteln.

Diese Komplexe des festgelegten Tuns füllen den Strom des für das Individuum relevanten Geschehens wie mächtige Eisschollen. Das Zeitalter der Großorganisation wirkt sich insofern als Massenproduzent von Verwaltung aus, wenn auch nur als Nebenerscheinung, die mit der Erzeugung unzähliger höher geschätzter Beiträge zur Daseinsgrundlage der Gesellschaft untrennbar verknüpft ist. Wer alle Wertakzente auf diese Beiträge, auf den Absatz verlagern möchte, würde sich leicht dazu verführen lassen, Verwaltung gewissermaßen als lästigen Tribut zu betrachten, dem man bedauernswerterweise nicht entgehen kann. Verwaltung wird dann zum Kostenfaktor, der grundsätzlich klein gehalten werden sollte. Dem entspricht die in der Privatwirtschaft weitverbreitete Übung, in den Organisationsplänen der Großbetriebe nur eng umschriebene Tätigkeitsfelder als Verwaltung zu bezeichnen. Das sind vornehmlich haushälterische Aufgaben: Zahlungsverkehr, Buchhaltung, Grund und Boden, Personalnachweise, Lohnberechnung und ähnliches mehr, aber nicht Produktion, Verteilung, Einkauf oder Lagerhaltung, und vielfach ebensowenig Finanzierung, Marktanalyse, Planung, Rechtsberatung oder gar Direktion. Ganz anders der allgemeine Sprachgebrauch im Hinblick auf die öffentliche Verwaltung, deren Dach so breit angelegt erscheint, daß unter ihm ein ganzes Bündel elementarer Funktionen in allen ihren Aspekten Platz hat: Ordnungswahrung, Erziehung, Gesundheitspflege, um nur den Beginn einer Aufzählung zu machen[1].

Eine zunehmend verwaltete Welt hat Anlaß, wie bereits eingangs gesagt, ihre eigenen Züge zu studieren. Damit ist es aber noch nicht weit gediehen. Das zeigen bereits die gängigen Irrtümer, die in der volkstümlichen Vorstellungswelt die Willensbildung in der Großorganisation und vor allem den Wirkungskreis des Mannes an der Spitze verzerren.

Heroische Vision

Schon die äußere Erscheinung der Großorganisation, das achtunggebietende Maß ihrer physischen Dimensionen, fördert einen Hauptirrtum. Es ist der Irrtum, daß der Lenker des Betriebs zu den Übermenschen zu rechnen sei. Könige sind seltener geworden, und Philosophen waren

[1] Über die Gründe der Bürokratisierung vor dem ersten Weltkrieg schrieb Grabowsky: „Die Tendenz zur Bureaukratisierung hat sich schon vor dem Kriege gezeigt, wofür man mit Recht als besten Beweis das Anwachsen der Aktiengesellschaften auf Kosten des freien Unternehmertums bezeichnet hat. Und indem der Sozialismus von der anderen Seite das Unternehmertum immer fester einzuschnüren suchte, hat er, trotz des Mißtrauens gegen unser Beamtentum, doch die Bureaukratie nur verstärkt. Auch das aber ließe sich schließlich noch als bedingt von objektiven Kräften wirtschaftlicher Art erklären. Gänzlich geheimnisvoll wird erst der Fall, wenn man erwägt, daß auch psychologisch der Hang zum Beamtentum in der Bevölkerung gestiegen ist" (Adolf Grabowsky, Hrsg., *Die Reform des deutschen Beamtentums.* Perthes: Gotha, 1917, S. 1).

es schon immer; aber in der Steuerung von Apparaten, die als künstlich geformte Gebilde zur Erfüllung der unterschiedlichsten Zwecke aus der Verbindung von Menschen entstehen, erneuert und vervielfältigt sich offenbar der Traum Platons von der Verschmelzung von Autorität und Vernunft. Sowenig der Mann an der Spitze als statistisch erfaßbares Phänomen bei genauerer Betrachtung einem philosophischen König oder einem königlichen Philosophen nach dem platonischen Modell gleicht, so beharrlich ist dennoch die gegenteilige Erwartung. An vielen Orten begegnet man der Auffassung, daß die Abenteuer, die im Anstieg zur Spitze zu bestehen sind, nur den vom Geschick Erlesenen triumphieren lassen. Er muß sich als das erweisen, was die Alten einen Helden nannten.

Die Karikatur erzielt ihren Erfolg durch Glaubhaftigkeit, indem sie sich vom Volksmund beraten läßt. Der höchste Chef wird als souveräner Befehlshaber dargestellt, der grenzenloses Wissen, unerschöpfliche Energie und überwältigende Machtvollkommenheit ausstrahlt. Seine Gesichtszüge sind monumental, sein Ausdruck ist abweisend, seine Stirn umwölkt. Er thront hinter einem riesenhaften Schreibtisch, umgeben von Telefonen, in einem Raum von majestätischen Proportionen, dessen geballte Funktionalität an den Operationsraum eines Krankenhauses erinnert, akzentuiert durch strategisch verteilte Zimmerpflanzen und eine kühlende Auswahl von Erzeugnissen der *Avantgarde*-Kunst. Sein Wille ist höchstes Gesetz, dessen unverzügliche Ausführung ehrfurchtsvoll gebeugte Kreaturen sich mit atemloser Beflissenheit angelegen sein lassen. Ohne ihn würden sie nicht wissen, was zu tun. Ihre Hilflosigkeit, ihr Zögern, ihre Uneinsichtigkeit wird durch die blitzartige Aufhellung abgelöst, die seinem orakelhaften Wort entspringt.

Es ist richtig: Die Karikatur mischt all dem noch den hinterhältigen Witz bei, der das Gigantische wieder verkleinert, als ob extravagante Schminkung nicht schon an sich zum Lächeln reizte. Aber die Vermutung, daß diese Apotheose der Leitungsgewalt dennoch der Wahrheit nahekommen könnte, läßt sich schwer von der Hand weisen. Dinge sind für das vorschnelle Urteil so, wie sie gesehen werden, selbst wenn dabei Entfernung eine Rolle spielt. Zudem fehlt es nicht an manchen bestätigenden Bekenntnissen aus der Lenkungssphäre, sowohl seitens der Lenker wie auch seitens ihrer Untergebenen. Für sie ist das Walten der letzten Autorität einschließlich der realistischen Voraussetzungen ihrer erfolgreichen Wirksamkeit in der Karikatur im wesentlichen richtig gezeichnet, mit gewissen Abzügen für effekthaschende Übertreibung. Wieweit hier der oft enttäuschte Wunsch das Vorbild liefert, muß allerdings dahingestellt bleiben[2].

---

[2] Über die persönliche Wirkung des Autokraten und ihre institutionellen Ausstrahlungen über den ganzen Verwaltungsapparat sagt Wittfogel: „The

Immerhin gibt es eine auch heute fest verwurzelte Ideologie der Verwaltungsautorität und des Unternehmertums, die für die Definition der Leitungsaufgabe eine heroische Vision in Anspruch nimmt. Nicht minder wichtig ist der Umstand, daß Leitung und Genie durchaus der Paarung fähig sind. Die alte wie die neue Geschichte dient uns eindrucksvolle Beispiele solcher glückhafter Verbindung aus den verschiedensten Zivilisationen an. Aber wenn wir Verklärung und Nachweis voneinander trennen, wird deutlicher, daß die verwendbaren Beispiele doch gerade die Ausnahme belegen. Und wie könnte es auch anders sein? Genie zieht sich bereits begrifflich in die Ausnahme zurück. Hinzu kommt der gewichtige Zweifel, daß in scharf durchgestaffelten Strukturen wie Großorganisationen die geniale Persönlichkeit, die ihrer Natur nach meist mit entsprechend verkürztem Anpassungsvermögen bedacht ist, leicht den Anschluß nach oben findet.

Wie wenig Wert die heroische Vision als Wegweiser hat, lehrt ein besonders anschaulicher Sachverhalt. Es gibt wohl kein volksgewähltes Exekutivhaupt, dem Verfassung und Verfassungsentfaltung eine umfassendere potentielle Machtfülle zugespielt haben als dem Präsidenten der Vereinigten Staaten. Viele Umstände, die nicht logisch miteinander verknüpft sind, haben dazu beigetragen. Die Suche nach Kraft für den noch unvollzogenen Bund, die in der verfassunggebenden Versammlung 1787 schrittweise an Dringlichkeit gewann, war einer der Faktoren. Ein anderer war die kategorische Gleichstellung der Gewalten im Text der Verfassung, wodurch die eigenständige Exekutive zum Gegenpol der Legislative werden konnte, in scharfem Gegensatz zum parlamentarischen System. Ein weiterer Faktor ergab sich in der Gewinn- und Verlustrechnung des Zweiparteiensystems, vor allem aus der Schwäche der nationalen Parteiorgane. Die Formulierung des Regierungsprogramms fiel gewissermaßen als Ersatzleistung dem Präsidenten zu, der damit allerdings auch selbst für die Durchführung seines Programms im Kongreß und in der Öffentlichkeit kämpfen muß. Schließlich führte das in die traditionelle Wahlkreisordnung eingebaute Übergewicht der ländlich-kleinstädtischen Blickweisen in der Legislative dazu, daß der Präsident auch ein notwendiges politisches Gegengewicht zur Geltung zu bringen hatte. Als Sprecher der Nation, von ihr erkoren, wurde er vornehmlich zur Stimme des anderen Amerika, der zunehmend großstädtischen industriellen Gesellschaft. Auswärtige Politik und Verteidi-

---

autocrat has been likened to the life-giving sun, to fierce animals, and to the merciless forces of lightning, storm, and flood. To his subjects he is indeed all these, and those among them who act in his name are eager both to execute his will and to influence it" (Karl A. Wittfogel, *Oriental Despotism: A Comparative Study of Total Power*. Yale University Press: New Haven and London, 1962, S. 343).

gungspolitik wie ebenso Wirtschaftspolitik und Sozialpolitik finden im Präsidenten ihren Sachwalter.

Er ist der Zähmer der Zukunft; aber im gemeinsamen Urteil von aufgeschlossenen Inhabern dieses außergewöhnlichen Amtes einerseits und von wissenschaftlichen Beobachtern andererseits ist der amerikanische Bundespräsident täglich erneut tief in den Kampf um seine eigene Handlungsfreiheit verstrickt. Von Problemen bedrängt bedarf er nichts so sehr wie der Hilfe, ohne sich ihr ergeben zu dürfen. Das ist eine nützliche allgemeine Hypothese. Wer die Entscheidungszentralen von Großorganisationen aus eigener Wahrnehmung kennt, wird für die heroische Vision in der Beschreibung der Leitungsaufgabe keinen Gebrauch haben[3].

Gewicht der Erfahrung

Ein anderer nicht minder geläufiger Irrtum über die Steuerung von Großorganisationen wendet den Mythos der dominierenden Persönlichkeit in das Praktische. Dem heldenhaften Format wird der Läuterungseffekt des Aufstiegs nach oben vorgeordnet. Was die Organisation leistet, erscheint in erster Linie als das Ergebnis der besonderen Einsichten, die sich aus der fortgesetzten Erfüllung der Leitungsaufgaben schon als natürlicher Vorgang ansammeln. Dem liegt jedoch meist eine Fehleinschätzung des Wesens und des Wertes der persönlichen Erfahrung des Mannes an der Spitze zugrunde.

Niemand wird zwar Erfahrung gering einschätzen wollen. Auch in der Bewältigung von Lenkungsproblemen bedeutet es einen beträchtlichen Gewinn, wenn auf das zurückgegriffen werden kann, was sich aus der Erinnerung vergleichbarer Umstände als Handelnsmodell anbietet. Gerade in der kontinuierlichen Tätigkeitswelt zweckgeprägter Gebilde, die ihre Arbeitsweisen aus der täglichen Prozession des notwendigen Tuns und aus der ihnen vorgezeichneten Zielsetzung hervorbringen, ist ein solches Zurückgreifen auf das im Bewußtsein vorgeformte Muster eine wesentliche Erleichterung. Der erfahrene Mensch weiß, was sich bewährt hat. Er weiß auch von Irrwegen, von falschen Wendungen, von Gegenkräften, die der besten Absicht den Garaus machen können. Er gewinnt für sich erhebliche Sicherheit in der antizipierenden Erfassung von Möglichkeiten und Wahrscheinlichkeiten. Er geht an neue Probleme mit gefestigtem

---

[3] Über das „Veto des Apparates", um es so auszudrücken, sagt ein früherer Berater aus dem Weißen Haus: „Surprisingly enough, a President's decision in either domestic or foreign affairs may also depend upon its acceptance within the Executive branch itself — on the President's ability to gain acceptance for his point of view over dissent, inertia, incompetence, or impotence among his own appointees and policy officials as well as the permanent bureaucracy" (Theodore C. Sorensen, *Decision-Making in the White House: The Olive Branch or the Arrows.* Columbia University Press: New York, London, 1963, S. 25).

Sinn dafür heran, welche Punkte relevant sein mögen oder jedenfalls welche Relevanz in vorherigen Verläufen zutage getreten ist.

Gerade auf der Leitungsebene bieten sich ihm aus all dem Hinweise darauf, wie er sich angesichts ungeklärter oder kollidierender Faktoren zu verhalten vermag, welche der sie beeinflussenden oder durch sie berührten Kräfte miteinander verkoppelt oder gegeneinander ausgespielt werden könnten. Er lernt aus der Erfahrung, mit einer Vielheit von offenen Fragen zu leben, deren Gesamtlast im Jahresverlauf nie abzunehmen, sondern ständig zuzunehmen scheint. Wichtiger noch: Er lernt das Kleine vom Großen zu trennen; jedenfalls weiß er die praktische Bedeutung dieser Unterscheidung zu würdigen. Weil er als Überlebender mit dem Gedränge der Dinge und dem Eilschritt der Krisen vertraut ist, läßt er sich nicht leicht ins Bockshorn jagen. Er kennt das System verzögernder Rückfragen, mit denen er für die Erledigung der ihn am ärgsten bedrängenden Sache mehr Zeit oder vielleicht größere Klarheit gewinnen kann.

Aber Erfahrung wird nicht durch bloßen Zeitablauf erdient. Wer auf Erfahrung pocht, rühmt sich nicht selten lediglich der Beständigkeit im Ausharren an seinem Platz. Man kann nicht von Erfahrung als Wachstumsfaktor sprechen, wenn es sich in Wirklichkeit nur um ein passives Mitdabeisein handelt, wenn das, was geschieht, nicht verständnisvoll erfaßt und geistig verarbeitet wird. Zudem ist Erfahrung keineswegs unbeschränkt von einem Gebiet auf ein anderes übertragbar. Vielfach fehlt es gerade denen, die ohne hinreichende Übergänge aus anderen Tätigkeitsbereichen in die Leitung der Organisation aufgestiegen sind, an grundlegender Erfahrung. Daß sie ausgezeichnete Vertrautheit mit einem bestimmten Teilbereich oder Spezialgebiet mitbringen, macht es noch nicht wahrscheinlich, daß sie sich der wesenseigenen Problematik der Leitungsaufgabe gewachsen zeigen werden. Ja, für diese Ebene mag intensive Erfahrung in engeren Bereichen deformierend wirken und so zum Hindernis werden, wie sich nicht selten in privaten und öffentlichen Verwaltungsstrukturen herausgestellt hat, wenn bei der Auswahl für die Spitze auf verheißungsvolle Kräfte zurückgegriffen wurde, deren Anwartschaft sich vornehmlich auf die Erfahrung als Virtuosen in näher umgrenzten Sphären gründete.

Die Lehre der Erfahrung wird auf der höchsten Ebene gern als schweres Geschütz aufgeführt, wenn in Wirklichkeit der Mann, der das letzte Wort hat, sich von der ihm zufließenden Beratung frei machen möchte, um aus mehr oder minder guten Gründen seinen eigenen Weg zu gehen. Zweifellos wird ein Verwaltungshaupt, das wirklich seiner Verantwortung gewachsen ist, auch das Recht beanspruchen können, seiner eigenen Diagnose des Sachverhalts zu folgen. Es ist sogar möglich, daß es ihm gelingt, die Situation hinreichend klar zu erfassen, ohne daß ihm die

Gabe eigen ist, die maßgeblichen Faktoren für seine Berater in überzeugender Weise gegenständlich zu machen. Anders ist es aber, wenn Erfahrung bewußt als letzter Trumpf ausgespielt wird, wenn der Chef nur seinen Eigenwillen verteidigt oder unausgewiesenen Motiven Raum gibt, indem er behauptet, die Dinge aufgrund seiner Erfahrung besser zu kennen. Dabei mag es sich in Wahrheit um eine persönliche Auseinandersetzung mit gewissen Beratern handeln, um Spannungen, die dem Chef das Eingehen auf durchaus verständige Vorschläge menschlich erschweren. Er führt seine Erfahrung ins Feld, um einer für ihn unerträglichen Zwangssituation zu entrinnen.

Viel bedenklicher ist etwas anderes. Erfahrung ist ein Gut, das in der Regel keinerlei objektiver Bewertung unterliegt, sondern ausschließlich subjektiven Reaktionen entspringen mag. Was dem Handelnden als Erfahrung ins Bewußtsein tritt, ist recht häufig ein Konglomerat von erinnerten Situationen, zu deren geduldigen Durchleuchtung sich vielleicht für ihn weder Anlaß noch Zeit geboten hat. Er summiert diese Vorgänge, die sich seinem Bewußtsein eingeprägt haben, wobei er sich gewissermaßen eine feste Überzeugung einredet. Was dabei herauskommt, mag lediglich ein Pseudo-Produkt sein, das sorgfältiger Prüfung nicht standhalten würde, vielleicht eine Verkrustung von Irrtümern. Vorstellungen, die einer früheren Zeit entstammen und sich einer andersartigen Gegenwart entgegenstemmen, werden oftmals als Erfahrung an den Mann gebracht. Wenn das, was als Erfahrung zitiert wird, auf quantitative und qualitative Maßstäbe bezogen und im einzelnen genauer überprüft wird, wenn die Bestandteile in verläßlicher Weise durchsortiert werden, zeigt sich nicht selten, daß solche Erfahrung nichts als Schimäre oder Vorurteil ist.

Vorgebliche Erfahrung wird zwangsläufig zur Belastung des Handelnden, zur Quelle der Selbsttäuschung. Frei von derartiger Erfahrung würde er den Dingen aufgeschlossener gegenüberstehen. Vor allem in der Leitung von Großorganisationen darf dieser Umstand nicht unterschätzt werden. Zwar wird auch für den Chef vieles zur Routine. Aber seine Statur zeigt sich erst in Situationen, die nicht durch Rückgriff auf Prototypen aus der Vergangenheit vereinfacht werden können, wenn es eben nicht auf Erfahrung ankommt, sondern auf Urteil ebenso wie auf Mut zum Experiment und zur Improvisation. Dann darf die Blickweise gerade nicht vornehmlich der Vergangenheit verpflichtet sein, sondern muß der Gegenwart und der Zukunft gerecht werden können.

Eins ist klar: Wenn das Entscheidungsvermögen einer Großorganisation allein auf die persönliche Erfahrung des Mannes an der Spitze beschränkt wäre, würde die Grundlage gefährlich schmal werden. Erfahrung muß sich an Erfahrung messen können, um an Verläßlichkeit zu gewinnen. Überdies ist Erfahrung nur ein einzelner Strang in der Verknüpfung von

Absichten, Umständen, Auswirkungsmöglichkeiten und Entscheidungsalternativen. Leitung ist weit mehr als Auswertung der Erfahrung der in der Organisation ranghöchsten Personen.

Segen der Entschlußkraft

Noch ein dritter Kapitalirrtum sei erwähnt, der gleichfalls infolge der optischen Erhöhung des leitenden Mannes die Willensbildung in der Großorganisation wie in einem unebenen Spiegel erscheinen läßt. Er ist dem Irrtum über die ausschlaggebende Bedeutung der persönlichen Erfahrung an der Spitze in mehr als einer Hinsicht verwandt, vor allem durch das Zuviel an Autoritätsgläubigkeit, das in beiden offensichtlich ist. Dieser Irrtum entsteht aus einer Übertreibung des Umfangs der Behinderung, die die natürliche Bremswirkung des Wägens gegenüber dem Wagen mit sich bringt. Was der Chef am nötigsten braucht, so hört man häufig, ist Entschlußkraft. Hier liege der Schlüssel zur Produktivität der Großorganisation. Entscheidungsfreudigkeit sei mehr als die Hälfte des Entscheidens.

Nun ist es in der Tat das Geschick des Mannes an der Spitze, auf der höchsten Sprosse der Leiter zu stehen. Höher läßt sich keine Sache hinaufreichen. Das Hinaufreichen, dessen sich alle auf den darunterliegenden Sprossen Stehenden als letzten Auswegs bedienen können, hat hier sein Ende. Ein Wiederhinunterreichen ist nur in gewissen Fällen tunlich. Da gerade die wichtigsten Dinge unaufhaltsam nach oben drängen, ist man oben unter unerbittlichem Druck. Das Erledigungsvermögen an der Spitze muß daher den unerläßlichen Entscheidungsbedürfnissen der Organisation angemessen sein. Sonst kommt es nicht nur zu bedenklichen Stauungen in den nach oben führenden Verständigungskanälen, sondern auch zu einer Weisungsdürre überall dort, wo das Tun nach Ausrichtung ruft. Kein Zweifel: Wenn Leitungsentscheidungen erforderlich sind, verursacht hilfloses Zögern Stagnation, Unsicherheit und einen meßbaren Leistungsschwund.

Man muß jedoch gleich hinzusetzen, daß in der Großorganisation für den Mann an der Spitze der Arbeitstag nicht durch ein maschinenartiges Herausschleudern von Entscheidungen charakterisiert ist. Dies um so weniger, wenn durch verständige Verteilung von delegierbaren Aufgaben an andere vermieden wird, daß jede nach oben gelangte Sache der Unterschrift des Chefs selbst bedarf. Gerade weil alles Entscheiden ein Auswählen ist, müssen die verfügbaren Wahlmöglichkeiten fächergleich vor dem Entscheidenden ausgebreitet und im einzelnen gewürdigt werden. Dazu ist eine vorangehende Klarstellung erforderlich: In welcher Richtung sollen die Wahlmöglichkeiten gesucht und ermittelt werden? In den

Ausgangsstadien dieser subtilen Orientierungsvorgänge ist der Beitrag der Leitung besonders wichtig[4].

Allerdings handelt es sich hier nicht um die Sicherung einer Monopolstellung. Gute Ideen wachsen überall. Aber nirgendwo ist die Rolle der Leitung folgenreicher als im Ausfindigmachen von verheißungsvollem Rekognoszierungsterrain, im Erkennen von verdeckten Zusammenhängen, in der Bestimmung des rechten Zeitpunktes, etwa in der Hoffnung auf neue oder ansprechendere Produkte, oder auf verbesserte Produktionsmethoden, oder auf wirkungsvollere interne Kontrolle oder auf präzisere Planung. Obwohl diese Aufzählung auf den Privatbetrieb gemünzt scheinen könnte, gibt es dafür natürlich überall Parallelen in der öffentlichen Verwaltung. Es ist dies unermüdliche Ertasten von Möglichkeiten, diese wache Aufmerksamkeit gegenüber dem Leistungsstand der Organisation, diese ständige Jagd auf das Morgen, worin sich die eigentliche Arbeitslast und die wahre Qualität der Leitung enthüllen. Daher das immer erneute Aufwerfen von Fragen, das fortgesetzte Lesen von Berichten, die ewigen Besprechungen innerhalb und außerhalb des Hauses. Es mag keine Übertreibung sein, wenn der erschöpfte Mann an der Spitze zur Nachtzeit bekennt: „Entscheidungen? Ich kann mich heute nur einer entsinnen: Fräulein Müllers Urlaubssache.“

Die Kritik, daß es der Leitung an Entschlußkraft fehle, entstammt überdies in vielen Fällen ungeduldigen Interessenten. Zwei Hauptgrup-

---

[4] Den Wert schnellfüßiger persönlicher Hilfe wußte auch Bismarck zu schätzen. Darüber schreibt Hintze: „Wenn hohe Beamte ihm Berichte zur Unterschrift zugesandt hatten, bei denen er nur den einen oder anderen Punkt beanstandete, so empfand er es als eine dienstliche Höflichkeitspflicht, die Abänderungswünsche, die er dabei hatte, ausführlich zu motivieren. Das immer schriftlich zu tun, hätte mehr Zeit gekostet, als er zur Verfügung hatte und als die Sache wert war; die Herren zu sich zu bitten, um ihnen mündlich die nötigen Erklärungen zu geben, verbot sich in der Regel auch durch die Rücksicht auf die Stellung und die Arbeitslast solcher höherer Beamten. Bismarck hatte doch ein feines Gefühl dafür, daß die Schonung des Selbstgefühls seiner Mitarbeiter eine wichtige Forderung im Interesse des Dienstes sei. Er wünschte daher eine Anzahl geschickter jüngerer Kräfte im Aspirantenstadium zur Verfügung zu haben, die er schnell informieren und dann mit den Akten an die Minister oder Staatssekretäre oder Abteilungsdirektoren senden konnte, um ihnen mündlich die nötigen Aufklärungen zu geben und die Sache ohne bürokratische Weitläufigkeiten in Ordnung zu bringen. Er schätzte überhaupt die persönlichen Adjutanten mehr als den umständlichen Mechanismus des regelmäßigen bürokratischen Geschäftsganges; er brauchte unmittelbare Vollstrecker seiner Absichten oder auch lebendige Nachschlagebücher, die ihn rasch mit Umsicht und Findigkeit informierten, wo ihn die Akten oder seine eigenen Kenntnisse von Dingen und Personen im Stich ließen; solche Kräfte waren natürlich seltener anzutreffen als die, welche im hergebrachten bürokratischen Schlendrian ihr Tagewerk zu leisten gewöhnt waren" (Otto Hintze, *Geist und Epochen der Preußischen Geschichte: Gesammelte Abhandlungen.* Hrsg. Fritz Hartung. Koehler & Amelang: Leipzig, o. J. 1943, S. 676—677).

pen unter ihnen sind deutlich sichtbar. Die eine besteht aus denen, die ein materielles Interesse an den von ihnen erhofften Entscheidungen haben: zum ersten die Kunden der Organisation, aber auch Vertragspartner, etwa bei erstmaligen Vorhaben oder großen Objekten. Natürlich wollen sie eine schleunige Befriedigung ihres Interesses. Aber sie sind Partei. Die andere Gruppe findet sich in der Organisation selbst. Das sind in erster Linie diejenigen, die an der Vorbereitung der einzelnen Entscheidung beteiligt waren. Für sie ist die Sache nach Abschluß ihrer Vorarbeit „fertig". Sie können nicht verstehen, weshalb die letzte Unterschrift so lange auf sich warten läßt. Aber vielfach sehen sie die Angelegenheit ausschließlich in der Spezialistenperspektive, als schmalen Streifen, dessen Gewebe zwar Faden um Faden geprüft ist, dessen notwendige Einflechtung in einen breiteren Entscheidungskomplex aber weit über ihre eigene Urteilssphäre hinausführt. Daß mit dem Abschluß ihrer Arbeit die Arbeit der Leitung erst wirklich beginnen mag, versteht sich für sie selten von selbst. Was „oben" geschieht, scheint ihnen das Werk einer Verlangsamungsmaschine, um so mehr, wenn schließlich ihr Vorschlag unverändert Billigung findet. Der Nutzen, der daraus hervorgeht, daß der Vorschlag zuvor wiederholt von jeweils anderen Händen nachdenklich herumgedreht worden sein mag, leuchtet ihnen nicht ohne weiteres ein.

Für die Leitung aber ist das Zielen wichtiger als das Schießen. Ja: Es sollte auf der Hand liegen, daß wie in der Infanterie reine Schießfreudigkeit an Wert beträchtlich hinter ruhigem Zielen zurücktritt. Bloße Entschlußkraft an der Spitze ist weit davon entfernt, die Willensbildung in der Großorganisation zu beherrschen.

Aspekte des Entscheidungsvorgangs

Abhängiges Entscheiden

Fassen wir zusammen: Das Wesen der Verwaltung in dem weiteren Sinne, der gleich zu Anfang des vorangehenden Abschnitts umrissen wurde, wird in der Großorganisation nicht aus dem Mythos der an der Spitze stehenden Persönlichkeit gegenständlich. Es ist nicht so, daß in ihr die Ströme des Geschehens in eine zwingende Synthese gebracht werden. Eine heldische Interpretation wäre verfehlt. Ebensowenig würde die Symbolik einer durch einzigartige Erfahrung erhöhten Vaterfigur passen. Nicht minder abwegig erscheint die Meinung, daß die Willensbildung in der Großorganisation von dem Eifer abhängt, mit dem die gordischen Knoten an der Spitze durchgehauen werden.

Viel kennzeichnender für den Entscheidungsvorgang in der Großorganisation ist etwas anderes. Im allein selbstbezogenen Verhalten greift der

Vorgang des Entscheidens nicht notwendigerweise über den Entscheidenden selbst hinaus, obwohl er sich Rat verschaffen mag. So auch oftmals in der Kleingruppe, wenn in ihr eine Person für die anderen zu sprechen gewohnt ist. Das ist anders in der Großorganisation, innerhalb welcher in praktisch jeder Entscheidung sich vorherbestimmte Beteiligtenrollen zu einer notwendigen Kette verbinden. Die Entscheidung ist in der Regel das Erzeugnis eines Zusammenwirkens und insoweit einer pluralistischen Gestaltung.

Für eine autoritäre Blickweise mag das eine abschreckende Feststellung sein. Verantwortliches Entscheiden, so vernimmt man nicht selten, verlangt den Singular, die Ausschließlichkeit der Individualität. Pluralismus gilt zudem für viele ohnehin als ein böses Wort. Weshalb eigentlich? Das Wort identifiziert vorgeblich eine Beschwernis, die uns erst die heutige Zeit beschert hat. Aber ist dem so? Schon wenn der Mensch sich als Teil der Menschheit sieht, offenbart sich ihm das Individuum in seiner Vielheit. Der Blick des Menschen richtet sich auf *die* Menschen und macht ihn bereits darin mit dem Phänomen der Pluralität vertraut. Für ein von jeher soziales Wesen müßte die Erkenntnis des Pluralismus uralt erscheinen. Herrscher und Beherrschte, wie drastisch sich auch die Wenigen den Vielen voranzustellen vermochten, formten in der Natur ihrer Beziehungen ein pluralistisches Gebilde. Daß sich in ihm grundlegende Ungleichheiten auswiesen, daß elitäre Strukturen die Freiheit der pluralistischen Entfaltung weitreichend beengten, ändert daran nichts. Die Vielen und damit den Ausdruck der Vielheit gab es schon immer. Was sich in der industriellen Gesellschaft geändert hat, ist der zunehmend vergrößerte Umfang der allgemeinen Beteiligung am Geschehen.

Großorganisation bedeutet ihrem Wesen nach geordnetes Zusammenwirken zu bestimmten Zwecken in einem Zusammenhang, der von niemanden physisch gesehen werden kann. Sicherung der Ordnung ist typischerweise nicht Ausfluß oder Effekt einer Herrschaft, die allein einem einzelnen beherrschenden Gewalthaber oder einem Kollegium solcher Machthaber zukommt. Ebensowenig ist Durchführung der Ordnung unbedingte Pflicht von vorbehaltlos Gewaltunterworfenen. Lenkung ist zugewiesener Handelnsbereich. Lenkungsgemäßes Tun ist gleichfalls zugewiesener Handelnsbereich. Handlungsvollmacht ist normalerweise nicht Persönlichkeitsattribut, sei es durch Erbschaft, sei es durch Eigentum, sondern beruht auf gewöhnlich widerruflicher Übertragung. Die Stufenleiter der Autorität reicht durch die ganze Organisation, so daß generell fast jeder, der auf dieser Leiter steht, gleichzeitig Vorgesetzter und Untergebener ist. Selbst der Mann an der Spitze ist gewissen höchsten Direktions- und Aufsichtsorganen unterstellt. Auch sein Entscheiden muß höheren Entscheidungen meist generellerer Art entsprechen. Dieser Sachverhalt läßt sich als abhängiges Entscheiden bezeichnen.

Abhängiges Entscheiden ist zur Hauptsache durch zwei Faktoren bestimmt. Zum ersten sind der einzelnen Entscheidung sowohl Ziele wie auch Grenzen gesetzt, über die sich der Entscheidende nicht hinwegzusetzen vermag. Das Können und das Dürfen sind im Vorwege ausgerichtet. Selbst die schöpferische Entscheidung wird so in letzter Hinsicht zum Vollzug. Vieles, was entschieden wird, *muß* entschieden werden, muß nicht selten sogar *so* entschieden werden. Zum zweiten sucht der von oben wirkende Zwang zum Entscheiden nach Tragbarkeit der Verantwortlichkeit. Die Entscheidung muß vertretbar sein. Sie ist gewöhnlich dann am ehesten vertretbar, wenn sie sachlich zwangsläufig erscheint. Daher verschafft sich der Entscheidende Deckung durch den Objektivitätsbeitrag der Sachkunde, wo er sie nur finden kann.

Abhängiges Entscheiden, als unmittelbare Nebenerscheinung der Arbeitsteilung im breit strukturierten Verband, versagt dem Beteiligten weitgehend den Luxus des persönlich orientierten gefühlsmäßigen Handelns, das Glücksspiel der Risiko-Übernahme im marginalen Bereich des „Vernünftigen". Der Druck wirkt in Richtung auf gängige Vorstellungen über das „Richtige", die unter den am Entscheiden Beteiligten keine Kontroversen entfesseln würden. Daß darin eine beträchtliche Beeinflussung zur Sachgerechtigkeit liegt, ist kaum zu bestreiten. Die Sachgerechtigkeit versteift sich sogar nicht selten zu einer bleiernen Nüchternheit. Das mag dem *Elan* des Handelns, der Schwungkraft des waghalsigen Entschlusses zwar wenig Raum lassen; es mag die Neigung zu hohen Einsätzen erheblich schwächen oder ganz ersticken. Demgegenüber ist die Wahrscheinlichkeit einer „verständigen" Entscheidung wesentlich vergrößert. Gerade die festgelegten Beteiligtenrollen stellen der persönlichen Eigenwilligkeit eine quasi-repräsentative Übereinstimmung entgegen.

Allerdings führt jede festgelegte Beteiligtenrolle den an der Entscheidung Mitwirkenden in gewissem Umfang auf seine Rolle zurück. Was ihn in erster Linie angeht, ist die Vertretbarkeit seines eigenen Beitrags innerhalb dieser Rolle. Die Vertretbarkeit der aus dem Zusammenwirken aller Beteiligten hervorgehenden Entscheidung als solcher liegt mehr als einen guten Schritt dahinter zurück. Daß alle Beteiligtenrollen jedoch ihre Rechtfertigung in der Zusammenarbeit finden, liefert einen Antrieb zum Zusammenhang und zur wechselseitigen Abstimmung der Urteilsgrundlagen für die Feststellung der Sachgerechtigkeit.

Die Suche nach einer verläßlichen Urteilsgrundlage in Ausübung seiner Beteiligtenrolle veranlaßt den Mitwirkenden, Sachkenntnis wie auch Fachwissen herauszustellen. Beide sind Quellen der akzeptablen „Richtigkeit" wie auch seiner persönlichen Geltung in der Organisation. Es ist jedoch unvermeidlich, daß er wiederholt auf die Frage stößt: Wie gut muß ein Grund sein, um ein guter Grund zu sein? Worauf kommt es dabei an? Auf die Sammlung und Bewertung erfaßbarer Information? Auf die Beantwortung der Vorfrage nach der Relevanz der Information? Auf die Zwangsläufigkeit der Schlußfolgerungen, die aus der verfügbaren Information ableitbar sind? Die sich in diesen Fragen auftuenden Ungewißheiten leiten den in den Entscheidungsvorgang Eingespannten ständig erneut auf die Absicherung der eigenen Stellungnahme hin. Schon daraus erklärt sich die bereits erwähnte Neigung der an der Entscheidung Beteiligten, durch Einvernehmen untereinander für jeden ein Höchstmaß der persönlichen Sicherung zu erzielen, einerlei ob es sich um Mitentscheidende oder um deren Berater handelt.

Für jeden Entscheidenden wird die persönliche Last der Entscheidung dadurch vermindert, daß er andere, wenn auch nur als Quelle des Rats, zur Beteiligung an der Risiko-Übernahme gewinnen kann. Das Ergebnis solcher Teilnahme mag aus gewissen Gewohnheiten des Gedankenaustausches entstehen. Auf diese Weise bestimmt sich dann, was von allen gemeinsam vorausgesetzt wird. Einigung kann auch als Ersatz für Sachkunde Geltung erlangen. Wenn solche Abdeckung des Entscheidungs-Risikos im Hinblick auf die zu treffende Entscheidung durch praktiziertes Einvernehmen leicht möglich erscheint, mag der Drang nach Klarstellung der jeweils wirklich maßgebenden Faktoren abnehmen. Einvernehmen kann sich nicht nur zur Denkträgheit, sondern ebenfalls zum Vorurteil verdichten.

Abhängiges Entscheiden als sowohl parzelliertes wie auch risikobegrenzendes Entscheiden klammert sich vielfach an ein Modell der „Erledigung", das als genereller Ausdruck des „Verständigen" zu passen scheint. Obwohl abhängiges Entscheiden sich in der Regel am ehesten in verantwortungsvolles Entscheiden im Sinne einer Rechtfertigungsbereitschaft umsetzt, kann die Beschaffung einer überzeugenden Grundlage wichtiger werden als die Bestimmung des Handelns. Der Entscheidende will sicher sein, daß er seinen Anteil an der Entscheidung vertreten kann. Wenn er sich dabei auf andere zu stützen vermag, liegt der Gewinn für ihn in der daraus entstehenden Risiko-Gemeinschaft aller an der Entscheidung Beteiligten. Das kann für ihn wichtiger werden als das Eindringen in den zur Entscheidung stehenden Sachverhalt, als alle auf Klarstellung gerichteten Bemühungen. Zu einer hinreichend in die Tiefe dringenden Prüfung mag ihm dann kein besonderer Anlaß gegeben sein.

Fortlaufendes Geschehen

Abhängiges Entscheiden als Teilbereich in einem festgelegten Entscheidungsvorgang ist vorwiegend in Beteiligtenrollen aufgeteilt. Für fast alle Beteiligten trifft es zu, daß sie die Entscheidung weder nach eigener Wahl auf den Plan rufen noch sie in persönlicher Ausschließlichkeit allein gestalten. Fast jeder Beteiligte sieht seine Rolle als gebotenes

Tun in einem fortdauernden Verlauf. Der Vorbeimarsch der Entscheidungsbegehren hört nie auf; wenn einer der Beteiligten dabei den ihm zufallenden Beitrag zur vollen Entscheidung nicht „mehr oder minder" rechtzeitig leistet, kommt der Marsch ins Stocken, wobei vielfach Alarmsignale ausgelöst werden, die auf den Schuldigen hinlenken. Abhängiges Entscheiden steht insofern unter dem Druck des fortlaufenden Geschehens.

In der Großorganisation stellt sich das Entscheiden auf unterschiedlichen Ebenen der Verantwortlichkeit, aber auch an der Spitze als quantitativ anlaufendes Bedürfnis dar; es muß daher in einem für die Beteiligten verständlichen Bearbeitungsvorgang aufgefangen werden. Das Entscheiden wird selbst durch eine Regelung aufgegliedert, die dem Andrang der Entscheidungsbegehren gerecht werden muß. Die Lebensbekundungen der Organisation ebenso wie die Erfüllung ihrer Aufgaben veranlassen den ununterbrochenen Zufluß von Dingen, über die Entscheidung erbeten wird oder erwünscht scheint. Aus der Wiederholung im Tun und der geregelten Beziehung zwischen den Beteiligten entstehen äußerliche Garantien dafür, daß die jeweilige Entscheidung von mehr als einem Gesichtspunkt betrachtet wird und allen denkbaren sachlichen Anforderungen genüge tut.

Aber gerade weil die Beteiligten sich bald darüber einig werden, daß „alles schon einmal dagewesen ist", kommt man dazu, auch ungewöhnlichen Sachen im Bewußtsein eine Vorprägung zu geben. Die tagtägliche Bewältigung von Entscheidungsbegehren fördert die Herausbildung von Denkgewohnheiten. Es kommt zu erleichternden Verallgemeinerungen, zu einer von allen Beteiligten dankbar empfundenen Routine. Einmaligkeit würde besonderer Anstrengung bedürfen; das gewohnte Erlebnis „rollt von selbst".

Die routinemäßige Erledigung schaltet den wachen Gedanken aus, ermöglicht aber andererseits gleichzeitig ein schnelleres Schrittmaß in der Bearbeitung. Aus dem, was „jeder weiß", geht eine allgemeine Neigung hervor, sich diesem vorgefaßten Wissen vorbehaltlos anzuvertrauen. Die Bereitschaft nimmt zu, das Besondere des konkreten Falls in Präjudikaten, Kategorien und Generalisierungen untergehen zu lassen. Routine vermindert die Wahrscheinlichkeit einer erratischen Entscheidung, die vielleicht nur durch die Umstände der entscheidenden Person erklärlich ist. Dagegen erhöht sich die Möglichkeit, daß die Vielgestaltigkeit der Umstände in dem zur Entscheidung gelangenden Sachverhalt durch eine Generalschablone verdrängt wird, die der Routine selbst entstammt. Die Beteiligten beginnen, aus ihrer fixierten Perspektive Dinge zu sehen, die in Wahrheit gar nicht da sind.

Das fortdauernde Geschehen gibt dem Anspruch auf gleiche Behandlung gleicher Dinge also arbeitstechnisches ebenso wie prinzipielles Gewicht.

Die Kehrseite wird sichtbar, wenn man wahrnimmt, wieviel Widerstand sich gegen die Hinnahme von solchen Entscheidungen regt, die zur Abweichung von vertrauten Arbeitsweisen Anlaß geben würden. Entscheidungen, die auf Wandel zielen und deshalb umgestaltend in das gewohnte Verhalten eingreifen müssen, vollziehen sich nicht von selbst. Ihnen widersetzt sich der Apparat meistens mit aller Kraft in erster Linie als Selbstverteidigung des gegebenen Arbeitstages. Insoweit ist die Vorhersehbarkeit, mit der Entscheidungen ihre Wirkung entfalten, in der Natur des Apparats und seiner Defensivreaktion in Frage gestellt.

Es kommt ständig zu einer Art von ungewollter Vergeudung von Entscheidungen, weil sie unwirksam im Sande verlaufen oder ihnen im Vollzug erhebliche Modifikationen aufgezwungen werden. Die Tatsache der ergangenen Entscheidung bringt keineswegs automatisch einen zweifellos als gegeben voraussetzbaren Zustand hervor. Die Entscheidung mag nur eine Sollenstendenz in Richtung auf die Erzielung des gewollten Zustandes verkünden. Was sich aber wirklich ereignet, läßt sich nur durch Nachfassen ermitteln. Apparat und Entscheidung stehen in einem Spannungsverhältnis.

Wenn wir den Apparat als Konstante betrachten wollten, so ließe das Entscheiden sich als Konzession an den Wandel auffassen, an den Fortgang des Lebens. In der Entscheidung vollzieht der Apparat einen Akt der Anpassung und damit der Lebenserhaltung oder gar der Selbstvergrößerung. Dabei ist auch das positive oder negative Eingehen auf das Ansuchen eines Antragstellers oder Kunden als Episodenserie im fortlaufenden Geschehen in diese Denkfigur einzubeziehen. Die Entscheidung stellt normalerweise nicht einen Abschluß dar; sie ist ein Schritt, dem meist ergänzende oder abwandelnde Entscheidungen als weitere Schritte folgen. Das Entschiedene bleibt selten still an seinem Platz liegen.

Das aktivistische Vorurteil will das zwar nicht wahrhaben. Danach kulminiert das Tun in der Tat, eine Selbstbefreiung, gerade weil sie nach außen wirken soll. Die Tat möchte schon an sich als Leistung akkreditiert werden. Das liegt zum großen Teil daran, daß der an der Entscheidung Beteiligte das dabei herauskommende Produkt verständlicherweise höher bewertet, als es objektiv bewertet zu werden verdient. Damit hängt zusammen, daß die Mitwirkenden ihren Beitrag zur Entscheidung in der Regel im Glanz des endgültig Getanen sehen. Die Dauerhaftigkeit des Getanen wird leicht überschätzt. Es wird hoffnungsvoll vorausgesetzt, daß das einmal Getane nicht ein erneutes Tun erfordern werde. Tatsächlich sind grundlegende Entscheidungen selten. Nur unter außergewöhnlichen Umständen kommt es zu einer abschließenden Gestaltung, die als das Fundament einer neuen Ordnung betrachtet werden könnte.

Wie auch der Mensch als Individuum, so unterliegt der Apparat nicht einfach dem Bann des proklamierten Wollens. Kontrollierbarkeit ist also nie unbegrenzt. Die teils autonom gebildeten Methoden der menschlichen Zusammenarbeit, die subtilen Kontakte der Koordination über große interne Entfernungen innerhalb der Organisation, das Interesse des Individuums an einer freien Sphäre für sich selbst — schon dies spricht gegen eine unbegrenzte Kontrollierbarkeit.

Wir haben keinen Grund zu der Annahme, daß die Großorganisation in Wirklichkeit im eigentlichen mechanischen Sinne mit einem Apparat verglichen werden kann. Jede Entscheidung wird eher zu einem Vorstoß, wobei es den Entscheidenden obliegt, darauf achtzugeben, daß der Vorstoß nicht unbeabsichtigt ins Leere dringt. Es versteht sich nicht von selbst, daß ein solches Abreißen des Zweckzusammenhangs auf seiten der Entscheidenden unverzüglich entdeckt wird. Es bedarf deshalb gewissermaßen eines Entscheidungsnachschubs, der wiederum voraussetzt, daß Mittel vorhanden sind, um die Auswirkungen getroffener Entscheidungen verläßlich zu ermitteln.

Gegebene Voraussetzungen

Wenn der Mann an der Spitze uns gelegentlich mit dem Ausdruck der Verzweiflung erklärt, seinem Wort werde von niemand Beachtung geschenkt, so sollte ein solcher Ausbruch kein übermäßiges Erstaunen erregen. Er mag sowohl recht wie unrecht haben. Sein Wort mag sich als durch die Ereignisse überholt erwiesen haben. Es mag zuviel gefordert oder zuwenig geboten haben. Es mag in der Organisation unverständlich geblieben sein, obwohl es für ihn völlig klar war. Es mag aus anderen Gründen mangelndem Verstehen zum Opfer gefallen sein, etwa weil in der Organisation gerade ein ausgesprochen leitungsfeindlicher Wind weht. Die Größe des Apparats bringt ohnehin einen Übermittlungsverlust mit sich.

Auch wenn es nicht antagonistische Strömungen sind, die die Einflußmöglichkeiten der Leitung einschränken, so bleibt doch das allgemeine Problem der wirkungsvollen Kommunikation. Es ist bemerkenswert, wie langsam Entscheidungen von oben durch die ganze Organisation hindurchsickern. Es mag verblüffend sein, daß gewöhnlich relativ wenig von ihnen im Gedächtnis der Entscheidungsempfänger hängen bleibt, zumal wenn die Entscheidung ihnen etwas abverlangt. Gerüchte, deren Verbreitung die Leitung gern verhindern möchte, wandern im Vergleich im Laufschritt. Kommunikation ist um so wichtiger, als sich auf diesem Wege die Entscheidung mitteilt. Dennoch ist es selten, daß die Masse der Organisationsangehörigen der Meinung ist, jeder sei hinreichend über die Angelegenheiten der Organisation unterrichtet. Die Vorstellung, mehr darüber wissen zu müssen, ist gewöhnlich auch unter den Unterleitern weit verbreitet.

Demgegenüber glaubt die Leitung in der Regel, in der Gestaltung des Mitteilungsumlaufs durch die Notwendigkeit der Zurückhaltung auf gewisse Grenzen verwiesen zu sein. In der Wirtschaft stehen dabei meistens wettbewerbliche Befürchtungen im Vordergrund. In der öffentlichen Verwaltung machen sich dagegen Ideen über das Gebot der Amtsverschwiegenheit und der Vertraulichkeit unnötig breit. Beschränkung der Information bedeutet allgemein geringere Entscheidungsresonanz. Wer zu der Überzeugung gelangt, daß ihm notwendiges Wissen versagt werde, wird den Anforderungen der Autorität meist nur ein halbes Ohr leihen. Das wiederum begrenzt die Bereitschaft zur Abnahme von Entscheidungen.

In diesem Punkt wie in anderen wird offenbar, daß die Großorganisation letzten Endes mit sich selbst leben muß. Darin ist bereits viel als gegeben vorausgesetzt. Dazu gehört die Größe selbst, die Anonymität der Leitung, die Zerklüftung der Funktionenverteilung, die Zugehörigkeit zu einer Arbeitsgemeinschaft, in der sich die Vorstellungskraft des Beteiligten stets erneut verläuft. Alles Entscheiden in der Großorganisation muß die ihr eigenen strukturellen Gegebenheiten und Lebensformen voraussetzen.

Hier liegen feste Grenzen des Erreichbaren. Auch die höchste Autorität kann sich über sie nicht hinwegsetzen. Wer diese Grenzen verrücken wollte, muß vorher dafür die Voraussetzungen schaffen, was fast niemals einfach im Wege der Entscheidung selbst geschehen kann. Eine Beeinflussung der gegebenen Voraussetzungen innerhalb der Organisation ist nur so möglich, daß in geeigneter Weise das Organisationsklima selbst geändert wird. Kurzum: Das Entscheiden kann aus dem im Milieu vorgezeichneten Rahmen nicht ausbrechen. Weder der letztlich Entscheidende noch die an der Vorbereitung der Entscheidung Beteiligten sind frei, sich von der institutionellen Umwelt frei zu machen, in der die Entscheidung wirksam werden soll. Sie müssen sich im wesentlichen dieser Umwelt unterwerfen. Die Effektivität der Entscheidung hängt maßgeblich davon ab, daß sie den unabdingbaren Gegebenheiten entspricht. Der Entscheidende kann es sich nicht leisten, die Erwägung zu umgehen, ob der in der Entscheidung erstrebte Wandel nur durch anderweitige Beeinflussung der gegebenen Voraussetzungen selbst vorstellbar ist.

All dies bezieht sich in erster Linie auf Entscheidungen, die an die Organisation gerichtet sind. Aber viele Entscheidungen richten sich nach außen. Auch in dieser Hinsicht muß in der Entscheidung eine enge Verbindung mit dem als gegeben Vorauszusetzenden gesucht werden. Gerade um jenseits des Geheges der Organisation bestehen zu können, müssen solche nach außen zielende Entscheidungen den zugrunde zu legenden Umständen sorgfältig angemessen werden. Der Ausgangspunkt muß richtig gewählt sein. Es bedarf der Vorerwägung, in welchem Umfang sich gewollte Ergebnisse praktisch erreichen lassen. Es muß geprüft werden, in welcher Weise Sekundäreffekte aus der Außenwelt auf die Organisation zurückwirken könnten. Selbst rein persönliche Faktoren mögen maßgeblich in Erscheinung treten.

Womit man „durchkommt", was „ankommt", was sich „zumuten" läßt — diese Absteckung des Feldes kann von dem Entscheidenden nicht ignoriert werden. Er entscheidet normalerweise im Hinblick auf einen bestimmten Bereich des Abnehmbaren. Bei einem Versuch, über diesen Bereich hinauszudringen, kommt es darauf an, die Grenzen in vorsichtiger Weise durch besondere Zwischenmaßnahmen und Erklärungskampagnen zurückzuschieben.

Das Verständnis für die hinzunehmenden Voraussetzungen macht die Entscheidung realistisch. Der Entscheidende setzt sich ungern der Schärfe der Ungewißheit aus. Er liebt es nicht, sich einer unbestimmbaren Zukunft zu stellen. Solcher „Realismus" hat einen konventionalisierenden Einfluß, indem er die „kleine" Entscheidung populär macht. Auf der anderen Seite wird bei gewissenhafter Würdigung der gegebenen Voraussetzungen ein engerer Bezug zum Entscheidungsziel möglich. Die Verläßlichkeit der Entscheidung nimmt entsprechend zu. Entscheidung und Wissen um die in ihr vorausgesetzten Faktoren gelangen zu einer glücklichen Verbindung.

Wissen und Wissenschaft

Vertretbares Entscheiden im Verband der Organisation, so wurde bereits festgestellt, ist seinem Wesen nach sachgerechtes und insoweit unpersönlich motiviertes Entscheiden. Es ist ein Entscheiden, für das der daran Beteiligte im Umfang seines Anteils Verantwortung übernehmen kann. Jeder an der Entscheidung Beteiligte ist bestrebt, sich so zu verhalten, daß seine generelle Rolle und sein eigenes Tun im konkreten Fall als objektiv gebundener Verlauf erklärbar sind. Sein Verhalten wird insofern unter der Disziplin der Organisation abnehmbar. Was abnehmbar ist, wird auf längere Sicht für ihn zum Kreditposten in der Prestige-Ordnung. Schon deshalb liegt es für ihn fern, blind zu entscheiden. Begründbares Verhalten hält sich an Gründe. Hier kommt es auf Kenntnis an. Der Entscheidende wird auf die Notwendigkeit einer Wissensgrundlage für die Entscheidung hingewiesen. Wissen bedeutet sowohl Apparatkenntnis wie auch Fachwissen, je nach dem Sachbereich. Deshalb kann es für den Entscheidenden nicht gleichgültig sein, was in dem Bereich seines verantwortlichen Handelns als die Ergebnisse der Wissenschaft gilt[5].

[5] Ein dankenswertes Maß von Zurückhaltung gegenüber aufgepumpten Wahrheitsansprüchen der Statistik äußerte selbst Norbert Wiener: „Anders

In den Organisationen der Wirtschaft und der öffentlichen Verwaltung liegt der Akzent jedoch auf dem Handeln, auf der Aktion. Im Getümmel des Handelns würde eine kontemplative Tendenz wenig Anklang finden. Was die Wissenschaft bietet, wird so schnell wie möglich in ein für das Entscheiden unmittelbar nützliches Wissen umgeformt. Das setzt voraus, daß die Wissenschaft bei der Formulierung ihrer Beiträge der Aufnahmekapazität der Praxis in geeigneter Weise Rechnung trägt. Allgemein läßt sich das keineswegs sagen. Es bedarf organisierter Verarbeitungsmethoden, die als notwendiger Bestandteil in den Apparat eingebaut werden müssen. Der Entscheidungsvorgang wird mit solchen Vermittlungsorganen verkoppelt: Laboratorien, Forschungsgruppen, Stabsstellen.

Für den Entscheidenden verläuft der Zugang zu den Quellen wissenschaftlicher Erkenntnis über diese organisationseigenen Organe, deren Lieferungen in den Entscheidungsvorgang eingebracht werden. Aber selbst Spezialorgane, die mit der Umformung wissenschaftlicher Erkenntnisse zwecks Auswertung für die praktische Nutzenkalkulation betraut sind, haben oftmals Anlaß, beim Absatz ihrer Beiträge innerhalb der Organisation über mangelnde Kommunikation mit den Männern der Praxis Klage zu führen. Sowohl das Entscheiden wie auch die Beschaffung der erforderlichen Wissensgrundlage ist eine schöpferische Tätigkeit, aber beide haben nicht immer das rechte Verhältnis zueinander. Was aus der Wissenschaft für Zwecke der praktischen Arbeit gewonnen werden kann, läßt sich dem Umfang nach kaum mehr abschätzen. Aber die Nutzbarmachung setzt sowohl eine an der Aufgabe geschärfte Denkmethodik wie auch zweckentsprechende organisatorische Formen voraus[6].

Für den Entscheidenden beschränkt sich die Verantwortung aber nicht auf den Verzehr dessen, was ihm die Stabsstelle vorsetzt. Er weiß, daß er auf eine hinreichende Wissensgrundlage nicht verzichten kann. Er

---

ausgedrückt, müssen wir in den sozialen Wissenschaften mit kurzen statistischen Abläufen umgehen, und wir können auch nicht sicher sein, daß nicht ein beträchtlicher Teil dessen, was wir beobachten, ein künstliches Erzeugnis unserer eigenen Schöpfung ist" (Norbert Wiener, *Kybernetik: Regelung und Nachrichtenübertragung im Lebewesen und in der Maschine.* 2. Aufl. Econ-Verlag: Düsseldorf und Wien, 1963, S. 235).

[6] Über Denken und Wissen hieß es schon in den Änderungen des militärischen Lehrwesens nach Jena: „Entwickelung des Denkvermögens soll das Hauptziel sein, und wer hiervon Beweise ablegt, für viel besser vorbereitet gehalten werden, als ein anderer mit einer größeren Anzahl durch das Gedächtnis aufgefaßter positiver Kenntnisse" (Organisationsplan einer Kommission unter Vorsitz des Generalmajors von Lützow vom 8. 4. 1809, publiziert als Regulativ zur Organisation der militärischen Lehrinstitute vom 2. 5. 1809, in: *Die Reorganisation der Preußischen Armee nach dem Tilsiter Frieden.* 2. Bd. 4. Abschnitt: Die Jahre 1809—1812. Mittler: Berlin, 1866, S. 316).

drängt selbst auf die Heranziehung von verfügbaren Quellen des Sachverstandes. Das bedeutet aber nicht, daß er sich passiv sogar auf die beste Stabsstelle verlassen möchte. Ihm fällt die Initiative zu, um sicherzustellen, daß die Stabsstelle die besonderen Bedürfnisse der Praxis vor Augen behält, so wie er sie sieht. Er wird selbst in das Fenster der Wissenschaft hineinblicken müssen.

Der Drang nach Sachgerechtigkeit verursacht die ständige Bemühung um Wissen. Wenn der Entscheidende auf Wissen fußen kann, braucht er nicht für seine Einschätzung der Umstände einzustehen. Für ihn ist es am sichersten, wenn sich die Entscheidung in der Form einer Schlußfolgerung präzisieren läßt. Zwischen dem freien Willensakt des eigentlichen Entscheidens und der Hinnahme einer Schlußfolgerung besteht natürlich ein großer Unterschied. Aber es ist nicht bloße Selbstironie, wenn erfahrene Männer der Verwaltung nicht selten darauf bestehen, daß Entscheidungen sich in Wirklichkeit von selbst aufdrängen. Wenn ihre Logik auf der Hand liegt, kann man in der Tat sagen, daß sie sich selbst durchsetzen. Der Weg aus dem erforderlichen Wissen führt bei ihnen zwangsläufig in die Schlußfolgerung.

Eine hieb- und stichfeste Schlußfolgerung läßt sich allerdings in die Form einer Entscheidung bringen. Sie ist aber durch das in ihr liegende Versprechen des Selbstvollzugs gedeckt. In diesem Maße wird nicht nur die Willensinvestition des Entscheidenden, sondern auch sein persönliches Risiko eingespart.

Man darf es daher keineswegs als ein Zeichen der Entschlußlosigkeit auffassen, wenn im Entscheidungsvorgang so beharrlich nach Schlußfolgerungen gesucht wird. Das Entscheiden ist eben kein intellektuelles Gesellschaftsspiel, sondern eine Anstrengung, die auf Ausschaltung des Irrtumsrisikos zielt. Gerade das gewährleistet die verläßliche Schlußfolgerung, die sich damit an die Stelle der sonst unvermeidlichen risikobelasteten Entscheidung schiebt.

Zweites Kapitel

Umwelt und Verwaltung

Wenn heute im Leitartikel von der öffentlichen Verwaltung die Rede ist, wird sie meistens gewissermaßen selbst als die Ursache ihrer Auswirkungen auf das Publikum geschildert. Es klingt dabei kaum an, daß sie letzten Endes, in ihrem Umfang ebenso wie in ihren Mitteln, nur eine Art von Echo auf die Zeitsituation, die Wirtschaftsentwicklung und das politische System ist. Für den Verwaltungsmann liegt in dieser Verknüpfung zweierlei: Antrieb und Bremse. Er gewinnt eine Grundlage für verantwortliches Handeln, das ihm in der Form von weit verbreiteten Erwartungen geradezu nahegelegt wird. Aber die gleichen Umstände umreißen gleichzeitig das Feld seiner Initiative. Er gerät in Schwierigkeiten mit der Öffentlichkeit, wenn er über die so angezeigten Grenzen hinausgreift.

Zu einem sehr erheblichen Teil vollzieht die Verwaltung also die Erwartungen der Gesellschaft; amtliche Entscheidungen verstehen sich insofern „von selbst“. Ebenso enthalten diese Erwartungen eine von vornherein angekündigte Widerspruchsbereitschaft der Gesellschaft gegenüber Schritten, die nicht durch solche Erwartungen gedeckt sind. Das Unvertraute „verbietet sich“. Vielleicht ist es ratsam, daß wir als erstes auf die regulatorische Schöpfungskraft eingehen, die der Gesellschaft selbst innewohnt. Später sollen einige für die Verwaltung besonders gewichtige Fragenkomplexe erwähnt werden, an denen sich zeigen läßt, in welcher Weise die Gesellschaft der Verwaltung in den Weg tritt, wenn die Verwaltung auf unorthodoxe obwohl zweckdienliche Aktionen verfällt.

Regulatorische Wirkungen der Gesellschaft

Gemeinsamkeiten im Bild der industriellen Gesellschaft

Die Gemeinsamkeiten des Sozialtyps, den man die industrielle Gesellschaft nennt, können in unterschiedlicher Weise aufgezählt werden. Sie lassen sich in Kürze dahin zusammenfassen, daß die maschinellen Produktionsmethoden die Daseinsbasis der Menschheit gewaltig verbreitert haben; daß eine Fülle von neuen Dienstleistungen entstanden ist; daß die dadurch geschaffenen Rolltreppen nach oben klassenmäßige Selbstisolierung weitgehend durchbrechen; und daß das allseitige Bewußtsein gemeinsamer Interessen beträchtlich zugenommen hat. Das wird klar bei einer vergleichenden Betrachtung der Sozialstrukturen in der westlichen Welt. Sie weisen, wie oft betont, eine weitgehende Einheitlichkeit auf, und zwar auch darin, daß sie an einer leistungsfähigen Verwaltung Anhalt finden.

Vergleichen bietet sich auch hier als ein erprobtes Mittel zum Verstehen an. Wer sich des Vergleichens bedient, darf erwarten, daß der formende Einfluß der industriellen Gesellschaft auf die Gestalt der Verwaltung deutlich hervortritt. Sobald man auf den Niederschlag der Erfahrungen des Auslands blickt, drängt sich überdies die Erkenntnis auf, daß in der gegenwärtigen Entwicklungsphase den Vereinigten Staaten als industrieller Prototyp die Bedeutung eines Signalmastes zukommt. Was sich dort anbahnt, ist trotz aller Unterschiede vielfach Vorankündigung für andere Industriestaaten. Häufig zeichnen sich dabei Lehren ab, die der Erwägung würdig sind, und wenn nicht Lehren so jedenfalls Warnungen oder Anregungen. Selbst ein schlichtes Nachziehen von Parallelen kann geeignet sein, den allgemeinen Stand der Dinge konkret herauszustellen.

Aus naheliegenden Gründen könnte ein Vergleichen allerdings nur dann wirklich fruchtbar sein, wenn sein Gegenstand sich nicht von Platz zu Platz mit anderem Inhalt füllt. Für einen Reiter ist die Pflege seines Pferdes natürlich eine Sache von großer Bedeutung. Aber er würde vermutlich dafür nicht viel Neues erfahren, wenn er sich an anderen Plätzen nach der Behandlung des Tieres erkundigte, das dem Menschen zur eigenen Beförderung dient, sofern dies Tier anderswo ein Elefant, ein Kamel oder ein Esel wäre. Oder gibt es einen Bereich des Gemeinsamen, der bei der Sorge für diese verschiedenen, aber durch ihren Zweck vereinten Beförderungsmittel erkennbar wird? Es kommt also darauf an, den Wesenskern von den greifbaren Äußerlichkeiten der Form zu trennen. Sicherlich lohnt es sich selten, beim Vergleichen auf die Äußerlichkeiten der Form abzustellen. Der Ausgangspunkt sollte nicht in der technischen Etikette, im Juristisch-Begrifflichen liegen. Er sollte nicht, um ein Beispiel zu nennen, in der Definition von Formalvollmachten wie etwa dem Ernennungsrecht oder von Kollektivgebilden wie etwa der Behörde gefunden werden. Eine viel verläßlichere Grundlage bietet sich in der durch Nomenklatur unbeeinflußten Beobachtung des Geschehens. Was tatsächlich geschieht, ist wichtiger, als was darüber gemäß vorherrschenden Denkgewohnheiten gesagt wird.

Eine gute Illustration liefert gerade die regulatorische Tätigkeit der Verwaltung selbst, die wir in dieser Erörterung allerdings vorerst nur als

Sekundäreffekt des Selbstregelungsstrebens der sozialen Kräfte betrachten wollen. Die industrielle Gesellschaft setzt für ihr eigenes Funktionieren eine leistungsfähige öffentliche Verwaltung voraus. Dies Bedürfnis drängt auch der schläfrigen Verwaltung einen Rang auf, dem sie sich selbst gegen ihren ursprünglichen Willen nachzueifern gehalten sieht. Aber die Gestaltung im einzelnen ist wiederum von Umständen abhängig, die im Sozialbewußtsein der jeweiligen Gesellschaftsordnung lebendig sind. In der kontinentaleuropäischen Tradition hat die regulatorische Tätigkeit der Verwaltung ihren wichtigsten Ausdruck in der Denkfigur gefunden, die uns als Verwaltungsakt vertraut ist. Die anglo-amerikanische Entwicklung ist in ihrer Begriffsausprägung ganz andere Wege gegangen. Die Verschiedenheit auf der Ebene der terminologischen Formen ist besonders markant, wenn die entsprechende Gedankenwelt in den Vereinigten Staaten als Gegenstück herangezogen wird. Sie schlägt sich in dem nieder, was dort als *administrative regulation* bezeichnet wird.

Der Ausdruck scheint weit auszuholen, ist aber in Wirklichkeit mit ganz bestimmten Dingen verknüpft. In seiner präzisen technischen Bedeutung ist die regulatorische Tätigkeit der Verwaltung so, wie man davon in den Vereinigten Staaten spricht, mit der Bürde geschichtlicher Einflüsse belastet. In mancher Hinsicht ist *administrative regulation* etwas, was heimischen Bedarfsvorstellungen entstammt. Es mag zu amerikanisch sein, um in seinen Eigenarten für vergleichende Zwecke eine Auswertung zu ermöglichen.

Solche Zweifel werden größer, wenn man sich der bemerkenswerten Tatsache bewußt wird, daß die herrschende Denkweise in den Vereinigten Staaten das Objekt der staatlichen Regelung im Wege der Verwaltung in der kontrollierenden Ordnungswahrung gegenüber der Privatwirtschaft erblickt. „Regelung“ erscheint wesensmäßig mit der Auferlegung staatlicher Autorität auf das freie Spiel der Wirtschaftskräfte verbunden. Insoweit handelt die Verwaltung in Ausübung der Machtvollkommenheiten des Staates, die auf ein stabiles, von Auswüchsen freies Wirtschaftsleben zielen. *Administrative regulation* ist so in erster Linie auf gesetzliche Vorschriften, öffentliche Überwachungsbehörden und amtliche Verfahrenssysteme auf der einen Seite und auf die Preisgestaltungs- und Absatzpraktiken der Wirtschaft auf der anderen Seite ausgerichtet.

Regulativer Drang der Gesellschaft

Diese alles ausfüllende Selbstbezogenheit in einer fest umrissenen Sphäre läßt sich der völlig anderen Selbstbezogenheit der rechtlichen Theorie des Verwaltungsaktes gegenüberstellen. Überraschend wenig Aufmerksamkeit ist in beiden Bereichen im großen und ganzen dem sozialen Zusammenhang der regulatorischen Tätigkeit der Verwaltung zugewandt worden, selbst was ihre grundsätzlichen Zwecke angeht. Der Grad, in dem diese Tätigkeit als Ausdruck des tiefer eingebetteten Interesses an der Erhaltung einer anpassungsfähigen Ordnung erfaßt werden kann, findet geringe Beachtung. Ob in der Art, in der die Verwaltung ihren Aufgaben nachgeht, ein günstiges Klima für die Entfaltung der schöpferischen Energien der Gesellschaft geschaffen wird, wieweit dabei den elementaren Interessen des Einzelwesens Rechnung getragen wird: in diesen Fragen tauchen Probleme auf, die selten unter das Vergrößerungsglas genommen werden.

In solcher Perspektive ist leicht zu erkennen, daß die regulatorische Tätigkeit der Verwaltung am Maßstab der Bedürfnisse der Gesellschaft in ihrer Vielgestaltigkeit ebenso wie in ihrer Gesamtheit bewertet werden muß. Dem Ordnungsziel wird nur dann angemessene Bedeutung beigemessen, wenn es sich von selbst versteht, daß alle Regelung, als kraftauslösende Befriedigung des Gruppenlebens, der Gesellschaft erweisbare Werte zuführt. Das geht weit über die Feststellung hinaus, daß „der Staat" ohnehin als Polizist, Förderer, Schiedsrichter und Fachmann für alle möglichen Reparaturen der Gesellschaft dienstbar ist.

Gerade deshalb ist es nützlich, mit einigen Erwägungen über die sozialen Wurzeln der Zuständigkeit zum Regulieren zu beginnen. Wir vereinfachen die Dinge, wenn wir uns auf die nicht besonders aufhellende Aussage zurückziehen, daß der Staat der Vater aller Dinge sei; er wende sich kraft Beauftragung praktischen Bedürfnissen der Gesellschaft zu; ebenso wie er Schöpfer und Wächter der Rechtsordnung sei, erlasse er auch alle regulatorischen Normierungen. Aber die gängigen Vorstellungen darüber, was solcher Normierung bedürftig und fähig ist, konsolidieren sich auf einer der Normsetzung zugrunde liegenden Bewußtseinsebene.

Dort bilden sich die Entscheidungstendenzen, die in mehr oder minder treffsicherer Weise aus dem Selbstgestaltungsvermögen der Gesellschaft emporsteigen. Man könnte sogar sagen, daß das Verbindende jeder Gesellschaft darin liegt, daß ihr ein unabgeleiteter regulativer Drang eigen ist. Je nach der Enge oder der Breite der Sozialstruktur entdecken wir in den Ausdrucksformen des Regulierungsvermögens der Gesellschaft das unermüdliche Suchen des Menschen nach einer befriedigenden Verteilung, jedenfalls in minimaler Form, von Vorteilen und Nachteilen für ihn selbst, die sich aus den Belohnungen und den Risiken des Gesellschaftsdaseins ergeben.

Was ist eine befriedigende Verteilung, jedenfalls in minimaler Form? Wer soll hier Richter sein? Als Einzelwesen kann der Mensch natürlich bei dieser Zuteilung von Vorteilen und Opfern nicht persönlich einen entscheidenden Einfluß ausüben, es sei denn in der Ausnahmerolle als Tyrann oder Demagoge. Aus diesem Grunde bemüht sich der Mensch um vermehrte Sicherheit, Stärke und Annehmlichkeiten, indem er sich der Gesellschaftsordnung einfügt. Er tut das vornehmlich, indem er auf den verläßlichen Geleisen der allgemeinen Sitten und der vorherrschenden Auffassungen dahinrollt oder sich doch den Anschein einer Bereitschaft dazu gibt. Das kommt einer durch den Gleichheitsgedanken versüßten Unterwerfung unter die Manifestationen der Gemeinsamkeit nahe. Er mag sich dabei einreden, daß er nur dem kollektiven Selbst angemessenen Tribut zollt[1].

Das kollektive Selbst leitet seinen Lenkungsanspruch aus dem Gemeinverständnis ab. Das Rohmaterial für solche Lenkung entstammt teilweise der individuellen Voraussicht bestimmter Führer oder Fürsprecher, teilweise der mehr oder minder breit absorbierten Gruppenerfahrung. Aber daneben gibt es noch andere Quellen. Eine ist nackter Aberglaube. Vieles mag sich daneben in Vorurteilen und Traditionen kristallisiert haben. Zum Teil wird das Gemeinverständnis auch das Produkt der Meinungsmanufaktur sein, der sich von jeher die Minderheit angenommen hat, um die Mehrheit auszubeuten, und die heute in recht undurchsichtiger Weise wettbewerblich betrieben wird. Das Gemeinverständnis mag schließlich Vorstellungen zum Ausdruck bringen, die auf die Annahme himmlischer Teilnahme am säkularen Geschehen hinauslaufen, vor der sich alle Menschenwesen ergebungsvoll neigen müssen. Am stärksten drängt sich aber das hervor, was im Bewußtsein der Öffentlichkeit zunehmend als die soziale Gesetzlichkeit der industriellen Gesellschaft Bestimmtheit gewinnt. Obwohl Widersprüche verbleiben, ist dies der Einfluß, der die Industriestaaten zur Angleichung ihrer inneren Formen veranlaßt.

Soziales Plebiszit?

Diese und ähnliche weitere Einflüsse spinnen das Gewebe der allgemeinen sozialen Regelung. Aus ihr entquillt die konventionelle „Unbestreitbarkeit" von Antworten, wenn gefragt wird, was recht und was unrecht sei. Das einmal erzielte Gemeinverständnis mag sich so autoritär abdekken, daß es sich späterer Revision lange mit Erfolg widersetzt. Dem muß sich in manchem auch eine „freie Gesellschaft" fügen.

So hat in den Vereinigten Staaten der politisch modische Puritanismus eine beinahe pornographisch anmutende Masse von selten zitierten ein-

[1] Zum Thema der „fortschrittlichen" Beweglichkeit der öffentlichen Meinung bemerkte unlängst Arthur Koestler: „Wenn man sich auf die ‚Rückkopplung' der öffentlichen Meinung verlassen hätte, würde man heute — um beim englischen Beispiel zu bleiben — immer noch Neunjährige aufhängen, wie es 1830 geschah, weil sie im Wert von drei Groschen gestohlen hatten" (*Bergedorfer Protokolle*. Bergedorfer Gesprächskreis zu Fragen der freien industriellen Gesellschaft. Schenck: Hamburg und Berlin, 1963, S. 42).

zelstaatlichen Gesetzesbestimmungen hervorgebracht, die sich das Ziel setzen, die Beziehungen zwischen den Geschlechtern unter unnachsichtiger Aufsicht zu halten. Gerade weil man sie unschuldigen Ohren am liebsten vorenthalten möchte, leben diese Gesetzesbestimmungen in der Dunkelheit. Aber sie haben einen um so schärferen Biß, gerade wenn man davon ausgeht, daß sie nur selektiv auf bestimmte Opfer zur Anwendung gebracht werden. Die Souveränität der Einzelstaaten und die Besonderheiten ihrer Besiedlungsgeschichte erklären gewisse Unterschiede im einzelnen. So wies unlängst ein amerikanischer Rechtskenner warnend darauf hin, daß es einen Unterschied von zwanzig Jahren hinter Schloß und Riegel bedeuten könnte, je nachdem, ob der Galan die Künste der Verführung in dem darin drakonischsten Staat der Union oder in einem anderen praktiziert.

Die ununterbrochenen Bemühungen der Gesellschaft, eine feste Decke der Regulierung zu weben, gehen natürlich nicht am Staat vorbei. Teilelemente dieser sozialen Regelung werden, wenn es geraten erscheint, in die Gesetzgebung eingebaut. Damit wird sofort klar, daß ein durchgreifender Faktor in der engen Beziehung zwischen Gesellschaft und Staat besteht. Der Staat stellt eine Struktur dar, die bestimmt ist, die Kräfte der Gesellschaft ausgleichend zusammenzuführen. Er soll aus der Verdichtung der Gemeinsamkeit staatsbürgerliche Verpflichtungen hervorbringen. Er hat die Formen zu bestimmen, die für legitime öffentliche Aktionen offenstehen. In seiner eigenen Struktur legt der Staat ebenfalls die Kanäle fest, auf denen sich das Hin und Her der Gruppeneinflüsse abspielt. Das Kanalnetz bestimmt insoweit gleichfalls die strategischen Punkte der Einwirkung auf diese Einflüsse.

So gesehen ist das politische Repräsentativsystem eine Vereinfachung der Sozialstruktur. Der Zusammenhang mit der Gesellschaft erklärt die aus dem Repräsentativsystem abzweigenden dunklen Nebenwege auf allen Seiten. Dies ist das Terrain, auf dem politische Divisionskommandeure ihre Truppen bewegen, um meist scharf kalkulierte Siege zu erstreiten, oftmals in erheblicher Unabhängigkeit von den Hoffnungen und Wünschen der breiten Öffentlichkeit. Der regulative Drang der Gesellschaft kann so durch geschickte Verfolgung von Gruppenzielen auf die Seite gelenkt werden[2].

---

[2] Zum Thema der ansetzenden Pluralisierung sagte vor fast hundert Jahren Lorenz Stein: „So wie nun der Staat sich so aus der Gesellschaft gebildet hat, wird er, der endgültig über das Recht und also auch über das Recht der Arbeit entscheidet, damit selbst zum Gegenstand des höchsten Interesses; und so tritt jetzt der Prozeß ein, in dem jede Klasse für ihr Klasseninteresse sich der Staatsgewalt zu bemächtigen strebt“ (Lorenz von Stein, *Gegenwart und Zukunft der Rechts- und Staatswissenschaft Deutschlands*. Cotta: Stuttgart, 1876, S. 141).

Ein schlagendes Beispiel für solche Feldzugsplanung im Gelände der freien Mehrheitsbildung ist die langjährige Opposition, die von der amerikanischen Ärztevereinigung mit sehr beträchtlichen finanziellen Mitteln der bundesgesetzlichen Krankheitsversicherung in den Weg gestellt worden ist. Zwar gehörte das Kostenrisiko ernstlicher Erkrankung für den sprichwörtlichen Durchschnittsmenschen zu den Gespenstern seines Tages. Es war ein stets über ihm schwebendes Damokles-Schwert. Aber die agitatorische Parole von der „sozialisierten Gesundheitspflege“ trug so viel Unsicherheit in die Öffentlichkeit hinein, daß die Meinungen sich die Waage zu halten schienen. Wie in unserem Jahrhundert so oft, fiel es dem Präsidenten als Verfechter der umfassenden Interessen zu, die sozialstaatliche Lösung durch das Prestige seiner Parteinahme aus dem Schatten zu rücken. Es war ihm dabei weniger daran gelegen, „Meinung zu machen“. Was er zu erreichen suchte, war ein Sichtbarwerden der in den unteren Bereichen der Sozialstruktur ungeformt lagernden Vorstellungen über unerfüllte Regelungsbedürfnisse.

Es zeigt sich hier, wieviel in der Sphäre der staatlichen Sanktionsgewalt davon abhängt, daß der volle Inhalt des Sozialbewußtseins ausgeschöpft wird. Wenn dieser Inhalt verschüttet bleibt, ist es nicht erstaunlich, daß organisierte Gruppen für sich selbst schlagfertig argumentieren können, zumal wenn sie hinreichend vermögensstark sind, um sich weit und breit Gehör zu verschaffen. Anders wenn die Allgemeinheit genügend scharfe Ohren besitzt, für die wesentliche Unterscheidungen in der Bestimmung der relevanten Interessen nicht verlorengehen. Die Sonderinteressen müssen auf das Gegengewicht eines allgemeinen öffentlichen Sinnes treffen, auf eine politische Rationalität. Im staatlichen Bereich verweist das auf die Fähigkeit des Parteisystems, grundlegende Programme hervorzubringen, in denen die Interessenlage der Gesellschaft im Spiegel erscheint.

In dieser Blickweise kommen wir dazu, die regulierenden Aufgaben der Verwaltung in mancher Hinsicht anders zu sehen, als das durch die vorherrschenden legalistischen Begriffsausprägungen nahegelegt wird. Auf der primären Ebene, um es abstrakt auszudrücken, ist die Gesellschaft selbst eine Quelle der Regelung. Als eigentliches Fundament ist sie von gewaltiger Bedeutung. Sie trägt ihre Impulse an den Staat als Instrument der Formalratifikation heran. Er übernimmt die konkrete Manifestation. Er unterwirft die Impulse der legislativen Willensbekundung, um Objekte zu spezifizieren. So erhalten die regulatorischen Verwaltungsgebilde eine genauere Umreißung ihres Tätigkeitsgebiets. Ihnen wird so auch die organisatorische Form und die verfahrenstechnische Arbeitsweise vorgezeichnet.

Aber bei sorgfältiger Würdigung erweisen sich die regulatorischen Einrichtungen in keiner Weise alle als öffentliche Behörden. Sie schließen auch solche Einrichtungen ein, die privater Natur sind. Von diesen letzteren setzen sich einige die Aufgabe, eine Form von Selbstregiment bestimmter Berufskreise auszuüben. Wenn wir in die Regulierung alle Formen der Beteiligung an der Wahrnehmung regulatorischer Aufgaben einbeziehen, so dürfen wir zudem die verschiedenen Kategorien von Interessengruppierungen nicht übersehen. Das ist mit gewissen Abzügen fast das ganze aktive Sozialleben. Dieser Kreis umspannt Kirchen und patriotische Gesellschaften ebenso wie Industrieverbände und Gewerkschaften. Solche Gruppierungen produzieren eigene Macht schon als Folge ihrer Existenz, und gelegentlich außer Verhältnis zu ihrer wirklichen sozialen Stärke. Aber Selbsteinschätzung, Beziehung und Geräusch fallen sehr ins Gewicht, so daß für oberflächliche Betrachtung die regulative Potenz der Gesellschaft in erheblichem Umfang in diesen Strukturen zu wohnen scheint.

Regulierer und Regulierte

Regelung erstrebt gewöhnlich Resultate. Aber sie ist gleichzeitig ein fortdauernder Vorgang, ein Austasten von Möglichkeiten, eine laufende Auseinandersetzung. Daher ist alle Regelung einem nie erlahmenden Streit zwischen Wettbewerbern um Einfluß vergleichbar. Das letzte Wort ist nie gesprochen. Auch die richterliche Entscheidung reicht nicht weiter als der jeweilige Rechtszustand, der dem Packeis widerstrebender Interessen oft weichen muß.

Unvermeidlicherweise sind die der Regelung Unterworfenen gleichzeitig Teilhaber der Regelung im wahren Sinne. Selbst ihr Protest wirkt sich gewöhnlich auf den Inhalt der Regelung aus. Ihr späteres Verhalten mag den Inhalt weiter umgestalten. Auch Regulierer werden allmählich des Kämpfens müde. Auf diese Weise verlagert sich das Schwergewicht der regulatorischen Gewalt manchmal im Verlauf der Zeit durch eine wechselseitige Neigung zum Einvernehmen. Anders ausgedrückt: Es käme einer unverständigen Begrenzung des Blickfeldes gleich, wenn man sich vorstellte, daß die Front der Regulierung in jedem Fall durch öffentliche Behörden gehalten werde.

In der Tat mag die Verwaltung sich im Troß befinden, vielleicht weil sie sich zu wenig zutraut, vielleicht weil es ihr einfach an Kraft fehlt, vielleicht auch weil sie sich vor Kritik fürchtet. Aber nicht selten liegt es so, daß die öffentlichen Behörden das ihnen gesetzlich anvertraute regulatorische Mandat nicht mit besonderer Energie verfolgen, weil sie auf einen Wall stoßen. Das gesetzliche Mandat ist zwar ergangen; aber es zerschellt an dem latenten Widerspruchsrecht der Gesellschaft, ausgeübt durch eine nicht immer durchsichtige Kombination von Interessen, Vorbehalten und Gefühlen.

Nominelle Autorität, die einzelnen Behörden zugeteilt ist, mag also bloße Absichtsbekundung bleiben. Sie wird dann immobilisiert oder auf Gesten reduziert. Die regulative Funktion scheitert an ausgeprägten Neigungen, die durch private Interessen verkörpert werden, ohne in allgemeinen Auffassungen eine durchgreifende Korrektur zu finden. Verwaltung und Umwelt schmelzen zusammen. Leistung und Ausmaß der Regulierung werden bestimmt durch den Stand der Auseinandersetzung zwischen Regulierern und Regulierten, je nach der Beteiligung der Allgemeinheit am regulatorischen Geschehen. These und Gegenthese in der Dialektik der Regelung scheinen sich in ein einziges Knäuel von Verhaltenstendenzen zusammenzuziehen.

Im Vergleich mit einer solchen Entwicklung, die auch in Abweichung vom „Willen des Gesetzes" ein prekäres und veränderliches Gleichgewicht von öffentlichen und privaten Gesichtspunkten hervorbringt, vermag die regulatorische Wirklichkeit unter anderen Bedingungen ein gegensätzliches Bild zu bieten. Geist und Form der Regulierung mögen verschiedenes zum Ausdruck bringen: die Angriffsfreudigkeit einer stürmischen Volksbewegung, den Überschwang eines gefühlsmäßigen Aufbegehrens, sogar die Unbedingtheit einer geheiligten Formel. So etwas läßt sich in Frankreich im anfänglichen Durchbruch des modernen Verwaltungsrechts nach der Revolution wahrnehmen. Ursprünglich bahnte sich im Gang der Ereignisse eine Auflehnung gegen die Gängelung der Verwaltungsmacht der Nation durch einen sympathielosen Richterstand an. Die Zuständigkeit zur Regulierung galt als Prärogative des Volkes. Dadurch erhielt das neue Verwaltungsrecht eine Volksverbundenheit, die ihm echte ideologische Substanz zuführte. Die Folge war, daß sich die privaten Kräfte ebenso wie die öffentlichen Organe fast spontan in das magnetische Feld der nationalen Ordnung einfügten, das durch die Ideen von 1789 vorbereitet worden war.

Als Ergebnis läßt sich festhalten, daß das Verwaltungsrecht auch nach dem definitiven Umschwenken in die Republik trotz seiner funktional begründeten Indifferenz gegenüber den Schlagworten der Parteikampagnen und trotz des ewigen Regimewechsels mit dem allgemeinen Staatsbürger auf gutem Fuße leben konnte. Für seinen regulativen Bereich spiegelte das Verwaltungsrecht einen unveränderlichen Waffenstillstand im Ringen der öffentlichen und privaten Zwecke wider. Nicht zuletzt aus diesem Grunde wurde es zu einem notwendigen Element der lebendigen Verwaltung. Es markierte die Wege der rechtmäßigen Autorität als lenkender Einfluß auf die öffentlichen Behörden und schnitt das Obstruktionsvermögen privater Interessen auf ein Mindestmaß zurück. In Kürze: Das Verwaltungsrecht diente in seiner regulativen Auswirkung als ein Born der wirksamen Sozialdisziplin.

Frankreich soll hier nur als ein einzelnes, wenn auch weit respektiertes Modell in der breiten Einheitlichkeit der kontinentaleuropäischen Gestaltung des Verwaltungsrechts angeführt werden. Nicht weniger illustrativ sind die entsprechenden Institutionen in anderen, diesem Rechtskreis zugehörigen Ländern. Im deutschen Raum entfaltete sich die Rechtsstaatsidee als Mittel zur Wahrung der Legalität für jeden, der sich dem unberechtigten Zugriff der Verwaltung ausgesetzt fühlte. Vielleicht kann man diesem Begriff wenig entnehmen, das nicht ebenfalls in dem anglo-amerikanischen Gegenstück der „rule of law" vorhanden ist. Ein praktischer Unterschied zwischen beiden läßt sich in ihren Auswirkungen auf die Handhabung der regulierenden Gewalt finden.

In kapselhafter Form läßt sich sagen, daß in England ein Oberrichter wie Hewart of Bury und in Amerika ein Rechtsgelehrter wie Roscoe Pound auf Beifallsbekundungen aus dem Anwaltsstand rechnen konnten, als sie darangingen, die mehr oder minder imaginären Dämonen der bürokratischen Allmacht aus dem Felde zu schlagen. In Deutschland dagegen wurde der Rechtsstaatsgedanke schon wesentlich früher zu einem zentralen Faktor in der Orientierung der Bürokratie selbst. Er vermittelte verbindliche Maßstäbe des rechtmäßigen Verwaltungshandelns, so wie das den Erwartungen eines selbstbewußten Mittelstandes entsprach. Regulierung füllte sich mit dem, was als das rechtlich vertretbare Allgemeininteresse galt[3].

Begrenztes Folgevermögen der Gesellschaft

Was von der Verwaltung erwartet wird

In demokratisch geordneten Staatswesen versteht es sich von selbst, daß die öffentliche Gewalt den erweislichen Bedürfnissen und den bekundeten Anforderungen der Allgemeinheit Rechnung tragen muß. Das dabei

---

[3] Otto Hintze hat den Übergang zum juristisch ausgebildeten Oberbeamten als Einheitstyp auf die folgende historische Formel gebracht: „Dieses Juristenmonopol in der Verwaltung ist eine verhältnismäßig junge Erscheinung. Im 18. Jahrhundert, unter Friedrich dem Großen, war es in Preußen noch anders. Da waren die Kriegs- und Domänenräte meist noch keine Juristen; man legte mehr Wert auf praktische, ökonomische Bildung. Der alte Polizeistaat scheute mehr die Einmischung der Juristen in die Verwaltung, als daß er sie befördert hätte. Es ist ohne Zweifel das Durchdringen des Rechtsstaatsgedankens gewesen, was im 19. Jahrhundert die Lage verändert hat. Indem die ganze Verwaltung unter Rechtsnormen und Rechtskontrolle gestellt wurde, indem die ganze Gesetzgebung, auch auf dem Gebiete der Verwaltung, ein juristisches Gewand anzog, wurde der Jurist überall unentbehrlich" (Otto Hintze, *Der Beamtenstand*. Unveränderter Nachdruck des 1911 veröffentlichten Textes. Wissenschaftliche Buchgesellschaft: Darmstadt, 1963, S. 47 bis 48).

entstehende Problem liegt in der Art und Weise, wie diese Bedürfnisse und Anforderungen verbindlich anerkannt werden. Das geschieht im politischen Bereich, im wesentlichen vermöge des Repräsentativsystems. Aus der autoritativen Quelle des Einvernehmens, auf der Grundlage der Volkssouveränität, von der Ebene des sozialen Kräftespiels her steigen Anregungen und Begehren an die gesetzgebende Versammlung empor. Dabei fällt den politischen Parteien eine wichtige Vorformungsrolle zu. Ihnen liegt es ob, diesen Anregungen und Begehren eine für die legislative Behandlung geeignete Gestalt zu geben, sie mit anderen, ihnen vielleicht teilweise widersprechenden Vorschlägen nach Möglichkeit in Einklang zu bringen und sie in einem breiter Zustimmung fähigen Programm zusammenzufassen. Die politische Verantwortung der Parteien läuft in die Wählerschaft zurück. Die politische Aktionskapazität der Legislative gründet sich auf die Parteien. Die abschließenden Positionsformulierungen, die mit der Autorität des Gesetzes ergehen, legen der Verwaltung einen Handelnszwang auf. Ihm gegenüber ist die Verwaltung nicht befugt, eine bessere Einsicht geltend zu machen. Ihre Bedenken gehören in das beratende Vorstadium der legislativen Entscheidung.

Tatsächlich erfaßt das Repräsentativsystem jedoch nur einen Teil der Vorstellungen, die in der Gesellschaft lebendig sind. Nicht alle werden in den Bereich des verfassungsrechtlich geordneten politischen Handelns eingebracht. Die Gesellschaft saturiert sich sowohl mit allgemeinen wie mit besonderen, gruppeneigenen Interessenkomplexen, die oftmals außerhalb des Repräsentativsystems verbleiben. Denkgewohnheiten, Gefühlsschichtungen und Aktionstendenzen lagern sich vielfach selbst in verhältnismäßig ausgeprägter Form im Bewußtsein der Gesellschaft ab. Sie drängen sich zu einem mehr oder minder willkürlichen Gesamtkonzept zusammen, das eine Art von Unterverfassung darstellt und deshalb auch außerhalb der Formalakte des Repräsentativsystems von der öffentlichen Gewalt zu beachten ist. Dies latente Einvernehmen (was „man denkt") erstreckt sich nicht nur auf das Maß dessen, was „getan werden muß", sondern ebenfalls auf die Situation, in der etwas zu geschehen hat.

Tief eingewurzelte Vorstellungen solcher Art sind aber in der Regel viel zu generell, viel zu undifferenziert, um sich in die Vielgestaltigkeit des tatsächlichen Geschehens glatt einzufügen. Eine der wesentlichsten Spannungen im Repräsentativsystem entsteht zwischen dem Generalnenner des Verständnisses und der Erwartungen des „Durchschnittswählers" und den öffentlichen Aktionsmöglichkeiten, die eine sachkundige Ermittlung und Sichtung von Alternativen auf den verschiedenen Gebieten des staatlichen Handelns erkennbar macht. Hier ist es sehr wahrscheinlich, daß der fortlaufend in der Aktion betätigte und erprobte Sachverstand über die Vorstellungswelt des „gewöhnlichen Mannes" weit hinausstößt. Aus dieser Spannung ergibt sich das bereits erwähnte latente Widerspruchsrecht der Gesellschaft, das im Einzelfall halb spontan und selten auf der Grundlage geduldiger Abwägung ausgelöst wird.

Das Widerspruchsrecht wird oft gar nicht „ausgeübt“. Es liegt „in der Luft“. Schon insoweit muß es von Volksvertretern wie von Verwaltungsmännern als eine der Gegebenheiten im Felde der Aktion vorausgesetzt werden. Zunehmende Einsicht und bessere Information im Bereich des Handelns eilt auf dem Kalender der allgemeinen Meinungsbildung den geläufigen Vorstellungen meist um Jahre und nicht selten um Jahrzehnte voran. Was in der allgemeinen Meinung reflektiert wird, mögen Vorstellungen sein, die längst veralteter Mode entstammen, elitären Aspirationen der Vergangenheit dienten und auf verwelkende Statussymbole hinweisen. Wie in der historischen Entwicklung der Volkstrachten handelt es sich hier in der Regel um eine im Laufe der Zeit vorgenommene Übertragung von den oberen sozialen Ebenen auf die unteren, wobei der revolutionäre Durchbruch von unten nach oben eine Ausnahme darstellt. Deshalb redete auch der „Rote“ von gestern vielfach wie ein solider Grundeigentümer.

Für die handelnde Verwaltung ist der Augenblick der Bewährung die Gegenwart. Demgegenüber mag das allgemeine Denken weitgehend auf die obsolete Vergangenheit festgelegt sein. Die handelnde öffentliche Gewalt muß jedoch ihre geplanten Aktionen auf breit gefügte Billigung gründen. Sie muß darin vom Gegebenen ausgehen. Das bedeutet, daß die öffentlichen Organe der Gesamtheit häufig wie durch Ketten an überholte allgemeine Vorstellungen gebunden sind. Ein nie vollkommener Ausgleich läßt sich nur durch staatsmännische Klarstellungsleistungen auf der Ebene der Politik erstreben. Der an das allgemeine Verständnis appellierende Staatsmann vermag die Zustimmungsgrundlage so zu erweitern, daß er entsprechende Handlungsfreiheit gewinnt. Er muß jedoch bereit sein, zu einem späteren Termin zur Abrechnung vor den Richterstuhl der Öffentlichkeit geführt zu werden. Durch solche Bemühungen aus der Führungssphäre lassen sich im Sozialbewußtsein schlummernde Hoffnungen aktivieren und Beklemmungen, die es belasten, in beträchtlichem Umfang überwinden[4].

Dies ist das große Privileg der Politik, des dynamischen Austausches zwischen Führern und Geführten. Anders die Lage der Verwaltung. Der

[4] Die zentrale Rolle einer wachen Wählerschaft sah bereits Ostrogorski in seiner klassischen Studie über die moderne Demokratie: „In a democracy, nay especially in a democracy, the citizen is like a factory hand who, lulled to sleep by the regular play of the engine, drops insensibly the crank and lets the machine run at random. To keep the citizen up to the mark, to keep him awake, the cry of social want, the voice of political discussion fed by political thought, must ring always in his ears“ (M. Ostrogorski, *Democracy and the Party System in the United States: A Study in Extra-Constitutional Government*. Macmillan: New York, 1910, S. 455).

Mann der Verwaltung, der in einer abhängigen Tätigkeit aufgeht, hat keine entsprechenden Möglichkeiten, für seine Absichten öffentliche Resonanz zu suchen, um so ein Mandat zum Experiment zu erringen. Er kann nur im Rahmen der Deckung handeln, die ihm seine politischen Vorgesetzten zu gewähren bereit sind. Er hat keine Möglichkeit, sich unmittelbar der Öffentlichkeit zur Rechenschaftslegung zu stellen. Alles was er tut, geht politisch auf andere Rechnung. In seinen Kalkulationen und in seinen Mißkalkulationen kommt es zur letzten Bewertung allein im politischen Forum. Sein Kunstfehler kann dazu Anlaß geben, daß die Regierung bei der nächsten Wahl unterliegt.

Haushaltsplanung

Man braucht nicht weit zu wandern, um Illustrationen dafür anzutreffen, wie drastisch sich diese Umstände auf den Gang der Verwaltung und damit auch letzten Endes auf die Aktionsreichweite der Politik auswirken können. Ein klassisches Beispiel bietet die Entwicklung der letzten Jahrzehnte auf dem Gebiet der Haushaltsplanung, wo die Verwertung neuer Gesichtspunkte durch traditionelle öffentliche Denktendenzen weitgehend gehemmt worden ist. In der allgemeinen Meinung gilt auch heute meist noch als oberster Satz fiskalischer Vernunft und staatlicher Tugend, daß die Einnahmen und die Ausgaben des Haushalts sich im Gleichgewicht befinden müssen. Hier begegnet man der Idee, daß die öffentliche Gewalt „wie jeder Mensch“ nur aus dem leben dürfe, was sich in der eigenen Tasche nachweisen läßt. Wer das nicht tut, geht pleite, wie man sagt. Es sei verantwortungslos und daher unmoralisch, über die sicheren Einkommensquellen hinaus finanzielle Verpflichtungen einzugehen. Wenn das geschehe, entferne man sich von den Grundsätzen ehrlicher Finanzgebarung und führe den Staat dem Verhängnis zu.

Das ist aber keineswegs Unternehmerlogik in der freien Wirtschaft. Dort besteht kein Zweifel, daß es sehr profitierlich sein kann, aus den Taschen anderer zu leben, nämlich durch Rückgriff auf Geldgeber. Verständiges Wirtschaften schließt Ausschöpfung von Kreditmöglichkeiten ein. Ein solches Arbeiten mit fremdem Kapital gehört zu den Tugenden der wirtschaftlichen Betriebsführung. Was würde aus der Wirtschaft werden, wenn Kreditaufnahme verboten würde? Chaos wäre die Folge. Nicht darum handelt es sich für die Unternehmung, ob Ausgaben und Einnahmen in einem bestimmten Zeitpunkt genau übereinstimmen. Worauf es ankommt, ist die Wägung der Einnahme-Chancen, die sich durch Kreditaufnahme verwirklichen lassen.

Die Ungereimtheit dieser beiden Argumentationsabläufe verschwindet wie durch Zauber, wenn wir die Endeffekte vergleichen. Kredit fördert die expansive Entwicklung der Wirtschaft; das ist gut. Gleichgewicht im öffentlichen Haushalt beschneidet expansive Möglichkeiten; das Gegenteil wäre nicht gut. Mehr Wirtschaft, wenig Staat: das also wäre die Parole. Aber wenn der Staat als Sozialstaat lastenausgleichend wirkt, kann die Parole kaum den gemeinen Mann befriedigen, zu dessen Gunsten der Staat auf nicht wenige seiner heutigen Aufgaben hingedrängt worden ist.

Aber das ist nur ein erster Punkt. Ein anderer ist noch wichtiger. In mehr als einem Staatswesen begegnen wir Tendenzen, die dahin gehen, den Grundsatz des ausgeglichenen Budgets verfassungsrechtlich zu gewährleisten. Das ist zum großen Teil eine Reaktion gegenüber dem, was man neuerdings Defizit-Finanzierung genannt hat, eine Ausgabenpolitik, die in der Weltwirtschaftskrise der dreißiger Jahre ihren Ausgangspunkt hatte. Das Ziel war bestechend: Ohne Rücksicht auf das gegenwärtige Volumen der öffentlichen Einnahmen war die krisenbedingte Schrumpfung der Ausgaben der Privatwirtschaft durch entsprechende öffentliche Ausgaben wettzumachen, damit die Wirtschaft durch die so resultierende Stützung der allgemeinen Kaufkraft ihren Markt erhalte und sich durch solche Ankurbelung selbst weitere Einkünfte erschließen könne. In der Verkoppelung von öffentlicher Haushaltsplanung und Sicherung einer gesunden Wirtschaftsentwicklung, in der Ausrichtung der Ausgabenseite des Haushalts auf das Funktionieren der Wirtschaft und damit auf die Bedürfnisse der Allgemeinheit, also durch Antriebs- und Bremsmaßnahmen: in all dem gelangt der Staat zwangsläufig zu subtilen Planungserwägungen. Aber wie lassen sich diese auf dem Marktplatz der populären Meinungen absetzen? Es ist ein kritisch wichtiger Faktor, wieweit die Allgemeinheit und damit auch der auf sie angewiesene Volksvertreter im Verständnis der Vorschläge der Regierung mitzugehen vermag.

Der Kenner der Materie im Finanzministerium oder in der Zentralbank wird den technisch richtigen Weg meist klar vor sich sehen. Er weiß, mit Hilfe welcher für die allgemeine Öffentlichkeit mysteriöser Mittel diejenigen Wirkungen erzielt werden können, die im Interesse einer Paarung von Antrieb und Stabilität im wirtschaftlichen Bereich und damit auch im Interesse der Allgemeinheit liegen. Er muß nach einer Mitteilungsform für die allgemeine Öffentlichkeit suchen, die technische Genauigkeit mit gemeinverständlicher Formulierung verbindet und gleichzeitig die leicht erweckbare Protestbereitschaft des allgemeinen Unverständnisses mildert oder niederhält. Nicht selten wird er an der Wand dieses Unverständnisses haltmachen müssen; dann läßt sich daran vielleicht nichts ändern.

Je mehr er sich blockiert glaubt, um so leichter könnte er der Vorstellung Raum geben, daß eine Verkleidung der technischen Problematik durch unverfängliche Formulierungen den Umständen am ehesten gerecht wird. Für ihn handelt es sich aus seinem beruflichen Gesichtswinkel darum, richtig zu handeln und Gutes zu stiften. Die Unmöglichkeit, darüber mit der allgemeinen Öffentlichkeit zu einer Aussprache zu gelangen, mag ihn dazu verführen, Dinge im dunkeln zu belassen, weil die Allgemeinheit „sie doch nicht versteht". Wenn überdies in der Volksvertretung besondere Neigung besteht, das Programm der Exekutive zu durchlöchern, mag es verständlich sein, daß der Verwaltungsmann an der mangelnden Überzeugungskraft seines beruflichen Urteils verzweifelt. Er mag die Methodik des sachlichen Arguments als hoffnungslos aufgeben. Er zieht sich auf das Spiel um das leicht Erreichbare zurück, indem er seine eigene Denkweise soweit wie möglich den allgemeinen Auffassungen und Vorurteilen anpaßt. Bewußt konventionalisierte Haushaltsplanung bringt trotz allem immerhin ein Budget hervor. Eine Ausklammerung aller Dinge, die zu Kontroversen führen könnten, bringt indes eine Verarmung der Planung mit sich. Daß durch mangelnde Bemühung um Voraussicht und bewußte Begrenzung der Sachverstandsausnutzung gerade in der Haushaltsplanung große Werte durch finanzielle Fehlleitungen für die Allgemeinheit verlorengehen können, liegt auf der Hand[5].

Verwaltungsreform

Für den Mann der Verwaltung, der im „Apparat" lebt, kann dessen Leistungsfähigkeit kein Geheimnis sein. Er sehnt sich nach dem Maß der Freiheit im eigenen Haus, das es ihm erlauben würde, seine Initiative zu entfalten, sich unbehindert zu „bewegen" und ein angemessenes Leistungsmaß sicherzustellen. Er möchte dazu die innere Ordnung umgestalten können. Der Schlüssel liegt im strukturellen Aufbau der Verwaltung. Weshalb kommt es in fast allen Verwaltungssystemen so selten dazu, daß organisatorische Verbesserungen größeren Umfangs durchgeführt werden? *Ein* Grund liegt darin, daß Apparate in ihrem gegebenen Dasein den eigenen Sinn finden; sie sind schon deshalb schwer zu verändern. Aber der wagemutige Geist, der die Idee der Umorganisierung voranzutreiben sucht, muß nicht nur diese Beharrlichkeit überwinden.

[5] Die große Bedeutung vorwärtsblickenden Denkens in der Spitzengruppe des Beamtentums betont ein englischer Kritiker, wenn er über die britische *Administrative Class* schreibt: „Der Staatsdienst, der immer noch seine aus dem Jahre 1870 stammende Struktur behalten hat, weist jeden Versuch vorausschauenden Denkens weit von sich, und Whitehall steckt voller weiser Männer, die die Gabe der Vorausschau einfach nicht besitzen. Meiner Ansicht nach ist das alles nicht die Folge eines ausgeprägten Pragmatismus, sondern die Folge einer unbewußten Angst vor der Zukunft" (Anthony Sampson, *Wer regiert England? Anatomie einer Führungsschicht.* Piper: München, 1963, S. 560).

Viel größer noch ist das immobilisierende Gewicht der Lethargie der Öffentlichkeit, eine Lethargie mit ablehnender Tendenz. Die Außenwelt ist den Fragen der Verwaltungsgestaltung zu fern, um über den Wert von Reformmaßnahmen ein verläßliches Urteil zu haben. Sie ist ebenfalls gewöhnlich außerstande, dem gewollten Wandel Sympathie entgegenzubringen; dazu ist sie mit den gegebenen Dingen zu eng verwachsen. Hinzu kommt, daß die Außenwelt die Verwaltungsstruktur in erster Linie mit den Augen der Interessengruppen sieht, die unter dem Druck des wirtschaftlichen Selbsterhaltungstriebes eine feste Verbindung mit diesen Gegebenheiten des Verwaltungsaufbaus eingehen. Sie wollen darüber Bescheid wissen und „ihre“ Männer kennen. Schon deshalb werden überall gegenüber einer durchgreifenden Reorganisation große Bedenken laut. Wird der neue Zustand, einerlei ob er generell besser ist, den beteiligten Interessen jedenfalls ebenso viele Vorteile zuspielen, wie sie das unter den bestehenden Umständen annehmen zu dürfen glauben? Ohne klare Bejahung dieser Frage — und wer könnte sie im Vorwege mit Sicherheit bejahen? — wird die Einstellung gegenüber dem Reformvorschlag fast immer negativ ausfallen.

Deshalb gilt es für beinahe alle Verwaltungssysteme, daß eine umfassende Reorganisation nur als Begleiterscheinung einer Katastrophe denkbar ist. Auch in der Bundesrepublik hat man nach dem Umsturz von der Möglichkeit einer umfassenden Verwaltungsreform gesprochen. Nur wenige Jahre später hat sich die bequeme Vorstellung durchgesetzt, daß die Zeit für „große Lösungen“ vorbei sei. Man könne sich jetzt nur kleinen Lösungen zuwenden. Aber wenn man von kleinen Lösungen redet, verrät das bereits selbst dafür unzulängliche Energie. Im Gegensatz zu solcher Taktik der Verkleinerung sucht der Verwaltungsmann, wenn ihm dazu nicht der Glaube abhanden gekommen ist, die Formen seiner Arbeitswelt den von ihm erkannten praktischen Anforderungen zu unterwerfen. Eine Einladung dazu wird ihm jedoch selten übermittelt, insbesondere durch Initiative von außen oder von oben.

Unter solchen Umständen scheint es kaum ratsam, auf Ermächtigung zur Verwaltungsreform auf der politischen Ebene zu drängen. Wenn der Verwaltungsmann sich die Gepflogenheiten des Apparats nicht zur eigenen Gewohnheit gemacht hat, erzieht ihn die Beschränkung seiner Gelegenheit, organisatorische Umgestaltungen in Angriff zu nehmen, selbst zum unbegeisterten Verteidiger des überkommenen Zustandes. Wie es damit heute steht, stand es schon von jeher, was ein Blick etwa in Bismarcks Memoiren bestätigt, vor allem seine ungeduldigen Kommentare zum Amtsklima. Die mangelnde Anteilnahme von außen scheint die Gleichgültigkeit im inneren Tätigkeitsbereich zu legitimieren. Man hört allzuoft aus dem Kreis des einrückenden Nachwuchses, daß der neue Mann sich auf gewisse Zeit der Vorstellung ergibt, Verbesserungen seien durch ernstliche Bemühungen erreichbar. Aber nach wenigen Jahren der fruchtlosen Anstrengung fügt er sich den Dingen, „so wie sie einmal sind“.

Verwaltungsreform ist sowohl in der Phase der legislativen Behandlung wie in der vorangehenden Phase des Aufbaus eines Interesseneinvernehmens eine hochpolitische Angelegenheit. Ihr Tauschwert ist infolge der Einstellung der gesellschaftlichen Kräfte sehr gering, so gering, daß ein *do ut des* kaum in die Wege geleitet werden kann. In der Regel ist es voraussehbar, daß die sich gegen jede Änderung verschwörenden Kräfte das Feld halten werden. Der Proponent der Idee aus der Verwaltung exponiert sich, indem er seinen Vorschlägen konkrete Gründe beifügt, die meist unvermeidlicherweise anzeigen, wessen unvertretbarer Vorteil beschnitten werden soll, um zu einer besseren Situation zu gelangen. Fast immer steht der Proponent gegen den massiven Druck der aufrückenden Interessen. Die Presse wird den Mut zur Sachlichkeit vielleicht attestieren; sie wird aber gleichzeitig das Panorama der Gegnerschaft aus allen Kreisen mit liebevoller Aufmerksamkeit gegenüber allen Einzelheiten malen. Die unorganisierte Zustimmung gerät dabei selten ins Licht, zumal sie nicht leicht meßbar ist.

Die geographische Parallele zur internen Straffung der Behördengestaltung zeigt sich auf dem Gebiet der Raumordnung. Es ist offensichtlich, daß die Lebensbedürfnisse der industriellen Gesellschaft schon aus Aufbau- und Absatzgesichtspunkten in eine Großräumigkeit drängen, die auch in der Organisation der Verwaltung Berücksichtigung finden muß. Dieser Druck sucht den umfassenderen Territorialbereich. Die organisatorische Figur der Region und des Metropolbezirks spielt heute überall eine zunehmend wichtige Rolle. Die Sozialgestalt solcher umfassenderen Einheiten entspricht am ehesten den Lebensumständen unserer Zeit. Der Befriedigung dieser Bedürfnisse stehen jedoch die gleichen traditionellen Auffassungen entgegen, die im gesellschaftlichen Bewußtsein so tief verwurzelt sind.

Eine dieser Vorstellungen geht dahin, daß Autorität dem Bürger nahe wohnen müsse. Der einzelne Antragsteller müsse im unmittelbaren Zugang zur Amtsstelle sein Anliegen persönlich darlegen können. Es wird dabei abstrakt vorausgesetzt, daß im örtlichen Bereich, insbesondere im Rahmen der sogenannten Selbstverwaltungskörper, eine solche Nähe der Beziehung gesichert ist. Tatsächlich liegen die Dinge für Hunderttausende ganz anders. Auch in der Mittelstadt ist der Weg zum Rathaus und die damit verbundenen Umständlichkeiten mit dem Vorsprechen in der Landeshauptstadt vergleichbar. Die heutige Verwaltung ist ein Bau mit vielen Türen. Der Bürger kennt sich im Haus der Autorität nicht mehr aus. Der quantitativ orientierte Sachbearbeiter muß auf andere zurückgreifen, die dem Einzelfall als solchem fremd gegenüberstehen. Eine echte Örtlichkeit als Lokalbezogenheit macht sich nicht geltend und sollte ohnehin die Objektivität des allgemeinen Verfahrens nicht belasten. Dennoch ist der Glaube unerschüttert, daß die enge Eingrenzung des politisch-körperschaftlichen Bereichs im Interesse des Individuums liege. Der Bürger mag sogar glauben, daß er dadurch die ihm zufallende Steuerlast kontrollieren kann. Er will nicht durch Zusammenschluß, etwa im Wege der Eingemeindung, zum Lastenträger für andere werden.

Hinzu kommt, daß der im Glorienschein einer großen Geschichte leuchtende Grundsatz der Selbstverwaltung auch theoretisch im öffentlichen Leben viele Verteidiger findet. Man ehrt ihn als Weg in die Schule der Demokratie, als Mittel zur Beteiligung des Bürgers an öffentlichen Entscheidungen. Das gilt gegenwärtig im Zeitalter des allgemeinen Wählers zahlenmäßig nur in großer Beschränkung und liefert jedenfalls kein hinreichendes Argument gegen die gebotene Anpassung der Territorialstrukturen an eine der Zukunft gerecht werdende Großräumigkeit. Wenn die klassische Theorie der Selbstverwaltung heute oftmals gerade aus dem Munde der besoldeten Amtsträger der Kommunalverwaltung argumentiert wird, so dürfte überdies das Motiv nicht selten auf das Festhalten an einem Zustand gerichtet sein, der die eigene Stellung als Beteiligter verbürgt.

Im Endergebnis mag die Schaffung von hinreichendem Raum für angemessene geographische Verwaltungsplanung nur auf eine Weise vorstellbar sein: auf dem mühevollen und keineswegs voll befriedigenden Wege der ausgehandelten Gemeinsamkeit, durch vertragliche Bildung von gemeinsamen Organen. So wird man vielleicht Schritt um Schritt weiterkommen, durch Werbung der Tatsachen um zunehmende Einsicht. Die negative Potenz, die der Meinungsstruktur der Gesellschaft infolge ihrer aus der Vergangenheit hervorragenden Interessenkonturierung innewohnt, steht einer verständigen Neuordnung ohne Zeitverlust im Wege.

Talentsuche

Ein anderer Bereich, in dem sich ähnliche Schlußfolgerungen aufdrängen, ist die Aufrechterhaltung und Erhöhung der Leistungskraft des Personalkörpers der Verwaltung durch entsprechende Anwärtergewinnung. Gegenüber der Vergangenheit hat sich der öffentliche Aufgabenkreis beträchtlich vergrößert. Viele der heutigen Aufgaben stellen außerdem wesentlich höhere Anforderungen. Der Verwaltungsmann muß in mancher Hinsicht nicht nur mehr können und mehr wissen als sein Vorgänger vor fünfzig Jahren. Er muß auch rein intellektuell den besten Köpfen in anderen Berufen an die Seite gestellt werden können. Im Wettbewerb mit der Nachfrage für andere Berufswege bedarf es für die Verwaltung besonderer Anstrengungen, um sich einen angemessenen Anteil an dem verfügbaren Talent zu sichern.

Nicht an letzter Stelle steht dabei natürlich die Einstellung von hochqualifizierten Anwärtern für den höheren Dienst, obwohl im großen und ganzen das, was dort gültig ist, auch auf andere Dienstgruppen zutrifft. In den meisten Staatswesen, die eine Wohlstandswirtschaft genießen, macht gerade das die Bemannung des Verwaltungskörpers schwieriger, weil das erste Angebot der besten Kräfte in der Regel an die Wirtschaft oder die freien Berufe geht. Sicherlich sollte der öffentliche Sektor nicht den Markt für verfügbares Talent monopolisieren; es handelt sich nur darum, jedenfalls einen angemessenen Anteil anzuziehen. Nur dann kann die Verwaltung vor den Parlamentsausschüssen, bei der Vorbereitung von Gesetzentwürfen, in der technischen Beherrschung ihres Apparats und am Verhandlungstisch gegenüber den Vertretern der zahlreichen Sonderinteressen ihren Pflichten uneingeschränkt nachkommen. Dennoch läßt sich durchaus nicht sagen, daß die Allgemeinheit dazu bereit ist, für eine den wettbewerblichen Gesichtspunkten gerecht werdende Nachwuchswerbung hinreichende Mittel anzusetzen.

Was die Wirtschaft hier zu tun für nötig findet, liegt im allgemeinen erheblich jenseits dessen, was nach allgemeiner Auffassung für den öffentlichen Dienst vertretbar erscheint. Die Leidtragende ist die Verwaltung, die mit der Zeit einer zunehmenden relativen Auszehrung ausgesetzt ist. Ohne zusätzliche Haushaltsmittel wird Abhilfe nicht zu erreichen sein. Aber die Volksvertretung lehnt sich begreiflicherweise in ihren Auffassungen über öffentliche Zweckmäßigkeit an das an, was allgemeine Vorstellungen für verständig erscheinen lassen. In diese Vorstellungen hat die jetzige wettbewerbliche Situation auf dem Talentmarkt noch keinen Eingang gefunden.

Vor allem fehlt es bei der Talentsuche, wie so oft im Verwaltungsbetrieb, an der notwendigen Ermächtigung, geeignete Bemühungen mit hinreichender Beweglichkeit anzustellen. Ein gewisses Maß der Elastizität ist erforderlich, um Umständen Rechnung zu tragen, die für bestimmte berufliche Kategorien und örtliche Verschiedenheiten angezeigt sind oder dem ständigen Wandel unterliegen. Der Rahmen des Ermessens für die Personalverwaltung läßt sich durch allgemein festgelegte Grundsätze genügend binden.

Solche Konzessionen erfordern abermals auf seiten der allgemeinen Öffentlichkeit zum mindesten eine elementare Kenntnis der Aufgaben der Verwaltung und der Art ihres Funktionierens. In der Tat ist größere Findigkeit bei der Werbung für den öffentlichen Dienst ein sekundärer Faktor gegenüber dem Ruf, in dem die Verwaltung bei der Gesellschaft steht. Vorurteil und Indifferenz können sich hier massiv auswirken. Weihrauch ist zwar nicht erwünscht. Aber selbst eine kritisch-nüchterne Würdigung, wenn sie der Gesellschaft hinreichend gemein ist, vermag der Verwaltung einen verstandenen sozialen Status zu verschaffen. Daraus entsteht die Grundlage für die Vertrauensbereitschaft der Öffentlichkeit gegenüber der Verwaltung, nicht minder auch für die Bewertungsmaßstäbe, die sich etwa in der Besoldungspolitik durchsetzen. So schließt sich der Kreis, der zur wettbewerblichen Position bei der Talentsuche zurückführt. Nur auf einer derartigen Grundlage ist die Verwaltung imstande, sich dem Strom der Zeit anzupassen, durch zweckentsprechende Maßnahmen ihre institutionellen Interessen zu wahren und zur Erläuterung der ihr naheliegenden Gesichtspunkte bei passenden Gelegenheiten ihre eigene Stimme hörbar werden zu lassen.

Leistungshebung

Wir erwarten, daß die Verwaltung nicht nur ihre Aufgaben erfüllt, sondern auch über die Hebung ihrer Leistungen nachdenkt. Dazu bedarf es der Freiheit, mit den eigenen Arbeitsmethoden zu experimentieren. Solche Bemühung kann nicht nur nebenbei, gewissermaßen am Rande betrieben werden. Sie muß organisiert sein. Es hat sich aus der Erfahrung anderer Verwaltungssysteme herausgestellt, daß bei diesem Bestreben die Verwendung selbständiger, meist funktional begrenzter Stäbe oder Arbeitsgruppen nützlich ist. So mag eine Stabsgruppe sich in ständiger Tätigkeit mit Organisationsproblemen befassen. Im Arbeitsplan mag man von Abteilung zu Abteilung fortschreiten, vom Kleinen zum Größeren aufsteigen und letzte grundsätzliche Fragen durch eine Gesetzesvorlage zu bereinigen versuchen. Für geduldiges Selbststudium von Organisation und Arbeitsweise fehlt es der Verwaltung fast immer an Personal, vor allem an Spezialkräften. Ja: Gerade der Ruf nach derartigem Personal wird der Verwaltung vielfach als Bekenntnis ihrer Verantwortungslosigkeit ausgelegt, als Beihilfe dazu, daß der Beamtenkörper sich ständig weiter aufblähe.

Dennoch weiß der Praktiker, daß Kräfte, die im Apparat zur Erfüllung der zugewiesenen Aufgaben eingesetzt sind, unter dem Druck der Geschäfte weder die Zeit haben noch die Perspektiven entwickeln, um Spezialprobleme vorurteilsfrei wie auch systematisch zu untersuchen. Intensivere Beschäftigung mit solchen Problemen würde andererseits die Leistung der Verwaltung und daher ihren Wert für die Öffentlichkeit wesentlich steigern können. Daß diese Erwägung bei parlamentarischen Haushaltsplanentschlüssen angesichts der zweifelnden Miene der Gesellschaft durchschlagen würde, wäre jedoch eine kühne Hoffnung, obwohl der Privatwirtschaft die gleiche Erwägung als Teil der Profitrechnung ohne Befremden abgenommen wird.

Die Sache erledigt sich nicht durch den Hinweis, daß Erhöhung der Verwaltungsleistung eines der Gebiete sei, auf denen Kontrollinstitutionen wie Rechnungshöfe eine nützliche Tätigkeit entfalten könnten.

Vielleicht wäre das denkbar, aber generell ist es nicht so. Die Gründe haben sicherlich auch mit dem Leitbild zu tun, das die allgemeine Öffentlichkeit darüber geformt hat, womit sich Rechnungshöfe befassen sollen. Vor allem ist es ihre Aufgabe, finanzielle Transaktionen aufgrund von Rechnungsbelegen nachzuprüfen. Unter der Last dieser Pflicht läßt sich kaum erwarten, daß Organisation und Arbeitsweise der Behörden besondere Aufmerksamkeit finden. Wenn er in den hier erörterten Problemkreis eindringen wollte, würde natürlich auch ein Rechnungshof für solche Zwecke spezialisierte Gruppen aufzubauen haben. Wer den Arbeitsrhythmus der Behörden sondieren und die Struktur der Verwaltung im einzelnen abtasten will, darf sich von der Verantwortlichkeit der Behördenleitung nicht entfernen. Sonst würde man ihm Vorschläge zur Verbesserung kaum abnehmen. Das um so mehr, als es sich dabei nicht um ein autoritäres Urteil der prüfenden Stelle handeln kann. Enge Zusammenarbeit mit den zur Erfüllung der untersuchten Aufgaben Berufenen ist notwendig. Nur aus einer gemeinsam gewordenen Blickweise der Beteiligten kann eine nützliche Neugestaltung hervorgehen.

In der Haltung der Gesellschaft klingt vielfach das Werturteil an, daß die Leistungen der öffentlichen Verwaltung im Vergleich zu den Leistungsmaßen der Wirtschaft niedriger anzusetzen sind. Es liegt ein ironischer Widerspruch darin, daß dieser Glaubenssatz so wenig dazu beizutragen scheint, daß sich die Öffentlichkeit zu einer positiven Unterstützung der Verwaltung in der Hebung ihrer Leistungskraft bereitfindet. Hier läßt sich, wie in der Wirtschaft sichtbar ist, viel erreichen, wenn man methodisch vorgeht, langfristige Anstrengung nicht scheut und die Arbeit speziell organisiert.

Nur dann kann man hoffen, zu Maßstäben zu gelangen, die den Arbeitsgang in der Verwaltung im einzelnen in fest bewertbaren Einheiten erfassen würden. Maßstäbe für das Verhältnis von jeweiligen Eingangs- und Ausgangswerten (*input/output*) könnten klarstellend bei der Haushaltsplanung verwendet werden. Leistungseinheiten sind leichter für die durch serienmäßige Ausführung charakterisierten und präzis umgrenzbaren Tätigkeiten zu ermitteln. Das gilt vornehmlich für die Gebiete der Betriebsverwaltung, wie das Beispiel der Bundespost und der Bundesbahn zeigt. Auch heute wird andererseits bei der Stellenbeantragung noch vielfach im wesentlichen nach Faustregeln verfahren, die grobe Erfahrungssätze und ein gutes Maß von Subjektivität miteinander verbinden. Das wird von den Beteiligten einschließlich des Parlamentsausschusses noch meist für angemessen angesehen. Ein genaueres Verhältnis von Arbeitskraft und Arbeitsleistung wäre ein großer Schritt vorwärts.

Als Empfängerin der Leistungen der Verwaltung ist die Gesellschaft an deren Leistungsfähigkeit primär interessiert. Aber die Gesellschaft ist andererseits auch Gegenpartei. Sie verharrt in einer negativen Haltung, in der „allgemeinen Volksmeinung". Die moderne Zeitsituation offenbart ein Paradox. Der Mensch bezieht mehr und mehr von der Verwaltung und versteht weniger und weniger von ihr. Lieferer und Kunde entgleiten einander. Obwohl die Welt ohne ihn nicht mehr auskommt, steht der Verwaltungsmann im Nebel des Unverständnisses. Dieser Widerspruch kennzeichnet die Wechselbeziehung zwischen Allgemeinheit und öffentlicher Verwaltung.

Drittes Kapitel

Vorrichtungen und Verhalten

Auf Dauer gedachte Gruppenbemühung bedarf eines von den Beteiligten erkannten Aufbaus, einer Struktur. Im Bereich der Verwaltung kommt die Struktur normalerweise schon in der platzbestimmenden Verteilung der Kräfte zum Ausdruck, in ihrer „Aufstellung". Die Behörde befindet sich in einem Gebäude, allzuoft sogar in mehreren; das letztere symbolisiert ihr Wachstum, und dies wiederum die allgemeine Wendung zum Sozialstaat. Im Hauptgebäude der Behörde gibt es Auffangvorrichtungen, durch die schon gleich hinter dem Portal die der Behörde zustrebende Außenwelt sortiert wird: die einen, auf notwendige Präliminarien hingewiesen, kommen nicht weiter, während die anderen zu bestimmten Amtstüren vordringen dürfen. Dann gibt es das „Stockwerk der Entscheidung", wo die Leitung seßhaft ist. Aber die hierarchische Ordnung entfaltet sich räumlich nicht etwa stufenweise von oben nach unten oder von unten nach oben. Sowohl unter dem Leitungsbereich wie auch über ihm befinden sich, meist in sachlichem Verhältnis zu der tatsächlichen Entfernung von ihm, nachgeordnete Arbeitssphären. Wenn Abteilung C aus dem unmittelbar über dem Leitungsbereich gelegenen Stockwerk eine Treppe höher hinauf umziehen muß, so mag das in der Abteilung eine Krise des Statusbewußtseins heraufbeschwören.

In der Abgrenzung der Tätigkeitsfelder der verschiedenen Abteilungen und in ihren Beziehungen zur Behördenleitung entsteht aus einer Vielheit eine gewollte Einheit. Diese Einheit ist nicht durch ein einmaliges Tun, durch „Organisationsakt" erschaffbar. Sie wird nur „wirklich" durch ein entsprechendes Verhalten der Beteiligten. Die Wechselwirkungen von organisatorischer Gestalt und Verhaltenstendenzen, ja: in letzter Hinsicht das Zusammenstreben beider, wird nicht immer klar genug erkannt. Mit diesen Wechselwirkungen wollen wir uns in dem nun folgenden Kapitel beschäftigen.

Struktur als Beeinflussungsmittel

Anordnender und beschreibender Sprachgebrauch

Die zentrale Rolle der Struktur in der Verwaltung liegt in der Gestaltung der Beziehung zwischen Oben und Unten. Oben bedeutet nicht eine angenehmere Lage, sondern das Vorhandensein von Weisungsgewalt, von Leitungszuständigkeit. Aber Leitung hängt in der Luft ohne Nachgriff, der durch Kontrolle und Verantwortlichkeit ermöglicht wird. Insofern wird die Wirksamkeit von Kontrolle und Verantwortlichkeit in der Verwaltung vorausgesetzt.

In gewisser Hinsicht mag allerdings diese Wortgruppierung wie eine Einladung zum Versteckenspielen aussehen. Jeder der drei Begriffe — Kontrolle, Verantwortlichkeit, Verwaltung — verweist gleichzeitig auf die beiden anderen. Zusammengenommen bilden sie eine semantische Kette. Es ließe sich deshalb vielleicht befürchten, daß ein Nebeneinanderstellen von Kontrolle, Verantwortlichkeit und Verwaltung darauf hinauslaufen könnte, daß man sich, im Kreise fortschreitend, hoffnungslos verirrt. Ohne Kontrolle und Verantwortlichkeit würde sich die Verwaltung ihrer instrumentalen Rolle als Mittel zur Erreichung festgelegter Zwecke entziehen. Ohne beide zerfällt Verwaltung in individuelle Zellen der Willkür. Wenn das der Fall ist, wird Verwaltung zur Parodie ihres sozialen Selbst und deshalb zu einer öffentlichen Gefahr.

Aber auch wenn wir Kontrolle und Verantwortlichkeit gegeneinander abzugrenzen suchen, stellen sich Schwierigkeiten ein. Man könnte sogar sagen, daß Kontrolle in der Verwaltung unerreichbar wäre ohne die Sicherstellung eines Mindestmaßes von Verantwortlichkeit. Umgekehrt wird Verantwortlichkeit oft als ein zwangsläufiges Produkt der Apparatur der Kontrolle aufgefaßt. Mit anderen Worten: Wenn in einem Verwaltungssystem Fragen über die Wirksamkeit der Kontrolle und das Vorhandensein von Verantwortlichkeit aufgeworfen werden, wird man sich daran zu erinnern haben, daß die beiden Begriffe miteinander in wechselseitiger Abhängigkeit verkoppelt sind. Hinzu kommt, daß eine Antwort auf solche Fragen das Wesen der Verwaltung selbst berühren würde. Der Unterschied zwischen Wirklichkeit und Wunschbild verlangt Beachtung. Im Zustand der offensichtlichen Unzulänglichkeit oder des fortschreitenden Verfalls kommt ein Ämtersystem nicht dem nahe, was zutreffenderweise als Verwaltung bezeichnet werden kann. Ein solches System läßt sich bei genauerer Betrachtung der Tatsachen nicht mehr unter dem Dach des Verwaltungsbegriffs unterbringen.

Dennoch ist es klar, daß sich in anderer Sicht für die Erörterung von Kontrolle und Verantwortlichkeit eine produktivere Perspektive eröffnet. Eine Ausschau nach Kontrolle und Verantwortlichkeit als Lebenserfordernisse der Verwaltung bietet nützliche Ansatzpunkte für die Ermittlung der tatsächlichen Vorgänge, in denen das Verwalten sein Wesen enthüllt. Der Nachdruck fällt dann ohnehin nicht mehr auf spielerische Versuche, durch rein begriffliche Abgrenzungen dem nahezukommen, was als Verwaltung zu betrachten ist. Aus der hohlen Autorität einer unverrückbaren Definition würde sich die Schlußfolgerung ergeben können, daß vieles in der Formalisierung der verbindlichen Gunstgewährung oder Anteilsverweigerung im Namen des Gesamtinteresses aus dem Rahmen der „eigentlichen“ Verwaltung hinausgleitet, weil es zum Zwecke der begrifflichen Genauigkeit nach einer anderen Bezeichnung ruft. Wenn wir damit ernst machten, kämen wir dazu, nicht wenigen der sogenannten Entwicklungsländer den Besitz einer Verwaltung zu bestreiten. Aber auch für die alten Staatswesen der westlichen Welt wäre zu konzedieren, daß ihre administrativen Tagesleistungen keineswegs überall den begrifflichen Erfordernissen der Verwaltung gerecht werden, wenn Kontrolle und Verantwortlichkeit an erster Stelle stehen sollten.

Statt dessen verschafft uns die Erforschung der Gradunterschiede ebenso wie der Formen der Kontrolle und der Verantwortlichkeit eine lehrreiche Skala von veränderlichen Faktoren. Wir erkennen die Variablen, ohne daß eine unzweifelhafte Konstante das Feld behauptet. In ihren wechselseitigen Einwirkungen bieten diese Variablen den Schlüssel zu einem tieferen Verständnis der Phänomene des Verwaltens. Trotz mannigfacher zivilisatorisch-kultureller Schattierungen, die die einzelne Ausprägung beeinflussen, drängt sich hier dennoch ein Gemeinsames hervor. Es verbindet die verschiedenen Verwaltungssysteme, einerlei ob sie alt oder neu sind, ob sie fest gefügt oder erst in der Bildung sind.

In der Abwendung von formalen Gesichtspunkten, die meist an Äußerlichkeiten anknüpfen, ist das heutige Studium der Verwaltung zu schärferer wissenschaftlicher Disziplin gelangt. Zunehmende Skepsis stemmt sich allen Behauptungen entgegen, die in irgendeiner Weise als ewige Wahrheit proklamiert werden. Die vorherrschende empirische Grundhaltung zielt auf die Dinge selbst, auf das Rohmaterial, dem die Schlußfolgerung unterworfen bleibt. Man ist eher bereit, Tatsachen zu ehren, als sich den vorgeblichen Regeln einer vorschnell verkündeten Gesetzlichkeit zu überlassen. Strukturelle oder legalistische Vorrichtungen für die Erzielung von Kontrolle stehen heute weniger im Mittelpunkt des Forschungsinteresses als das Verhalten derjenigen, die diese Vorrichtungen konstruieren, verwenden oder im eigenen Tun kontrollierend verspüren.

Gerade das, was sich im Verhalten der am Verwaltungsgang Beteiligten als Verantwortlichkeit kennzeichnen läßt, ist zu einem Lieblingsgegenstand der Fachliteratur geworden, was um so beachtenswerter sein könnte, wenn man bedenkt, daß das Schrifttum heute überwiegend amerikanische Produktion darstellt. Das Ergebnis zeigt sich in mehreren Bücherborden, die mit Schriften zu diesem Thema gefüllt sind. In ihnen findet der staatliche Bereich aus begreiflichen Gründen besondere Beachtung. Aber die Problematik der Verantwortlichkeit ist nicht minder offensichtlich im Bereich der privaten Verwaltung, vor allem in der Sphäre der unternehmerischen Entscheidung wie ebenfalls in der Erfüllung der täglichen Arbeitsleistung. Natürlich führt akademische Beschäftigung mit praktisch relevanten Sachverhalten nicht selten zu „rein akademischen“ Fragestellungen. Auch hier gibt es mancherlei elegante terminologische Haarspalterei, etwa über die Wesenselemente der Verantwortlichkeit. Niemand wird indes leugnen wollen, daß die neu gewonnenen Einsichten sich als fruchtbar erwiesen haben. Für die Deutung von Institutionen ist das Verhalten der Beteiligten und der Betroffenen oft sehr viel relevanter als rechtlich-präskriptive Formulierungen.

Es muß jedoch gleich hinzugesetzt werden, daß im Leben von Institutionen ein wichtiger Zweck durch präskriptive oder anordnende Sprache erzielt wird. Dies ist die offizielle Sprache der gewollten Strukturierung, des Normativen. Im Wege der Norm wird Autorität zugeteilt und die Organisation der Arbeitsbeziehungen festgelegt. Solche anordnende Sprache strebt bewußt über die Ebene des Gegebenen hinaus. Sie will das Gegebene nach bestimmten Zielbildern umgestalten. Sie erfüllt insoweit die Aufgabe der Bestimmung von Handelnsmodellen, die als Prägmulden des Verhaltens gedacht sind. Die anordnende Sprache ist die Mitteilungsform der Vorschrift, die das Verhalten zu formen sucht. Das Sollen will das Sein zu sich emporziehen. Was sein sollte, wird als Standard verkündigt, nach dem die Gegebenheit zu leben hat. Das bedeutet allerdings nichts mehr als eine mehr oder minder nachhaltige Einladung. Die Norm des Sollens liegt immer über dem ihr „entsprechenden“ Verhalten, dem durch sie beeinflußten Sein. Aber die Diskrepanz annulliert nicht den Sinn der Norm, es sei denn, das Auseinanderfallen geht über ein den Sinn in Frage stellendes Maß hinaus.

Die normative Sprache des Sollens und die berichtende Sprache der Wissenschaft klingen also zwangsläufigerweise anders, obwohl beide „recht“ haben mögen. Der Unterschied zwischen der auf Ziele ausgerichteten anordnenden Sprache und der auf Tatsachenkonstatierung abstellenden beschreibenden Sprache ermöglicht zwei Bilder derselben Sache. Er weist daher wie ein kritischer Kommentar das Ausmaß dessen aus, wieweit eine Institution ihrem eigenen Bilde nachzuleben imstande ist. Der Unterschied zwischen den beiden Bildern ist nicht immer oder doch in den meisten Fällen ein Widerspruch. Beide sind normalerweise jedenfalls zum Teil aufeinander bezogen; sie müssen aber von verschiedenen Ausgangspunkten beurteilt werden. Dies ist von größerer praktischer Bedeutung als eine allseits befriedigende differenzierende Definition von Kontrolle und Verantwortlichkeit. Für die meisten Zwecke mag in verhältnismäßig grober Linienführung Kontrolle als äußere Gewalt, Verantwortlichkeit als innere Gewalt bezeichnet werden. Kontrolle erscheint dann als ordnende Kraft, die den Beteiligten die fordernden oder begrenzenden Ansprüche der Institutionen entgegenstellt. Im Gegensatz dazu wäre Verantwortlichkeit eine Quelle der Verhaltensgestaltung, die in dem Bewußtsein des Beteiligten selbst gelegen ist, das zwar wiederum teilweise im Eingehen auf die Auswirkungen der (externen) Kontrolle, nicht minder aber auch durch andere Faktoren gebildet wird.

Struktur der Leitung

In der räumlichen Ordnung der Behörde hebt sich das „Stockwerk der Leitung“ deshalb hervor, weil in der Arbeitsteilung des Verwaltungsbetriebs die direktive Funktion besonderen Rang beanspruchen kann. Hier ist nicht nur der Sitz der Weisungsgewalt, der Ort der wichtigsten Feder im gesamten Apparat, die das organisationsbezogene Geschehen in Bewegung hält, sondern auch das „Gehirn“ der Behörde, der Mechanismus, in dem die zusammenfließende Information zu Aktionsentwürfen verarbeitet wird. Ein wichtiger Teil der formalen Struktur des Verwaltens wird also in der Zusammensetzung und Wirkungsweise des lenkenden Elements sichtbar.

Trotzdem handelt es sich nur um einen Teil. Wie sich Kontrolle und Verantwortlichkeit in verschiedenen Verwaltungssystemen auswirken, ist oft das heterogene Ergebnis einer beträchtlichen Zahl von Faktoren. Nicht wenige sind überdies von den Rechtsformen der Autorität unabhängig und dennoch gewichtiger. Um mit einigen grundlegenden Punkten zu beginnen: Fällt der Staatsgewalt, und insoweit der öffentlichen Verwaltung, eine bedeutende Rolle in der Daseinsgestaltung der Gesellschaft zu? Was sind die hauptsächlichen Kennzeichen dieser Rolle unter den gegebenen Umständen? Funktioniert die Verwaltung als Produzent von Werten zur Hauptsache nach außen oder nach innen, etwa als wirtschaftliche Grundlage für die Amtsträger? Ist das Beamtentun im großen und ganzen das Dienstmädchen der politischen Gruppen, die die Macht in Händen haben? Welche Verhaltensweisen erwartet die Volksmeinung von denjenigen, deren Kopfnicken oder Unterschrift oder konkludente Inaktivität notwendig ist, um eine erforderliche Zustimmung zu dokumentieren? Sind die Männer der Verwaltung nach den vorherrschenden Leitbildern aufrichtig und zupackend oder servil und auf Ausflüchte bedacht? Wird vorausgesetzt, daß sie als Organe taktvoller Verteilung von Vorteilen, als Verteidiger des bestehenden Regiments oder als rutenschwingende Aufseher zur Erzwingung von Untertanenleistungen und blinder Befehlsbefolgung handeln? Was ist ihr Verhältnis zu der allgemeinen Öffentlichkeit, zu besonderen Klientelen und zu kritikbereiten Gruppen? Ja: Gibt es überhaupt eine allgemeine Öffentlichkeit, die in der Lage ist, sich als solche durchzusetzen? Auf all diese Fragen wird die Antwort zum größten Teil den zivilisatorisch-kulturellen Zusammenhang widerspiegeln, ebenso wie gleichzeitig den allgemeinen Zustand der politischen, wirtschaftlichen und sozialen Entwicklung[1].

---

[1] Daß eine apathische Öffentlichkeit die Entscheidungsfreiheit in der Spitzenstruktur des Staatswesens erhöht, ist wiederholt ausgesprochen worden.

Aber auch mehr funktionsbezogene Aspekte der Leitungsorganisation sind für die Struktur des einzelnen Verwaltungssystems von großer Bedeutung. Ist die Spitzengruppierung ein geschlossener Verband oder findet in ihr ein ständiges Kommen und Gehen statt? Ist sie eine Berufsformation oder ein Sammelplatz für Günstlinge? Ist sie entsprechend bestimmten Ausbildungsprinzipien ein allgemeines Lenkungsstratum oder ein Aggregat von besonderen Spezialisierungen? Stellt sie eine Verbindung von politisch bestallten und nach Leistungsgesichtspunkten ausgelesenen Elementen dar? Wenn dem so ist, wie das sich generell für demokratische Staatswesen von selbst versteht, wie gestalten sich die Beziehungen zwischen diesen beiden Gruppen? Wer schiebt, wer wird geschoben? Ist die Unterordnung des „ständigen" Beamtenkorps unter seine politischen Vorgesetzten mehr oder minder anerkannte Verhaltensregel? Halten sich beide Gruppen unter dem Blickwinkel ihrer institutionellen Stärke die Waage? Wird das Format der politischen Vorgesetzten im großen und ganzen den Anforderungen ihrer Führerrolle gerecht?

All diese Unterschiede wirken sich auf die „Verfassung" der Leitung maßgeblich aus. Aber damit sind die wesentlichen Fragestellungen noch nicht erschöpft. Es kommt nicht minder darauf an, welchen sozialen Schichten das Oberbeamtentum vorwiegend entstammt, welche Traditionen in ihm wach sind und welches Bild über die eigene öffentliche Rolle in seinem Kollektivbewußtsein lebendig ist. Was in diesen Dimensionen „normal" erscheint, setzt sich in der Regel als Norm durch, die strenger sein kann als eine Grundgesetzklausel.

Handhabung des Apparats

Organisatorischer Aufbau allein verhilft einem Verwaltungssystem zum Dasein, zum Bestand, zur Identität, ganz abgesehen von seiner letzten Rechtfertigung, die in seiner Wirksamkeit liegt. Organisation faßt und hält zusammen. Sie bestimmt nicht nur die Anatomie des künstlich geformten Körpers, sondern auch die Nervenverknüpfungen, vermöge derer Willensimpulse und Mitteilungsgut übertragen werden. Nur durch organisatorischen Aufbau kommt es begrifflich zu einer „Zentrale" und zu Leistungsmitteln, den nach außen handelnden Organen. Erst wenn ein Zusammenströmen der Impulse in einer verstandenen Gemeinsamkeit vorgesehen ist, kann eine sinnvolle Verteilung von Funktionen stattfinden. Erst Konzentration bietet die Grundlage für Dekonzentration, wie

---

Ein jüngstes Beispiel: „It follows that the more apathetic people are about a given government or function of government, the wider is the discretion of those who hold formal power in the agency or government involved" (Duane Lockard, *The Politics of State and Local Government.* Macmillan: New York, 1963, S. 23).

ein einsichtsreicher amerikanischer Verwaltungskenner, Paul H. Appleby, mit Recht betont hat. Erst konstituierte Autorität ermöglicht eine Strukturierung der „Mitarbeit".

Solche Konstruktion wird natürlich im Einzelfall von der Natur der zu bewältigenden Aufgaben ebenso wie von der Größenordnung beeinflußt. Eine Behörde zur Förderung der Wissenschaft wird deshalb in manchen Dingen anders aussehen als ein Postministerium. Gewisse leitende Gesichtspunkte für die Wahl von organisatorischen Lösungen sind aus praktischer Erfahrung mit Strukturen dieser Art hervorgegangen, denen sich wiederum privatrechtliche Gegenstücke wie Großbetriebe in Handel und Industrie an die Seite stellen lassen. So gibt es heute eine pragmatisch entwickelte Technologie der Organisationsformen, die gelegentlich sogar in das Dogmatische abzugleiten droht. Doktrinäre Versteifungen, die sich schon deshalb mit einer wissenschaftlichen Blickweise nicht vereinbaren lassen, stellen jedoch keineswegs die empirische Behandlung von Strukturalternativen in Frage. Daß es dabei einer experimentellen Geisteshaltung bedarf, sollte auf der Hand liegen. Vor allem hängt der Erfolg organisatorischer Lösungen von zwei Voraussetzungen ab: zum ersten von der sorgfältigen Ermittlung der für die konkrete Sachlage maßgeblichen Umstände; zum zweiten von dem präzisen Verständnis der Beteiligten für die Art der beabsichtigten Beziehungen untereinander und zwischen den zu formenden Bestandteilen des Gesamtgebildes. Gerade in diesem letzten Punkt fehlt es nicht selten an der erforderlichen Vorbereitung und Klarstellung.

Organisation ist andererseits fast nie eine rein technische Angelegenheit. Auf der höchsten Ebene mischen sich oft persönliche Gesichtspunkte und selbst Idiosynkrasien in die Sache. Politische Kalkulation spielt ebenfalls eine bedeutsame Rolle, wie nicht minder sogar bloße Vorstellungsgewohnheiten und unkritisch weitergeführte Traditionen. Die sachlich orientierte Fachkenntnis des Verwaltungsmanns, selbst wenn sie ohne Hintergedanken oder Einseitigkeit ist, bestimmt also durchaus nicht aus sich heraus die letzte Form.

Nicht wenige Züge des Verwaltungssystems mögen daher in erster Linie das Ergebnis vorherrschender Wünsche und Nützlichkeitsvorstellungen sein, die den Interessen der jeweils unmittelbaren Nutzenträger der politischen Lebensordnung entsprechen. Wo Klassenherrschaft im Vordergrund steht, wird Verwaltung zu ihrem Herrschaftsmittel erniedrigt. Sowohl als Instrument zur Wahrnehmung des allgemeinen Interesses wie auch im entgegengesetzten Falle als Zwingburg der Ausbeutung und Beraubung ist die öffentliche Verwaltung ein Streitobjekt in den Auseinandersetzungen zwischen Klassen, Eliten, Parteien und Cliquen, wenn auch in jeweils unterschiedlichen Graden. In solchen Kämpfen und in den nachfolgenden Verteilungsaktionen, die sich aus dem Sieg für die einen über die anderen ergeben, wird im allgemeinen wenig daran gedacht, wie die produktiven Möglichkeiten des Verwaltungsapparats erhöht oder aufrechterhalten werden könnten. Den Strategen der Vormachtstellung erscheint es meist dringlicher, eine sichere Position aufzuwerfen, die vorgefundenen Aktionsstrukturen im Bestreben nach dauernder Verstärkung dieser Position umzugruppieren, den wahrnehmbaren Widerstand zu verringern oder auszumerzen und Entscheidungsbefugnisse in die „rechten Hände" zu legen.

Diese Ziele verlangen nach einer Methodik, die durch Biegsamkeit, Opportunismus, Anpassung und Umstellung gekennzeichnet ist — alles im Dienste einer aufmerksamen Parteilichkeit. Grundsatztreue, Folgerichtigkeit, Kontinuität, Objektivität und Bestandspflege sind dann Werte, die in niedrigem Kurs stehen. Sie finden nur wenig Unterstützung, es sei denn zur Tarnung oder Verschönerung anderer Motive, gewissermaßen als zweiter Gedanke. Man verneigt sich vor ihnen in besonderen Situationen, soweit die davon erhofften taktischen Vorteile praktisch demonstriert werden können und soweit die formelle Unterwerfung unter bestehende Wertvorstellungen allgemeiner Art nach außen einen guten Eindruck macht. Der in die politische Auseinandersetzung nicht einbezogene Verwaltungsmann, der die Konsequenzen für die Leistungsfähigkeit des Apparats unschwer einzuschätzen vermag, steht bei solchen Vorgängen händeringend am Rande des Spielfeldes.

„Logik der Verwaltung"?

Kein Wunder, daß sich Verwaltungsreform so häufig als ein politischer Fußball erweist. Der Kreis der Motive umfaßt sehr viel mehr als die Hebung der Verwaltungsleistung. Das Ergebnis im Einzelfall offenbart eine Vielheit mit einander kollidierender Tendenzen. Die vorstellbaren Variationen machen nutzbringende Generalisierung fast unmöglich. In ihrer Fülle dramatisieren sie sowohl die vielschichtige Bedeutung der Verwaltung wie ebenfalls die Unklarheiten der Aufgabenstellung im Leitungsbereich. Das Unausgesprochene verdunkelt die simple Verbalisierung. Es sind schwer greifbare Dinge, die sich um das funktionsbedingte Mandat der Lenkungskräfte herumlagern.

Verwaltung ist Dienerin des politisch bestimmten Programms, so hört man. Aber was bedeutet das? Wieweit gilt solche Nachordnung? Bestehen dazu Grenzen? Darf ein guter Diener gegenüber den unabweisbaren Voraussetzungen seiner eigenen Dienstleistungen blind sein? In Erkenntnis dieser Voraussetzungen hat sich die Verwaltung zum Meister einer zweckbeherrschten Technologie gemacht. Sie ist das Sammelbecken des technischen Wissens über das Verwalten. Daraus abstrahiert sie seine

Rationalität. Schließt indes für den Mann der Verwaltung diese Rationalität auch das Recht oder gar die Pflicht zu ihrer Verteidigung in sich? Unter welchen Umständen könnte der Mann vom „Fach" Ursache haben, dem Politiker in der Verteidigung der „Logik der Verwaltung" Einwände in den Weg zu stellen? Die Frage erübrigt sich sicherlich in Situationen, wo es um eine Raterteilung geht, vor allem wenn der fachmännische Rat als Vorstufe der politischen Entscheidung ausdrücklich angefordert worden ist. Wie steht es jedoch, wenn der angebotene Rat unberücksichtigt bleibt? Eine institutionelle Selbstverteidigung steht dem Verwaltungsmann nicht zu, weil er sich damit aus dem umfassenden System der öffentlichen Verantwortlichkeit freizeichnen würde. Das gleiche gilt für „Korrekturen" der politischen Entscheidung im Wege der mehr oder minder aggressiven Sabotage. Die Rationalität der Verwaltung, deren technischen Charakter schon Max Weber erkannte, ist eben nicht wahrhaft autonom. Sie muß im Konfliktsfall der politischen Rationalität weichen, weil diese letztlich durch die Volkssouveränität legitimiert wird.

Die „Logik der Verwaltung" ist insofern ein Sekundärsystem, das nur in Abwesenheit vorrangiger Absichten und Erwägungen zum Zuge kommt. Vorrang ist hier nicht eine Folge rationaler Durchschlagskraft. Er ergibt sich aus der Nachordnung der Aktionssphären. Das Politische ist die primäre Sphäre, ganz einerlei wie dünn die Gründe dort gesät sein mögen. Gerade weil die „Logik der Verwaltung" als Sprache der Sache parteilos ist, steht ihr keine Partei zur Verfügung, die bereit ist, für sie zu Feld zu ziehen. Ihre Siege sind Siege der technischen Zwangsläufigkeit, der Überzeugungskraft. Solche Siege setzen in der Regel dreierlei voraus. Einmal müssen die Entscheidungsträger auf der Ebene der politischen Willensbildung für die Seite der Verwaltung Verständnis haben: vielleicht in Auswirkung vertrauensvoller Zusammenarbeit, vielleicht in Würdigung des Wertes sachkundiger Beurteilung, vielleicht infolge der Bindungsfreiheit des Oberbeamtentums im Wettstreit der Sonderinteressen. Zweitens muß die Verwaltung ihrerseits bereit und fähig sein, die Umstände zu erfassen und in Rechnung zu stellen, die den Charakter der zu treffenden Maßnahme politisch bestimmen, was über die „Logik der Verwaltung" im eigentlichen Sinne bereits hinausführt. Und drittens ist es unerläßlich, daß die Verwaltung bei der Erfüllung ihrer Beratungspflicht gegenüber dem Bereich der Politik sich einer entsprechenden Mitteilungsform bedient. Die Form muß dazu angetan sein, Spezialkenntnis auf der Bühne des allgemeinen Interesses einleuchtend zur Geltung zu bringen.

Dies ist außerdem eine der wichtigsten Brücken, über die der „Logik der Verwaltung" in der allgemeinen Öffentlichkeit Raum gewonnen werden kann. Das ist um so bedeutsamer, als es dem Mann der Verwaltungslaufbahn nicht nur an einer Wählerschaft, sondern auch an einem eigenen „denkenden Publikum“ fehlt. Er mag sich zwar von seiner Klientel possessiv beansprucht wissen, aber diese will das, was er für sie tun kann; das Wie der Verwaltung wird für sie nur interessant, wenn es das Was in Frage zu stellen droht. Selbst für den unmittelbaren Kundenkreis der Behörde ist der Oberbeamte zudem eine undeutlich sichtbare Figur, die in der Ferne steht. Es hülfe ihm wenig, sollte er es bedauern, infolge der Bedingungen seiner Stellung und seines Arbeitstages keine gute Gelegenheit zu haben, wirklichen Zusammenhang mit dem „Mann auf der Straße“ zu gewinnen. Der höhere Beamte ist vielfach ein Opfer der „Entfremdung“ — durch seine soziale Herkunft oder seine Lebensführung, durch die wirtschaftliche Heraushebung, auf die eine kostspielige Ausbildung verweist, durch die Überbleibsel eines vielleicht nur noch erinnerten Kastensystems, durch den Genuß eines öffentlich anerkannten Status und nicht zum letzten durch Teilnahme an der Ausübung der Staatsgewalt, vermöge derer sich dem gewöhnlichen Sterblichen eingreifende Maßnahmen auferlegen lassen. In diesen verschiedenen Hinsichten kommen sich das öffentliche Abbild eines Verwaltungssystems und die Mentalität der Lenkungskräfte so nahe, daß sich daraus selbständige Wechselbeziehungen von Ursachen und Wirkungen entwickeln. In der Motivierung der Lenkungskräfte begegnen wir den kennzeichnendsten Ausprägungen der Verantwortlichkeit.

Es wäre allerdings völlig irreführend, die organisatorische Struktur des Verwaltungssystems ausschließlich vom Balkon der Leitung zu beschreiben. Die Qualität der Direktion hat zweifellos breite Auswirkungen auf den allgemeinen Stand der Leistungsfähigkeit. Auf der anderen Seite darf nicht übersehen werden, daß die Männer an der Spitze weit davon entfernt sind, den Verwaltungsapparat automatisch dahin zu steuern. Eine Behörde besteht aus vielen Händen. Die Lenkungskräfte, die zu ihnen aufsteigenden Vorgesetztenketten und die große Masse „des Personals“, obwohl alle Angehörige des öffentlichen Dienstes, haben unterschiedliche Berufsperspektiven. Sie verschmelzen nicht dadurch zu einer Einheit, daß sie denselben gesetzlichen Vorschriften unterliegen und institutionell zusammengehören. Wenn sie miteinander verkoppelt erscheinen, so letztlich nur durch ihren Platz in der formalen Struktur der Behörde.

Die Ausübung von Autorität durch die Behördenleitung wird daher nicht nur durch ihr Bild von der Außenwelt und durch ihre antizipatorischen Annahmen über die vorherrschenden Tendenzen im Bereich der Politik beeinflußt. Eine ebenso tiefgreifende Wirkung auf die Leitung hat ihre Bewertung der Menschheit, mit der sie „zu arbeiten hat“. Die maßgeblichen Tatsachen mögen bereits aus den Merkmalen des jeweiligen politischen Systems ablesbar sein. Ist die Mannschaft in den

Büroräumen eine mehr oder minder zufällige Ansammlung von Parteiloyalisten? Ist es eine „Arbeiterschaft“, der es in erster Linie darum geht, für ihre eigenen wirtschaftlichen Interessen Druck auszuüben? Oder ist der Durchschnitt in der Unterstruktur eine standesbewußte Beamtenschaft von anerkannter Leistungskraft?

Auch damit sind wir noch nicht am Ende der Differenzierungskategorien. Nur eine weitere sei noch erwähnt: der Faktor des Wandels. Wie der Mensch ist auch ein Verwaltungssystem sich im Ablauf der Zeit nie völlig gleich. Ja, die Veränderungen können tiefgreifend sein. Hier mag es genügen, einen wichtigen Gegensatz hervorzuheben: den Unterschied zwischen einer allgemeinen Situation, die verhältnismäßig stabil ist, und einer Entwicklungsphase, in der die meisten Dinge im Fluß sind. In Staatswesen, deren Verfassungsaufbau drastischen Veränderungen unterworfen war oder in denen dem amtierenden Regime kein langes Leben vorausgesagt wird, mag das Verwaltungssystem sehr schwachen Zusammenhang aufzeigen. Kontrolle und Verantwortlichkeit als Wächter der Disziplin erfordern Bezugspunkte, die Stärke und Dauerhaftigkeit offenbaren. Das Erlebnis und selbst die bloße Wahrscheinlichkeit eines grundlegenden Wandels haben einen auflösenden Effekt.

Skala der Motive

Antriebe und Druckmomente

Ein wesentliches Kennzeichen der öffentlichen Verwaltung ist ihre öffentliche Betriebsgestaltung. Zwar läßt sich aus dem staatlichen Bereich die Staatsräson nicht verbannen, die sich oft diskret ungesehen machen möchte. Trotz aller Geheimniskrämerei, die mit dem atemberaubenden Staatsgeheimnis beginnt und mit dem bequemen Halbdunkel der nicht zu erfragenden Trivialitäten endet, ist die Öffentlichkeit der öffentlichen Verwaltung gerade in der Demokratie ein generelles Postulat und eine weniger generelle Tatsache. Die Tatsache erstreckt sich insbesondere auf die öffentliche Zugänglichkeit des Verwaltungsmanns. Seine Kunden — schlichte Gesuchsteller und gewandte Interessenten — bedrängen ihn von allen Seiten. Aufmerksame Augen, vor allem auch die der Presse, beobachten sein Handeln. Unter Auspizien der Volksherrschaft ist kein Sachwalter öffentlicher Angelegenheiten ermächtigt, sich die Neugier der Außenwelt schlechthin zu verbitten. Im Gegenteil: Er mag mit erheblicher Berechtigung von sich sagen, daß er ein Goldfischglas bewohnt.

Wenn das Glas sich mit vielleicht sorglich gezüchteten Algen beschlägt, darf der zufriedene Gärtner sich nicht in dem Glauben wiegen, die Lichtminderung könne unbemerkt bleiben. Meistens wird die verringerte Durchsichtigkeit ein periodisches Schrubben durch zornige Hände hervorrufen. Überdies hat das Goldfischglas oben eine weite Öffnung, wodurch mancher Finger veranlaßt wird, in das Glas hineinzureichen. Ausgestattet mit der Autorität, ungezählte Dinge von unmittelbarem Interesse für Reiche und Arme zu tun oder zu unterlassen, ist der verantwortliche Diener der Öffentlichkeit jeden Tag aufs neue Gegenstand der Verführung und der Bedrohung.

Seine beste Verteidigung ist das „Verfahren". Dies befriedigt verschiedene Bedürfnisse. Hierher gehören die Erfordernisse der Sachlichkeit und der Regelmäßigkeit, die beide wiederum der Gerechtigkeit dienen. Dem entsprechen generell zugängliche Vorrichtungen, durch die die Flut der Sonderwünsche der ordnenden Allgemeinheit bindender Regeln unterworfen wird. „Verfahren" ist jedoch ebenfalls von manchen bürokratischen Nebenabsichten umsponnen. Der kundige Mann am Schalter kann mit den Mitteln des „Verfahrens" das tägliche Arbeitspensum beschränken, dem übermäßigen Andrang normative Dämme entgegenstellen und in den Formalitäten jedenfalls zeitweilig Zuflucht suchen. Der Unterschied zwischen dem großen Prinzip und den kleinen Erleichterungen, zwischen völlig andersartigen Gesichtspunkten, ist nicht in jedem Fall ohne weiteres klar. Für den Gesuchsteller, der von außen mit verwirrtem Gesichtsausdruck in die Welt der Verwaltung hineinblickt, mögen sich rechtsstaatliche Grundsätze und amtliche Bequemlichkeit kaum wahrnehmbar zu einem einzigen unerträglichen Knäuel verwickeln.

Was für den betriebsfremden Gesuchsteller wie eine hoffnungslose Verschlingung aussieht, mag für den Betriebsangehörigen „das System" sein: offensichtlich, vertraut, sinnvoll selbst in seinen Unsinnigkeiten, licht selbst in seinen dunkelsten Ecken. Das „System" reguliert seine Tagesarbeit, hält ihn auf dem Pfade der Pflicht, verheißt ihm einen Weg nach oben und bietet ihm den Segen der „Permanenz". Die Anziehungskraft des „Systems", die Art und Weise, wie es seine Getreuen belohnt, sind nicht selten jedenfalls impressionistisch beschrieben worden, wenn auch mit unterschiedlichen Schattierungen, je nach der Stimmung und den Erlebnissen des Berichterstatters. Hier beobachten wir erneut, daß präskriptive und deskriptive Mitteilungsform weit auseinanderfallen. Als elementare und dennoch oft übersehene Wahrheit dürfen wir jedoch als ersten Punkt festhalten, daß Verwaltung aus der Natur der Sache notwendigerweise beträchtliche Energie der eigenen Erhaltung zuführt. Konkreter ausgedrückt: Der Verwaltungsmann wird sich in allem, was er tut, nie ganz von dem Gedanken lösen, daß er auf seine eigene persönliche, berufliche und gesellschaftliche Sicherheit bedacht sein müsse[2].

[2] Ein deutscher Wirtschaftsberater, der für Industrieleiter die berufliche Bedeutung ihrer konkreten „Konstellation" betont, kommentiert die nach seiner Auffassung wahrnehmbare Selbstpolitisierung des Oberbeamtentums in der Bundesrepublik wie folgt: „Beamte hingegen machen in wachsendem

Er will imstande sein, am nächsten Morgen zu seiner angestammten Nische im Gebäude der Autorität zurückzukehren. Selbst wenn sein Pflichtgefühl hoch entwickelt ist, ja: gerade dann unter moralischem Zwang, wird er seine Aufmerksamkeit dem eigenen Am-Leben-Bleiben im Apparat zuwenden, seiner persönlichen Selbsterhaltung, die manchmal mit der Selbsterhaltung des Apparats verknüpft ist. Diesem zentralen Faktor im Kraftfeld der Antriebe, die in der Verwaltung aktiv sind, muß ein anderer an die Seite gestellt werden. Sicherlich ist es erfreulich, eine angestammte Nische sein eigen zu nennen. Aber das bedeutet noch nicht, daß man in ihr sein ganzes Leben verbringen möchte.

Zuviel Beständigkeit mag sehr langweilig werden. Was noch weniger befriedigend sein mag: Wer für immer am gleichen Platz verbleibt, gerät mit der allgemeinen Erwartung in Konflikt, daß jeder, der wirklich etwas tauge, mit der Zeit vorankommen sollte. Normalerweise wird der Verwaltungsmann sich auch über sein Weiterkommen Gedanken machen. Er möchte auf der Leiter emporklettern, allerdings nicht weiter, als sein Instinkt für Selbsterhaltung angesichts der mit dem Aufstieg verbundenen Risiken als vertretbar erscheinen läßt. Das mag eine Sache scharfer Kalkulation sein.

Dimensionen des Eigeninteresses

Jede Anforderung, der sich der Verwaltungsmann ausgesetzt sieht, führt mit unterschiedlichem Nachdruck diese beiden Grundinteressen ins Feld: hier die Selbsterhaltung, dort das Weiterkommen. Ganz einerlei, in welcher Situation er sich unter Druck gesetzt fühlt — die mutmaßlichen Konsequenzen werden auf seinem geistigen Radarschirm sichtbar. Manchmal glaubt er es sich erlauben zu können, über die Angelegenheit zur Tagesordnung überzugehen. Manchmal scheinen sich die Dinge ohne sein Zutun zu seinen Gunsten zu entwickeln. Manchmal wird ihm der Sachverhalt schlaflose Nächte bereiten. Wie er die Umstände des Einzelfalls würdigt und wie er sich auf dieser Grundlage verhält, wird gewöhnlich durch den Gesamtzusammenhang der institutionellen Gestaltung bestimmt, innerhalb derer er seinen Aufgaben nachgeht.

Meist wird für ihn die Versuchung groß sein, so zu handeln, als ob er nichts weiter sei als ein Stück Draht, das den Strom schnell weitergibt. Natürlich mag er bei der taktischen Suche nach Selbstsicherung und nach Gelegenheit zum Aufstieg die maßgeblichen Gegebenheiten oder die wahrscheinlichen Folgeerscheinungen durchaus falsch beurteilen. Er mag

---

Maße von der Möglichkeit Gebrauch, ihre Konstellation mit Hilfe der Politik zu verbessern" (Heinrich Mechler, *Die unentbehrliche Klasse: Das betriebliche Führungskorps in der industriellen Gesellschaft*. Seewald: Stuttgart, 1964, S. 131).

auch zu erfindungslos sein, um in der einen oder der anderen Richtung Erfolg zu haben. Seine Gefühle könnten ihm an entscheidenden Punkten in den Weg geraten. Was ebenso möglich ist: Seine Überzeugungen mögen sich aufbäumen. In der Tat ist einer der bedeutsamsten Einflüsse der Ernst, mit dem der Verwaltungsmann sich der Förderung von Interessen widmet, die von den seinen verschieden sind — das Interesse des Publikums, der Gesamtheit, des Volkes.

Der Gedanke an Selbsterhaltung und Weiterkommen treibt das Eigeninteresse des Verwaltungsmanns zu einer Entfaltung, die den persönlichen Anteil am Apparat in den Mittelpunkt rücken könnte. Die Frage ist dann, was sich für den einzelnen Beteiligten aus seiner Verbindung mit dem Apparat „herausholen" läßt: Prestige, Weisungsgewalt, Autonomie, interessantere Tätigkeit, höhere Besoldung, Ungestörtheit, „Ruhe". Selbstsozialisierung, der Drang, sich den Interessen der Allgemeinheit zu widmen, öffnet eine andere Dimension. Hier kommt eine gegenläufige Tendenz zur Wirkung. Es wäre allerdings unrichtig, diese Tendenz mit dem Eigeninteresse des Beteiligten begrifflich in Gegensatz zu bringen. Das Vermögen des Verwaltungsmanns, sich aus den Fesseln der persönlichen Nutzenerwägung zu befreien, greift formend auf das Eigeninteresse über. Das Selbst wird auf eine andere Ebene verwiesen, die der allgemeine Sprachgebrauch nicht ohne Grund als die „höhere" Ebene bezeichnet. Auf dieser Ebene entspricht es dem umgeformten Eigeninteresse des Einzelwesens, aus der Enge des individuellen Profitkalküls herauszustreben.

Damit berühren wir das moralische Fundament des öffentlichen Dienstes. Dies Fundament ist zwar letzten Endes nur eine Erweiterung der für die Menschheit allgemein bestimmten Grundlagen der Ethik. Selbstüberwindung, Brüderlichkeit, Opfermut — unabhängig von allen sorgfältig verbuchten Gewinnposten der armseligen eigenen Tugendhaftigkeit — sind Ausdrucksformen dieser allgemeinen Ethik der *humanitas*, des Menschseins. Für den Diener der Allgemeinheit haben sie einen ergänzenden besonderen Sinn; sie werden zu Berufsmaximen. Das Ich wird in Dienst genommen. Diese Indienstnahme ist zwar nie vollkommen, eben weil das Ich gewissermaßen nach verschiedenen Seiten zu greifen sucht, weil es auch an seinen Magen denkt. Aber eins ist klar: Die Erfüllung der Kardinalaufgaben der Verwaltung innerhalb eines Systems der öffentlichen Verantwortlichkeit ist nur aus dem Geist der Widmung möglich[3].

---

[3] Über die erwünschte Verbindung von hoher Bildung und Verwaltungsleitung sagte Robert Mohl: „Allein übel stünde es um das Volk, dessen höchste geistige Bildung in bloßer Geschäfts-Brauchbarkeit bestünde; und schlecht um den Staat, dessen leitende und befehlende Beamten nicht auch die gebildetsten seiner Bürger wären, nicht im Amte sich itzt bestrebten, die Lehren der Wissenschaft zur Verbesserung und Veredlung des bürgerlichen Zu-

Solchen Geist mögen Verfassungs- und Gesetzesnormen anzuregen trachten. Sie mögen dafür mehr oder minder lyrische Formulierungen finden. Das tote Wort allein schafft jedoch nichts. Der Peitschenknall des Disziplinarrechts kann niemals das hervorbringen, was theologisch treffend als Supererogation bezeichnet wird — das Mehr der ethischen Leistung, das sich schließlich von selbst versteht. Der entscheidende Unterschied zwischen funktional gleich ausgereiften Verwaltungssystemen liegt in diesem Faktor. Er entstammt nicht einem äußeren Zwang. Er gewinnt Gestalt in der Dienstgesinnung des Beamtentums, die ihre Kraft von innen hervorbringt, wenn sie nicht von außen in Bedrängnis gebracht wird, die aber andererseits aus dem Gesamtbewußtsein des Zeitalters gespeist sein muß.

Widerstreit der Impulse

Selbsterhaltung im Apparat, Weiterkommen auf der Berufsleiter und Treuhänderschaft in der Erfüllung öffentlicher Aufgaben locken den Verwaltungsmann in auseinanderstrebende Richtungen. Aber schon Selbsterhaltung und Weiterkommen verweisen ihn auf verschiedene Pfade. Zum unangefochtenen Dasein im bürokratischen Milieu hängt viel davon ab, ob es gelingt, sich unauffällig zu machen. Für den Weg nach oben dagegen ist es unerläßlich, daß man in strategisch wichtigen Augenblicken sichtbar wird. Der Geist der Widmung bringt den Verwaltungsmann durch sein Verhalten zwar auch in das Blickfeld; aber nicht minder häufig wird der Kegel des Scheinwerfers an ihm vorbeigleiten. Er bleibt nach außen meist ein unbesungener Held, während der Ruhm für sein Tun von einem politischen Vorgesetzten zur eigenen öffentlichen Besonnung beansprucht wird, sofern sich voraussehen läßt, daß das Erzielte nicht in zu lautem Protestgeheul seitens dieser oder jener zum Rückzug genötigten Sondergruppe untergehen wird.

Um sich ganz sicher zu fühlen, wird der Verwaltungsmann nach Routinen Ausschau halten, die es beinahe unmöglich machen, ihm eine Entscheidung persönlich zur Last zu legen. Bei der Verfolgung dieses Ziels können ihm verschiedene Methoden des Ausweichens dienlich sein. Er könnte sich zunächst um das Eingeständnis herumzudrücken suchen, daß er überhaupt mit der fraglichen Sache „befaßt" sei. Er könnte gewisse Schliche verwenden, um es anderen zu erschweren, den Lagerplatz der „Akte" ausfindig zu machen. Er könnte seine Initiative darin bekunden, daß er neue Punkte im Apparat ersinnt, auf die der „Vorgang" hinzusteuern wäre, um weiter oben oder weiter unten oder zur Linken

---

standes ins Leben einzuführen" (Robert von Mohl, *Die Polizei-Wissenschaft nach den Grundsätzen des Rechtsstaates.* 2. Aufl. Bd. I. Laupp'sche Buchhandlung: Tübingen, 1844, S. 513).

oder zur Rechten nutzbringenden Rat aufzutreiben. Er könnte gemäß einem großzügigen Navigationsplan die Sache solang wie möglich in unbeeilter Zirkulation halten. Er könnte darauf sehen, daß ihm kein Kollege entgeht, dessen Stellungnahme in die von ihm erwartete Entscheidung einzuflechten sein würde, wodurch er die Bürde der eigenen Verantwortlichkeit verkleinert. Er wird sich der Vorsichtsregel erinnern, daß Schnelligkeit zu Unbedachtsamkeit führt. Wer unverzüglich handelt, so wird er sich einreden, steigert Unbedachtsamkeit zum Extrem der Leichtfertigkeit. Er wird darauf schwören, daß nur ein Wahnsinniger sich mit einer Entscheidung vorbehaltlos identifiziert.

Dies mag ausgezeichnet passen, wenn das Interesse an Selbsterhaltung im Vordergrund steht. Es paßt weit weniger gut zum Zweck des Weiterkommens, sofern Beförderung nicht die automatische Konsequenz langen Ausharrens im Stadium der Anwartschaft ist. Im allgemeinen läßt sich vielleicht sagen, daß Aufstieg eine qualitative Grundlage hat, wobei die nächste Frage wäre, welche Qualitäten jeweils als erwünscht Anerkennung finden. Die Abzeichen der Qualität lassen sich also auf verschiedene Weise erwerben.

Ein offenbarer Weg ist der Ruf hervorragenden Könnens und erwiesener Arbeitskraft. Aber es gibt auch andere Wege. Es mag wichtiger sein, Fürsprecher an mehreren Plätzen zu haben. Einige könnten wohlwollende Vorgesetzte sein, die verläßliche Dienstleistungen für das eigene Konto zu schätzen wissen und sich durch Förderung saldieren. Andere mögen politische Persönlichkeiten sein, die intelligente Emissäre gebrauchen können, wenn sie keine unnötigen Fragen stellen. Noch andere lassen sich unter den prominenteren Wortführern einflußreicher Interessenverbände finden. Sie alle unterhalten eine ständige Nachfrage nach Talent, das sich entweder im Gelände der Verwaltung gut auskennt oder aus ihm im Glanze besonderer Fachkenntnisse hervortritt.

Wissen ist jedoch nur ein einziger Posten unter den erwünschten Aktiven. Der Erkorene muß vor allem Dinge „erledigen" können. Vielleicht muß er sogar noch findiger sein, wenn es darauf ankommt, gute Gründe hervorzubaggern, um eine Vertagung oder Vermeidung von geforderten Aktionen zu rechtfertigen. Er muß ein hohes Maß von Umsicht besitzen, um den „Fortschritt" gelegentlich sichtbar zu beflügeln und gelegentlich unsichtbar abzubremsen. Vor allem muß er die Kunst der Illusion beherrschen, um den Eindruck großer Dinge im Werden hervorzurufen, wenn in Wirklichkeit alles beim alten bleiben soll. Niemals aber darf es dabei zu „Komplikationen" kommen, die die Öffentlichkeit aufstören würden; denn Kontroverse und Kritik sind selten leicht zu bewältigen und geraten fein ersonnenen „Arrangements" häufig in den Weg.

Im Gegensatz hierzu führt treuhänderische Wahrnehmung der umfassenden Interessen der Allgemeinheit in fast allen Fällen zu einer Umkehrung dieser Verhaltensregeln. Wenn er sich dem Gemeinwohl verpflichtet, muß der Verwaltungsmann gerade sich selbst gegenüber schärfere Differenzierungen vorzunehmen lernen. Er muß sich über die Verästelungen seines eigenen Interesses an Selbsterhaltung und Selbstförderung klarwerden. Nur wenn er gegenüber sich selbst hellhörig geworden ist, wird er auch unbewußt nicht seinem eigenen Vorteil verfallen, obwohl er vermutlich nur unter den außergewöhnlichsten Umständen sich von ihm völlig loszulösen vermag.

Eine bewußte Festlegung auf das allgemeine Interesse wird ihn jedoch meist zu einem einsamen Kämpfer machen. Er tritt anderen bereits dadurch zu nahe, daß er seine Stimme für Dinge erhebt, die sein sollten, aber nicht sind. Er muß den Mut haben, sich mehr auf sein eigenes Urteil zu verlassen als auf die institutionellen Wertmaßstäbe und Handelnstendenzen. Er wird sich von dem opportunistischen Getriebe abwenden, das er um sich herum beobachtet. Das wiederum wird andere veranlassen, ihn der mangelnden „Loyalität" zu bezichtigen und seine für sie demonstrative Rechthaberei als Dorn im Fleisch zu verwünschen. Auf längere Sicht mag er sich als Rebell nur dann an seinem Platz halten können, wenn er im Gleichgewicht der Kräfte aus besonderen Gründen als solcher geduldet werden muß. Aber wenn er in den Auseinandersetzungen unter diesen Kräften einmal in einer Verfahrensfrage oder einer Programminterpretation einen Sieg erringt, wird sein moralischer Eifer sich gewöhnlich mit Halbheiten nicht zufriedengeben. Er wird sich dadurch weiter unbeliebt machen, daß er keine Gleichgültigkeit auf seiten derer duldet, die nunmehr ihre Arbeitsgewohnheiten als Konsequenz seines Sieges zu reformieren haben[4].

Fülle der Variablen

Wie das Leben selbst, so besteht auch die Verwaltung als ein Ausschnitt aus einer nie endenden Folge von letztlich einzigartigen Situationen. Um von ihnen zusammenfassend sprechen zu können, ist es geboten, daß man sie einem Generalisierungsprozeß unterwirft. Dadurch schmilzt zwar eine gewaltige Anzahl von Besonderheiten unbemerkt weg, wodurch das Bild in manchem beträchtlich geändert wird. Dennoch kommen wir nur

[4] Der Idealmensch als erwünschter Amtsinhaber wird mit Liebe, wenngleich indirekt, in Kaiser Friedrichs II. Büchlein über das Jagen mit dem Falken geschildert: „Der ‚ideale Falkner' wird im Falkenbuch (ed. *Schneider* S. 107 ff.) sehr genau beschrieben. Das Bild, das der Kaiser darin aufstellt und das nun wirklich auf seine eigene Meinung zurückgehen dürfte, ist letztlich nichts anderes als das Bild des vollkommenen Menschen, wie sich Friedrich II. ihn dachte, und man kann sehr wohl sagen: wer in des Kaisers Augen zum Falkner wirklich geeignet war, war für jegliches andere Amt erst recht tauglich" (Ernst Kantorowicz, *Kaiser Friedrich der Zweite*. Ergänzungsband, Neudruck. Küpper: Düsseldorf und München, 1963, S. 140).

so dazu, gewisse „Gesetzlichkeiten“ zu erkennen. Nur so ist es möglich, die Wiederholungen wahrzunehmen, wenn wir rückwärts schauen, und die Wahrscheinlichkeiten, wenn wir vorwärts blicken. Weder die einen noch die anderen kann man natürlich Tatsachen im eigentlichen Sinne nennen. Sie sind ihrem Wesen nach Folgerungen aus mehr oder minder ausreichend quantifizierten Tatsachen. Nur eins kann man sagen: Sie bieten Landestreifen und Markierungssteine für speziellere Hypothesen, mit denen man neue Gesichtspunkte erforschen könnte. Dies bedarf besonderen Nachdrucks für die Klarstellung von Schlüsselbegriffen wie Kontrolle und Verantwortlichkeit in der Verwaltung. Die Klarstellung darf an der Fülle der Variablen nicht vorbeigehen, in denen sich die Grundphänomene widerspiegeln.

Wie schon früher erwähnt, entstammen wichtige Gruppen von Variablen den Besonderheiten der verschiedenen Kulturkreise, dem Stand der wirtschaftlichen und sozialen Entwicklung, den politischen Machtverhältnissen, den beruflichen Leitbildern des Verwaltungssystems, und selbst dem Netz der Beziehungen zwischen individuellen Persönlichkeiten in der Entscheidungssphäre. Aber eine Kategorisierung der Variablen muß noch beträchtlich weiter ausholen. Drei weitere Konglomerate von Variablen erscheinen gerade für die Betrachtung der Verwaltung von besonderer Bedeutung.

An erster Stelle bedarf es der Erwähnung, daß wohl jedes Verwaltungssystem sein Wesen in gewissen Abstufungen zur Schau stellt. Das Beste in ihm trennt sich gewöhnlich scharf von dem Schlechtesten. Gewisse Teile des Systems betrachten sich als Träger der guten Tradition und überwachen sich selbst in dieser Eigenschaft. Finanzministerien waren lange und sind auch heute noch vielfach solche anerkannten Elitegruppen. Die alten *grands corps* in Frankreich dürfen in diesem Zusammenhang ebenfalls genannt werden, obwohl sich selbst unter ihnen eine Rangordnung herausgebildet hat; ganz oben ist das *grand corps* des *Conseil d'Etat* ein gutes Beispiel. Die *Treasury* als zentrales Element im britischen Verwaltungssystem ist eine andere Illustration des großen Vorbildes. Eine Parallele mag in den Vereinigten Staaten in Formationen wie dem Budgetbüro im Exekutivamt des Bundespräsidenten gefunden werden. Was in der Haltung des Beamten dazu beiträgt, wirksame Kontrolle und sensitive Verantwortlichkeit zu gewährleisten, wird gewöhnlich von solchen Elitegruppen kultiviert. In ähnlich bewußter Weise trifft das kaum auf die meisten anderen Behörden zu.

Zweitens läßt sich eine ähnliche Unterscheidung zwischen Behörden nach einem anderen Gesichtspunkt treffen. Einige liegen in gewissen Zeitspannen wegen des inneren oder äußeren Geschehens in der Frontlinie der Politik. Andere mögen in Ermangelung eines Gefühls für die Dringlichkeit ihrer Aufgaben auf die Ruder gelehnt einzuschlummern scheinen. Das Bewußtsein der eigenen institutionellen Bedeutung ist ein belebender Einfluß. Aber es geschieht auch, daß eine Behörde, die von ihrer Mission berauscht ist, im Übermaß ihres Selbstgefühls einen eigenen Weg zu gehen versucht. Sie mag Kontrollen von außen und oben als unproduktive Pedanterie und sogar als unethischen Widerstand zurückweisen. Sie mag ihre Verantwortlichkeit so zu erfassen suchen, daß die Behörde selbst Vorrang in der Bewertung ihrer Arbeit genießt.

Ein dritter Packen von Variablen kommt in Sicht, wenn wir die Verwaltungsformen und Leistungsmaßstäbe auf den verschiedenen organisatorischen Ebenen und in den verschiedenen geographischen Bereichen miteinander vergleichen. Um mit dem Offensichtlichsten zu beginnen: Arbeitsweisen, die sich in den Zentralinstanzen beobachten lassen, mögen anderswo nur in graduellen Abschwächungen ein Gegenstück finden, wenn wir den Rundgang unter den regionalen, provinzialen oder ähnlichen Gebietskörpern unternehmen. Die Dinge mögen wiederum durchaus anders liegen, wenn wir uns dem kommunalen Bereich zuwenden. Der wichtige Unterschied liegt hier nicht in dem Gegensatz von Einheitsstaat und Bundesstaat. Der Riß verläuft gewöhnlich zwischen städtischer Verwaltung und ländlicher Verwaltung; schon die Strukturen sind verschieden und mehr noch die Arbeitsmethoden. Aber selbst in den einzelnen Verwaltungszweigen gibt es meist große Abstände in der Qualität des Verwaltens. Was im Zentralbereich eines Ressorts vorausgesetzt wird, mag in den Mittel- und Unterbehörden ohne großes Aufheben weitgehend in Wegfall kommen, was uns ein verläßlicheres Bild von der allgemeinen Norm geben kann. In der Tat mag der tropische Urwald der Variablen die Szene der Verwaltung so verdunkeln, daß alle Generalisierungen wie Schatten von zweifelhafter Substanz über ihr zu lagern scheinen.

Viertes Kapitel

Status und Funktion

Es darf fast als ein Glaubenssatz gelten, daß der öffentliche Charakter der Funktionen, die der Verwaltung obliegen, die besonderen Statusgarantien rechtfertigt, mit denen der öffentliche Dienst umgeben ist. Status könnte deshalb als Ausfluß der Funktionen angesehen werden. Anders ausgedrückt: Status und Funktion stehen in einer begrifflichen Wechselbeziehung. Nur um die öffentlichen Funktionen der Verwaltung nicht mittelbar in private Hände fallen zu lassen, nur um der Verwaltung neben der gebotenen Kontinuität ein öffentliches Rückgrat zu geben, ist es in langer historischer Entwicklung dazu gekommen, daß der heutige Berufsbeamte in vielen Ländern einen verfassungsrechtlich oder gesetzlich verbrieften Status genießt.

Um so bemerkenswerter mag es deshalb sein, daß die beinahe axiomatische Wechselbeziehung von Status und Funktion neuerdings tiefgreifenden Störungen ausgesetzt ist. Die gegenwärtige Problematik der Beziehung stammt von der Fragmentierung, die in der Sphäre der Funktionen deutlich geworden ist. Sie ist wiederum die unmittelbare Folge der um sich greifenden Spezialisierung. Vielleicht ist der öffentliche Dienst als einheitliches Gebilde im Begriff, sich in eine Illusion aufzulösen. Dieser Phase des Dilemmas, dem sich der Verwaltungsmann ausgesetzt sieht, wollen wir uns jetzt zuwenden.

Institutionelle Manifestation

Das Streben nach Verwaltungsstärke

In den emporstrebenden neuen Nationen wird überall in der Welt viel von der frühen Entwicklung einer hinreichenden Verwaltungstechnologie erwartet. Ein Apparat zur Wahrnehmung fortlaufender öffentlicher Funktionen von zumindest minimaler Leistungsfähigkeit ist ein grundlegendes Erfordernis des nationalen Fortschritts, sogar der politischen Selbstbehauptung. In der Tat könnte der Aufbau eines geschulten Beamtentums sich auch als wichtiger politischer Vermögensposten erweisen.

Jedes Staatswesen bedarf eines Staubeckens für die Fähigkeiten, die für die Aufrechterhaltung eines Regiments unentbehrlich sind. Ohne sie fehlt es an der Grundlage für eine regierende Kerngruppe in der Bedeutung, die ihr Gaetano Mosca schon vor der Wende zu unserem Jahrhundert in seinen lange unübersetzt gebliebenen „Elementen der politischen Wissenschaft" gab. Es lag Mosca daran, im Rahmen dieser Kerngruppe die beiden großen Aktionsstrukturen des modernen Staats sowohl funktionell auseinanderzuhalten wie letztlich zusammenzuführen. Er kontrastierte die Repräsentativstruktur im Aufstieg von der Wählerschaft über die Parteien zum Parlament auf der einen Seite und die Verwaltungsstruktur als Verkörperung der täglich handelnden Staatsgewalt auf der anderen Seite. Eine solche Zwei-Gewalten-Theorie, die den Bestand einer unabhängigen Rechtspflege keineswegs zu leugnen beabsichtigt, läßt sich logisch nicht mit der Idee der „herrschenden Klasse" als einer unangreifbaren Oligarchie auf eigener Machtgrundlage vereinbaren.

In den sogenannten Entwicklungsländern kündigt sich anfänglich als erstes Bedürfnis die Notwendigkeit an, Regierungserfahrung im elementarsten Sinn zum Einsatz zu bringen. Die Nachfrage richtet sich auf allgemeine Fähigkeit, das bloße Vorhandensein der Staatsgewalt zu demonstrieren, wobei technische Leistungsfähigkeit der Verwaltungsorgane jedenfalls in dem örtlich bedingten Maß nicht entbehrt werden kann. Die Erwartungen, die in den neuen Nationen an die Schaffung eines wirksamen Verwaltungssystems geknüpft werden, gründen sich auf das Beispiel der westlichen Welt. Sie greifen auf die geschichtliche Erfahrung zurück, die den älteren Ländern einen zeitlichen Vorsprung sicherte.

Der historische Stammbaum der modernen Leistungsbürokratie macht eins klar: daß der Stand der öffentlichen Verwaltung unmittelbar durch die unabweisbaren Bedürfnisse ihrer sozialen Umwelt beeinflußt ist und daß in der Rückwirkung der Verwaltung auf die Gesellschaft, vor allem auf die Wirtschaftsordnung, wesentliche Werte übermittelt werden: Eigentumssicherung, Stabilität, Kalkulierbarkeit und selbst Kostenausgleich, etwa durch Sozialversicherung und Unfallverhütung. Bei der Planung der Verwaltungsleistungen gehen wichtige Anregungen vor allem von dem höheren Beamtentum aus. Es läßt sich als Organ der Problemerfassung und der Abhilfeformulierung aus der politischen Entwicklung des Westens nicht wegdenken, insbesondere im europäischen Bereich.

Nun ist es sicherlich richtig, daß die dem westlichen Beispiel entspringenden Lehren keineswegs Allgemeingültigkeit beanspruchen können. Sie lassen keine unmittelbare Übertragung auf eine Umgebung zu, die nicht nur eine frühe Etappe des wirtschaftlichen Wachstums, sondern auch kulturelle, klimatische und andere Besonderheiten offenbart. Dennoch zeigt sich viel Gemeinsames in den Verhaltensformen des Verwaltungsmanns, sowohl im Hinblick auf die Bewältigung seiner Tagesprobleme wie auch in seiner Einstellung gegenüber den Anforderungen des politischen Kurses und gegenüber der Öffentlichkeit. Das Gemeinsame setzt sich ungeachtet der keineswegs unwichtigen örtlichen Eigenarten überall mit großer Beharrlichkeit durch. Diese Gemeinsamkeiten widersprechen der weit verbreiteten Annahme, daß die moderne Bürokratie als Produkt des Westens nur in seine eigene Mulde paßt und sich als Leistungssystem in andere Daseinsformen nicht einfügen läßt. Es kommt weitgehend auf verständige Würdigung der konkreten Gegebenheiten und entsprechende schöpferische Anpassung an.

Konturierung der Bürokratie

Die Frage, ob eine Gesellschaft an zuviel Wirtschaft leide, scheint so absurd, daß sie praktisch nie gestellt wird. Um so vertrauter ist die Parallelfrage, ob eine Gesellschaft an zuviel Verwaltung leide. Daß beide Fragen in gewissem Sinne zusammengehören, mag erstaunlich klingen. Anders ausgedrückt: Die Wesenszüge der Wirtschaft — nach Produktionsweisen, Größenordnung, Kapitalisierung, Entscheidungsfreiheit und Inanspruchnahme des Gemeingebrauchs — bestimmen in erheblichem Umfang den Aufgabenkreis und damit den Apparat der Verwaltung. Das Wollen der Verwaltung, das grundsätzlich ein gesetzlich erfordertes Müssen ist, erschöpft sich natürlich nicht in der Ankündigung von Absichten; ihr muß ein Tun folgen. Jede Hand jedoch, die dem Tun dient, muß ihrem Auftrag unterworfen bleiben. Das Tun erhält sein Mandat aus einer Lenkung, die wiederum ihre Augen auf Erfüllung richtet. Hand und Hirn gehören zusammen. Aber der Kopf bestimmt die Regungen des Körpers.

Das ist der funktionelle Grund, weshalb der Körper der Verwaltung so oft als Manifestation des Kopfes gesehen wird. Wer über Bürokratie stöhnt, mag zwar gerade den Mann der „Abfertigung" meinen — und vielleicht im Reigen der Vorfälle nun einmal in der Umtauschstelle des Kaufhauses oder am Geldwechselschalter. Aber wer „die Verantwortlichen" meint, wer den Körper der Verwaltung dem Kopf zur Last legt, wendet sich an die Adresse der Lenkung. „Die Bürokratie", auf die öffentliche Verwaltung bezogen, bedeutet daher in der Regel das Oberbeamtentum[1].

---

[1] Die Wissenschaft kommt dem Schalterbeamten gelegentlich zu Hilfe. So lesen wir in einer empirisch fundierten Monographie: „Es muß zugegeben werden, daß die Schalterangestellten manchmal große Geduld aufbringen müssen, um die Versicherten, die durch langes Warten gereizt sind, höflich zu bedienen" (Hansjürgen Daheim, *Die Sozialstruktur eines Bürobetriebes: Eine Einzelfallstudie.* Dissertation, Wirtschafts- und Sozialwissenschaftliche Fakultät der Universität Köln, 1957, S. 171).

Nun versteht es sich von selbst, daß jede Bürokratie ein Verband von Einzelwesen ist. In ihr verbirgt sich eine Ansammlung unabsehbar vieler Faktoren, die das Geschehen beeinflussen. Das steht im Gegensatz zu dem Bilde einer monolithischen Struktur. Wir sprechen zwar von „der Spitze“, aber die Männer an der Spitze halten den Apparat nicht in ihren Händen. Er wird in erster Linie durch das Handeln derer geformt, die bis hinunter zur Basis der Pyramide die große Masse im Gesamtkörper des öffentlichen Dienstes darstellen. Sein kolossales Gewicht darf nicht übersehen werden. Im Bund mit anderen hat der „kleine Mann“ im Betrieb beträchtliche Autonomie in der Ordnung des Tagesverlaufs, die er nach seiner eigenen Einsicht ausüben kann, so etwa in der Festlegung der ungeschriebenen Regeln des vertretbaren amtlichen Verhaltens. Das schließt die Frage ein, wieviel Arbeit als Maßstab für die Dienststunden geleistet werden und wieweit man sich der Nominalautorität beugen soll.

Trotz solcher Druckmomente, die durch das quantitative Schwergewicht im Apparat bestimmt sind, hat die institutionelle Orientierung der Verwaltung westlicher Prägung früh die Tendenz entwickelt, im großen und ganzen von oben nach unten zu verlaufen. Das gilt nicht nur für Deutschland. Die organisatorische Einheit des Apparats hatte ihren Anker im Führungsstratum. Aus dem Oberbeamtentum erwuchs dem öffentlichen Dienst im guten wie im bösen sein charakteristischer öffentlicher Sinn ebenso wie seine institutionelle Stimme. Die lenkende Gruppe rekrutierte sich im allgemeinen aus dem Kreise der Absolventen des höheren Bildungswesens. Schon deshalb war sie imstande, sich eine beherrschende Position zu erhalten.

Die Spitzengruppe genoß einen dreifachen Vorteil. Bessere intellektuelle Vorbereitung verband sich für die Oberbeamten fast automatisch mit erhöhtem sozialem Rang. Eine weitere Prestigequelle war ihre enge Identifizierung mit der Staatsgewalt. Man darf allerdings nicht über gewisse Zeiträume hinweglesen, in denen es von außen her zu ernstlichen Spannungen innerhalb der hierarchischen Ordnung kam. Ebensowenig können die Auswirkungen der materiellen Zieldifferenzierung außer acht bleiben, für die das Gewerkschaftswesen in der Beamtenschaft das beste Beispiel ist. Zur Hauptsache jedoch hat die Rolle der Bürokratie gesamtinstitutionellen Ausdruck in den höheren Sphären der Formalautorität gefunden. Daher scheint es richtig, die Bürokratie als aktive Kraft in erster Linie aus den Perspektiven der an der Spitze stehenden Elemente zu erfassen. Diese Elemente fanden sich normalerweise in einer strukturell anerkannten Laufbahngruppe zusammen[2].

---

[2] Die geschichtliche Ausprägung der Laufbahntrennung im Beamtentum beschreibt Otto Hintze wie folgt: „. . . Friedrich der Große wollte noch, daß

Jedes Oberbeamtentum greift in unterschiedlicher Weise über den eigentlichen höheren Verwaltungsdienst hinaus. Der englische parlamentarische Unterstaatssekretär ist ein Beispiel. Die sogenannten politischen Beamten nach dem preußischen Muster des neunzehnten Jahrhunderts dürfen hier ebenfalls genannt werden. Das „Kabinett" des französischen Ministers zeigt eine weitere Variation. Auch den Spartenvertreter außerhalb des unmittelbaren Verwaltungsdienstes gab es schon seit langem, den Pädagogen, den Mediziner, den Ingenieur, den Agronomen, den Statistiker. Für unsere Zwecke ist es nicht notwendig, eine rechtlich präzise Definition der Spitzengruppe an den Anfang zu stellen. Dazu müßte man die Masse der gesetzlichen und interpretativen Normen untersuchen, aus denen sich ergeben würde, welche Stellungen terminologisch einzubeziehen oder auszuklammern wäre. Was hier mit dem Oberbeamtentum gemeint wird, ist ganz allgemein die relativ permanente Gruppe derer, die an verschiedenen Plätzen im Verwaltungssystem die Aufgabe haben, in den Behörden und Dienststellen Leitungsgewalt auszuüben oder dafür informatorische und analytische Vorarbeit zu leisten.

---

die jungen Leute, die Kriegs- und Domänenräte werden wollten, als Sekretäre bei der Kammer anfangen sollten; er hielt nicht viel von dem Institut der Auskultatoren, das damals als besonderer Vorbereitungsdienst für die höheren Verwaltungsbeamten aufkam. Es ist offenbar mehr die Neigung der Beamten zu einer exklusiven Stellung, als die Veranstaltung des Monarchen gewesen, was diesem Institut dann doch den Sieg verschafft hat. Die Einführung von besonderen Prüfungen für den höheren Verwaltungsdienst (1770), die Voraussetzung des juristisch-kameralistischen Universitätsstudiums dabei hat allmählich eine unübersteigliche Schranke zwischen den höheren und den Subalternbeamten aufgerichtet. Allerdings gab es um die Wende des 18. und 19. Jahrhunderts auch in Preußen noch manche Subalternbeamte, die auch studiert hatten, und in anderen deutschen Ländern, beispielsweise in Hannover und Hessen, war das auch noch in der ersten Hälfte des 19. Jahrhunderts häufig der Fall. Mit der Vermehrung der höheren Stellen wurden allmählich die studierten Elemente ganz von diesen absorbiert, und die genaueren Bestimmungen über die Vorbildung der Subalternbeamten beschränkten überall das Maß der Anforderungen so, daß es auch Militäranwärtern möglich war, nach zwei- bis dreijährigem Vorbereitungsdienst die vorgeschriebene Prüfung ebenso wie die Zivilsupernumerare abzulegen. Vielleicht wird man sagen dürfen, daß das starke Eindringen der Militäranwärter in das mittlere Beamtentum dazu beigetragen hat, daß die Scheidelinie gegenüber dem höheren schärfer gezogen wurde; die Analogie des Verhältnisses von Offizier- und Unteroffizierstand lag dabei nahe. Von vorurteilslosen Praktikern ist es öfters bedauert worden, daß fähige und bewährte Subalternbeamte keine Möglichkeit haben, in höhere Stellen zu gelangen. Der verstorbene preußische Ministerialdirektor Althoff pflegte zu sagen, er kenne manchen Subalternbeamten, der sich ganz gut zum Ministerialdirektor eignen würde, und er ist auch offen dafür eingetreten, daß man Ausnahmen in der Beförderung zulassen solle. Natürlich aber wäre derartiges bei dem in den verschiedenen Klassen des Beamtentums herrschenden Standesgeist sehr schwer durchzusetzen; es würde eines diktatorischen Regiments dazu bedürfen" (Otto Hintze, *Der Beamtenstand*. Unveränderter Nachdruck des 1911 veröffentlichten Textes. Wissenschaftliche Buchgesellschaft: Darmstadt, 1963, S. 52—53).

Als Beispiel: Obwohl an gestaltendem Einfluß im britischen Berufsbeamtentum der die Spitze repräsentierenden „verwaltenden Klasse" *(Administrative Class)* erster Platz gebührt, müssen wir zum leitenden Element auch die gehobenen Positionen in den „beruflichen" Spezialistenkategorien und den „industriellen" Dienstgruppen zählen. Ebensowenig wären entsprechende Stellungen auszuschließen, die nach amerikanischer Gepflogenheit einerseits als „Stab" klassifiziert sind oder andererseits als Leitungspersonal in den regionalen und unteren Stellen der Zentralbehörden *(field service)* Dienst verrichten. Planung wird nicht nur als Stab, sondern auch in anderen organisatorischen Formen der Lenkungsfunktion zugerechnet, wie ebenso andere spezialisierte Tätigkeiten, die generell darauf zielen, die Verwaltungsarbeit technisch auf solide Grundlagen zu stellen. Das Oberbeamtentum im Sinne dieser Erörterung zeichnet sich also zur Hauptsache durch zwei Merkmale aus: einerseits die funktionell bedingte Nähe zu den Knotenpunkten des Entscheidens und andererseits die relative personelle Homogenität, die das Ergebnis gleicher oder ähnlicher Erziehung, Ausbildung und beruflicher Maßstäbe ist.

Bürokratie und Verfassungsstaat

Was ist die Rolle des Oberbeamtentums im politischen Leben des modernen Staats? Das ist eine Frage, die sich mit Genauigkeit nur für jeden einzelnen nationalen Bereich beantworten läßt. Keine einzige allumfassende Antwort würde ausreichen. Eine erste kurze Antwort müßte vieles von ihrem Aussagegehalt gleich durch Begrenzung und Abschwächungen wieder zurücknehmen, gewissermaßen als unerläßliche Begleitmusik.

Eine allgemeine Feststellung aber läßt sich treffen: Die organische Entwicklung der modernen Leistungsbürokratie hat eine erhebliche Zunahme der Wirksamkeit und damit der Lebensfähigkeit des Verfassungsstaats zur Folge gehabt. Volksherrschaft wird allzuleicht durch hastende und gedankenlose Parteilichkeit entstellt. Sie schreit nach dem Gegengewicht wohlabgewogener Beurteilung von strittigen Punkten. Die praktische Geltung des Prinzips der politischen Repräsentation wird nicht geschwächt, sondern im Gegenteil gestärkt, wenn programmatische Begehren durch die nüchternen Schlußfolgerungen beleuchtet werden können, die sich aus den institutionellen Perspektiven der öffentlichen Verwaltung anbieten.

Der Verwaltungsmann kennt die Tragfähigkeit des Apparats und weiß um praktische Alternativen. Er hat einen Blick für das Präjudizielle, für Auswirkungen auf lange Sicht, für Folgerichtigkeit in den Hauptlinien. Was nicht weniger wichtig ist: Er bietet ein sachliches Urteil an, das meist auf detaillierter Kenntnis beruht und überdies nicht durch Interessenpositionen verzerrt ist. Der Mann der Politik und der Verwaltungsmann sind nicht natürliche Widersacher. Obwohl sie oft im Ausgangspunkt gegeneinander zu stehen scheinen, führt Notwendigkeit sie gewöhnlich zusammen. Beide lernen ihre unterschiedlichen und dennoch wechselseitig bedingten Blickweisen zu schätzen.

Die brandenburgisch-preußischen Anfänge der neuzeitlichen Verwaltung setzten den Monarchen als Bauherrn des Staats voraus. Der Beamte war verpflichtet, sich mit der Dynastie durch persönliches Treugelöbnis zu verbinden. Aber der Staat hielt auch den Herrscher in seinem Dienst. Mit der Herausbildung beruflicher Auffassungen kam der Beamte dazu, seine fortdauernden Verwaltungstätigkeiten mit dem Staatswesen unmittelbar in Beziehung zu setzen. In einer zunächst flüssig bleibenden Entwicklung war es natürlich, daß gewisse Tendenzen zur unpersönlichen Pflichterfüllung mit der Zeit zum Durchbruch gelangten. Dienst ebenso wie *der* Dienst veranlaßten den Berufsbeamten, sich mit seinen Aufgaben zu identifizieren. Die Bürokratie, die das eigene Gesicht in ihren laufenden Aufgaben wie im Spiegel sah, erwarb eine zunehmend intime Vertrautheit mit den Realitäten des Soziallebens, die sich um diese Aufgaben ausbreiteten. Das trug einen versachlichenden Einfluß in die öffentlichen Angelegenheiten. Das Oberbeamtentum wurde zu einem Lagerhaus der Information. Der Verwaltungsmann lenkte die politischen Machtproben auf das Gebiet nachweisbarer Beziehungen von Ursache und Wirkung hinüber. Damit führte er Barrieren auf, vor denen sowohl der despotische Befehl wie auch das vorschnelle Urteil haltmachen mußte[3].

In diesen Ausstrahlungen erwies sich die Bürokratie als Agent der Rationalität, um Max Webers Redewendung zu verwenden. Die Rationalität der Verwaltung trug allerdings den Stempel ihres Ursprungs, indem das Politische durch die Brille eines auf das Allgemeine ausgerichteten Staatsbegriffs gesehen wurde. Aber die so bestimmten Werte

---

[3] Über den Gewinn eines disziplinierten Einerseits/Andererseits sagte schon der hochgeachtete Pütter: „Um mit der strengesten Unpartheylichkeit, Rechtschaffenheit und Treue zu Werke zu gehen, kann man einem Referenten keinen bessern Rath geben, als daß er bey dem, was er als Factum und Inhalt der Acten schriftlich oder mündlich vorzutragen hat, sich in Gedanken beide in Streit begriffene Theile stets als gegenwärtig vorstelle, und seinen Vortrag so einrichte, daß keine der streitenden Partheyen, wenn sie diese zwey ersten Theile seiner Relation läsen oder hören, mit Grunde etwas dabey zu erinnern haben könnten; wie gewiß geschehen würde, wenn er etwas unrichtig vortruege, oder von dem, was ein oder der andere Theil für seine Sache in Acten vorgebracht, etwas unberührt lassen wollte" (Johann Stephan Pütter, *Ueber die beste Art aus Acten zu referieren, auch über manches, was sonst noch Teutschen Geschäfftsmännern und Schriftstellern zu empfehlen seyn möchte.* Göttingen: Schröder, 1797, S. 9).

und Schlüsse stellten einen sachlichen Gewinn für das Gemeinwohl dar, auch wenn sie sich dem Wettbewerb der Gruppeninteressen unterwerfen mußten.

In solchem Umfang trug die Methodik des Verwaltungssystems dazu bei, die Staatsgewalt durch Einbeziehung des allgemeinen Interesses zu legitimieren. Die Politik unterwarf sich in der Folge grundsätzlich der Probe sachlicher Gründe und verzichtete auf das Argument persönlicher Willkür. Die Ziele der Verwaltung mußten sich dementsprechend auf öffentlich gebilligte Zwecke beschränken. Verantwortlichkeit verschloß sich nicht mehr in der Brust des Handelnden; sie öffnete sich einer Rechnungslegung, die eine Würdigung von Motiven und Alternativen einbezog.

Für die Politik war das kein Verlust, sondern ein Gewinn. Indem der Verwaltungsapparat unter Beweis stellte, daß man sich auf seine Leistungen verlassen konnte, verhieß er den Organen der politischen Willensbildung einen erheblich verbreiterten Bereich für wirksame programmatische Entscheidungen. Der Verwaltungsberuf wurde zum Garanten der Erfüllung von Verantwortlichkeiten, die die Staatsgewalt gegenüber der Gesellschaft übernommen hatte. Er übernahm die Erkundung und Vermittlung der Forderungen, die aus dem Volk an den Staat gerichtet wurden. Er machte sich zur hauptsächlichen Instrumentalität für die Formulierung von Maßnahmen zur Anpassung der öffentlichen Leistungen an diese Forderungen. Er trug wesentlich zu der Bestimmung einer Vorrangordnung für die Verarbeitung solcher Forderungen bei.

Indem die Bürokratie sich als ein Arm erwies, der durch Leistungskraft auf Befestigung des Staatswesens hinwirkte, wurde sie gleichzeitig zum anerkannten Ausrufer der öffentlichen Notwendigkeiten. In dieser Hinsicht förderte der Verwaltungsmann durch die Verlautbarung der allgemeinen Interessen eine Konsolidierung der öffentlichen Auffassungen, aus der breite praktische Konsequenzen entflossen. Kein Wunder, daß ein aufmerksamer Besucher „vieler Länder“, der damalige amerikanische Vizepräsident Lyndon B. Johnson, in seiner Ansprache bei der Beamtenehrungszeremonie im Bundespersonalamt in Washington 1962 auf die „unabweisbare Tatsache“ hinwies, „daß in der modernen Welt keine Nation, sei sie alt oder neu, politische Einheit und wirtschaftliche Stabilität erzielen kann ohne ein geschultes Berufsbeamtentum“.

Verantwortlichkeit und Selbstinteresse

Wer über die positiven Wirkungen der Leistungsbürokratie als Instrument der Staatsgewalt redet, darf die andere Seite des Bildes nicht vernachlässigen. Was läßt sich über das unmittelbare Selbstinteresse des Verwaltungsmanns sagen, insbesondere über etwa uneingestandene und im Hintergrund bleibende Tendenzen zur Parteinahme, die sich am liebsten verbergen möchten? Ist es nicht zu erwarten, daß auch die Bürokratie aus eigenem Anlaß in der politischen Arena tätig wird? Wird sie nicht selbst zur wettbewerblich aktiven Gruppe, wenn sie durch andere Interessen gefährdet erscheint?

Schon weiter oben begegneten wir der Problematik des Begriffs des Interesses. Es ist eine Eigenart unserer Zeitsituation und typisch für die gegenwärtige Phase der industriellen Gesellschaft, daß Interesse fast ausschließlich materialistisch gedeutet wird. Deshalb erscheint der Begriff bereits seinem Wesen gemäß materialistisch überlagert. Das ist jedoch keineswegs zwangsläufig. Auch das Eigeninteresse kann durchaus unterschiedlich orientiert sein.

Interesse bedeutet eine vom Subjekt aus seiner Wertsicht hergestellte Wunschbeziehung zu einem Objekt. Die Wertsicht kann von materiellen oder von ideellen Ausgangspunkten bestimmt sein. Bei genauerer Betrachtung mag es allerdings nicht leicht sein, hier die eine Alternative mit Gewißheit von der anderen abzusondern. Vor allem ist das Zeugnis des Hauptbeteiligten kein in jedem Fall überzeugendes Beweismittel für den materiellen oder ideellen Charakter seines Interesses. Gerade wenn er in tatsächlicher Hinsicht völlig nüchtern nur an den Geldwert einer Sache denkt, mag er es aus bestimmten Gründen für angemessen halten, sein Interesse äußerlich mit großer Sorgfalt ideell zu drapieren. Umgekehrt trifft man die genaue Gegentendenz in jenem selteneren Mitmenschen, der durch anerkennende oder gar bewundernde Bemerkungen über sein Verhalten so sehr in Verlegenheit gesetzt wird, daß er sein ideelles Interesse in der grauen Alltäglichkeit der materiellen Motivationen zu verstecken trachtet. Der eine träufelt gewohnheitsgemäß über seine scharfe Vorteilsberechnung den Sirup täuschender Phrasen, die ins Ideelle verweisen. Der andere gibt sich im Griff nach dem Mantel der Konformität den Anschein, er fände seinen Lebensinhalt nicht zum letzten im Zählen seiner Dukaten, während er in Wirklichkeit seine ideellen Interessen ganz in den Vordergrund stellt.

Derartige Differenzierungen sind auch im öffentlichen Dienst wahrzunehmen. Es liegt auf der Hand, daß die Erfüllung öffentlicher Funktionen nicht als natürliche Konsequenz die Entwicklung eines wahrhaft öffentlichen Geistes nach sich zieht. Es ist nicht von ungefähr, daß in der öffentlichen Meinung die Vorstellung spukt, der Beamte sei ein Mensch von mittelmäßigen Tugenden und manchen Untugenden. Ein geruhsamer Platz, eine feste Stellung, eine verläßliche Versorgung — dies mag sicherlich für die leicht Zufriedengestellten und für die nach ihren Gaben für Auszeichnung nicht Vorgemerkten hinreichende Anziehungskraft besitzen. Ihr Tagesgespräch wird sich dann wahrscheinlich an den Aussichten für die nächste Erhöhung der Gehaltsbezüge entzünden. Aber die

Verwaltung verheißt anderen Aspiranten öffentlichen Dienst, und öffentlicher Dienst hat von altersher nicht wenige der Besten an sich zu fesseln vermocht. Für diese liegt es nahe, in ihrer persönlichen Wertordnung das Allgemeininteresse voranzustellen. Gewiß: Auch sie müssen essen. Aber ihre Berufsauffassung macht es ihnen möglich, ihr materielles Interesse von der Wahrnehmung ihrer Amtspflichten weitgehend zu trennen. Das besondere Ethos des Beamtentums hat das Leben des modernen Staats gestaltend beeinflußt.

Was jedoch ist das Allgemeininteresse? Wenn sogar das Eigeninteresse als aus dem Individuum hervorwirkende Kraft sich völlig verschiedene Objektbeziehungen schaffen kann, von der hilfsbereiten Einbringung des Selbst in die Interessen der Gemeinschaft zum stupiden Versinken in dem persönlichen Haben, so würde es überraschen, das Allgemeininteresse als eine simple Elementartatsache beschrieben zu sehen. Daß es das nicht ist, mag zunächst als die verständigste Aussage über sein Wesen hingenommen werden. Es bietet keinen Kompaß, den man jederzeit nur zu „lesen" braucht. Überdies setzt es eine Interessenstrukturierung voraus, die aus den Daseinsformen der Gesellschaft, nicht zum letzten der wirtschaftlichen Produktion, ebenso wie aus den Bedürfnissen der Einzelwesen ihre Merkmale erhält. Aus dieser erfaßten Strukturierung, die also ohne das Rohmaterial unzähliger Sonderinteressen nicht vorstellbar wäre, ergeben sich diejenigen Ordnungsalternativen, die als Generalformeln der Kräftezusammenfassung eine Linie der Verhaltensdisziplin versprechen, wenn sie ausdrückliche programmatische Sanktion finden oder im Sozialbewußtsein Halt gewinnen.

Das Allgemeininteresse ist also ein Richtungsbegriff, der seinen Wert bereits darin erweist, daß er Fragestellungen über öffentliche Vorgänge rechtfertigt und Begründungspflichten voraussetzt. Das Sonderinteresse muß sich so gerieren, daß es im Ganzen „aufgehen" kann. Damit erweist sich das Allgemeininteresse als die das Interessenhandeln beherrschende Äußerung des Anspruchs auf Gemeinsamkeit, der nicht nur der Demokratie, sondern auch in mehr oder minder gewalttätiger Fiktion dem autoritären oder dem „totalen" Staat zugrunde liegt. Der Anspruch gewinnt „Geltung" ganz in dem Umfang, in dem die Vorstellung vom Allgemeininteresse unbeschadet seines wechselnden Inhalts als effektiver Einfluß das öffentliche Leben beherrscht[4].

---

[4] Zum guten Stil der Berufung auf das Allgemeininteresse lesen wir in einer Studie über Verbandsideologien: „Aus all dem halten wir zurück, daß die Berufung auf ein Allgemeininteresse, gleich wie dieses Allgemeininteresse verstanden wird, sich wie ein Leitfaden durch die Äußerungen der Spitzenverbände zieht und als ein wesentliches Strukturelement gerade der Verbandsideologien angesehen werden kann" (Karl Otto Hondrich, *Die Ideologien von Interessenverbänden: Eine strukturell-funktionale Analyse öffentlicher Äußerungen des Bundesverbandes der Deutschen Industrie, der Bundesver-*

Der Hinweis auf das Allgemeininteresse bedeutet also eine Einladung zur Selbstkoordinierung der Gesellschaft, die in der Sprache der Pflicht ergeht. Dabei fällt dem aus den Sonderinteressen herausgehobenen Beamtentum eine zentrale Aufgabe zu. Nicht nur deshalb ist die öffentliche Verwaltung ein Ausdruck des verallgemeinerten Interesses. Darüber hinaus richtet sich der Verantwortungssinn des Beamten in erster Linie auf das Allgemeininteresse aus. Seine Verantwortung bedeutet vornehmlich Sinngestaltung des allgemein Gültigen.

Einfluß und Beeinflussung

Daß sich eine Institution in ihrem Wesen durch gewisse charakteristische Eigenschaften kennzeichnen läßt, besagt nicht, daß sie diese Eigenschaften unter Ausschluß von Widersprüchen und Gegensätzlichkeiten aufweist. Das ergibt sich bereits aus ihrem pluralen Inhalt. Eine künstlich zusammengebrachte Vielheit von Menschen ist notwendigerweise vieles. Jeder ist nur eine lückenhafte Teilrepräsentation des Ganzen.

Einige sind der eigenen Person hörig; andere setzen sich für „die Sache" ein. Ein nicht unerheblicher Teil der gegebenen Vielheit schwingt von dem einen zum anderen Pol, je nachdem wie „die Sache" für die Beteiligten von innen aussieht. Wenn wir uns durch Befragung unterrichten wollen, müssen wir uns auf ganz verschiedene Antworten gefaßt machen. Dennoch werden uns vorherrschende Tendenzen erkennbar werden, die ihre Ankerpunkte meist in gewissen Leitbildern haben. Die Institution „sieht sich" selbst und formuliert auf diese Weise bestimmte Handelnsmodelle. Die klassischen Beamtentugenden — Pflichtgefühl, Verläßlichkeit, Redlichkeit, Staatsgesinnung — haben entscheidend dazu beigetragen, daß die Verwaltung sich als die Truppe des Gemeininteresses betrachtete.

Das setzt eine gewisse Selbständigkeit der Ideenwelt voraus. Ihr notwendiges Gegenstück ist indes der umfassende Begriff des Dienens, was Nachordnung im Verhältnis zur Willensbildung der Staatsgewalt in sich schließt. In der westlichen Welt hat der Aufstieg der Volksherrschaft dieser Maxime staatspolitische Weihe gegeben. Es gilt als offensichtlich, daß das tagtägliche Tun der Verwaltung nicht schlechthin eigenbestimmt ist. Der Berufsbeamte muß sich im Prinzip ausschließlich als Arm der politischen Entscheidungen betrachten.

Allerdings unterliegt der Arm auch Ermüdungserscheinungen. Er mag von vornherein nicht sehr stark sein. Bloße Bequemlichkeit darf ebenfalls

---

einigung der Deutschen Arbeitgeberverbände und des Deutschen Gewerkschaftsbundes. Duncker & Humblot: Berlin, 1963, S. 133).

nicht übersehen werden. All das stellt jedoch die Maxime nicht in Frage: In letzter Hinsicht ist die verantwortliche Festlegung des politischen Kurses Aufgabe der vom Volk bestellten Führung. Auch wenn zu konzedieren wäre, daß diese Formulierung der Verfeinerung bedarf, um als angemessene Beschreibung der Tatsachen des öffentlichen Lebens gelten zu können, drückt die Maxime doch in präskriptiver Sprache ein überaus wichtiges Postulat der Verantwortlichkeit aus. Verwaltung ist ein Instrument des Handelns, das erst auf der Ebene der politischen Verantwortung der öffentlichen Kontrolle zugänglich wird. Das ist jedoch vielleicht nur Theorie. Gibt es nicht Umstände, unter denen das höhere Berufsbeamtentum als selbständige Aktionsgruppe wirksam wird, indem es in der Verfolgung politischer Zwecke seinen eigenen Weg geht?

Eine einzige einfache Antwort auf diese Frage würde kaum genügen. In erster Hinsicht kommt es auf die institutionelle Doktrin der Bürokratie an. Glaubenssätze der Instrumentalität lassen sich nicht einfach abstreifen, zumal wenn sie sich in Gewohnheit befestigt haben. Andererseits ist das Spitzenelement eine durch dauerhaften Zusammenhang geformte Ideengruppe. Auf der Grundlage seiner Wirkungsformen läßt sich vermuten, daß es einen gewissen Einfluß auf die Herausarbeitung der Aktionsalternativen ausübt, die zur politischen Erwägung gestellt werden.

Natürlich ist keine Gruppe fähig, eine Position einzunehmen, soweit nicht in ihr vereinigende Faktoren am Werk sind, die stärker in Erscheinung treten als die trennenden Faktoren. Grundsätzliche Meinungsverschiedenheiten mögen sich zwischen der „alten Garde“ und den „jungen Türken“ entwickeln. Kluften solcher Art verringern sich dort, wo dem höheren Beamtentum normalerweise eine vorgeschriebene Erziehung und Ausbildung gemein ist. Die berufliche Kanalisierung des Zugangs zum Amt und die Vorstellung der begrenzten Teilnehmerschaft fördern eine identische Einstellung und eine Tendenz zur politischen Zurückhaltung. In der Regel fallen diese Gemeinsamkeiten des Verhaltens nur unter ungewöhnlichem Druck auseinander.

Obwohl die verfassungsmäßige Befehlsgewalt des von der Wählerschaft erkorenen Regiments sich für das Oberbeamtentum von selbst versteht, kann ein außergewöhnlich weiter Pendelschlag im Wahlergebnis Schwierigkeiten heraufbeschwören. Zwar widerstreben die Berufsauffassung und die instinktive politische Vorsicht der Spitzengruppe der extravaganten Idee, es sei Sache der Bürokratie, sich selbst die geeignete Regierung zu suchen. Ebensowenig Verständnis würde die Anregung finden, aus Gründen des besseren technischen Wissens und der längeren praktischen Erfahrung sei das Oberbeamtentum dazu berufen, das Kabinett zu gängeln. In beiden Fällen würde der Diener natürlich zum Meister; überdies zu einem Meister, der völlig außerhalb der politischen Ordnung der Verantwortlichkeit stünde.

Aber wenn das Leitungselement in seiner Zusammensetzung zu einseitig die soziale Schichtung wiedergibt und wenn es vom Sturm des Wandels zu lange verschont geblieben ist, fühlt es sich meist besser bei gewissen Gruppen als bei anderen zuhause. Das Oberbeamtentum wird bereits zu einer wiewohl unsichtbaren Aktionsgruppe, wenn es sich im Bündnis mit sichtbaren Aktionsgruppen wähnen darf. Dann mag selbst in der täglichen Abwicklung der Verwaltungsgeschäfte die Parteinahme der Lenkungsgruppe durch wohlwollende Interpretationen und Anweisungen deutlich werden und Folgerungen für die Haltung anderer Gruppen gegenüber der Staatsgewalt haben. Ähnlich macht es bei solcher Festlegung der Grundposition einen Unterschied, ob der höhere Beamte gefühlsmäßig lieber mit einer bestimmten Regierung zusammenarbeitet als mit einer anderen. Als Parteigänger glaubt er sich berechtigt, indifferent dazusitzen, wenn ihm die Dinge nicht gefallen. Das unterstreicht den Hauptgrund für die institutionelle Neutralität des Beamten: Daß er nur in Loslösung vom Einfluß der Parteinahme seine Aufgaben unter jedem verfassungsmäßigen Regime ohne Vorbehalt in Unterstützung der Regierung durchführen kann, wenn er sich nicht im Fall des Machtwechsels für die Opposition disqualifizieren wollte.

Als Berufsformation vermag das Oberbeamtentum sich schon deshalb nicht als Aktionsgruppe zu konstituieren, weil es einer geplanten Gruppenstrategie unfähig ist. Es fehlt ihm dazu das nötige Maß der Einheit der Sozialauffassung und der gemeinsamen Interessenausrichtung. Es fehlt ihm auch die Möglichkeit, politisch als geschlossener Körper aufzutreten. Es kommt vielleicht einer gewissen ideellen Geschlossenheit am nächsten, wenn es die politische Leitung aus eigener Sachkenntnis berät, obwohl solche Beratung im allgemeinen ressortmäßig aufgeteilt ist und oft nur episodisch stattfindet. Die Vorschläge und Empfehlungen, die aus der Ministerialbürokratie hervorgehen, sind jedoch offiziell. Sie sind daher durch die Disziplin der Verantwortlichkeit gedeckt. Vorurteile lassen sich schlecht verbergen, wenn sie in Vorlagen reisen müssen, die offen an diejenigen herangetragen werden, denen die politische Würdigung obliegt.

Eine mehr gruppenbezogene Form des Handelns läßt sich in den gelegentlichen Äußerungen hochgestellter Mitglieder der Bürokratie erblicken. Solche Sprecher können an der Formung des Verwaltungsdenkens wichtigen Anteil haben. Sie mögen als anerkannte Wortführer des öffentlichen Dienstes auch gerade für die oft vernachlässigten institutionellen Bedürfnisse der Verwaltung mit Erfolg um öffentliches Verständnis werben. Aber selbst solche Führer des Verwaltungsberufs sind als Beamte wenig geneigt, sich zu oft zu verlautbaren. Sie sehen sich nicht im Glanze derselben Selbstverständlichkeit, die von den auf Massenmitgliedschaft beruhenden Beamtenverbänden in Anspruch genommen wird.

Überschau und Spezialisierung

Statusbeamtentum

Noch wichtiger als der Gegensatz zwischen passiver Parteinahme und aktiver Neutralität ist ein anderer Unterschied. Das Gefühl der verantwortlichen Beteiligung am Verwaltungsgeschehen mag sich in einer Bürokratie einerseits auf die Behördenwelt als solche erstrecken, einerlei welche der verschiedenen Funktionen im einzelnen in Frage steht. Andererseits beobachten wir heute oft das Gegenteil: restlose Versenkung des Oberbeamten in eine oder die andere dieser Funktionen, mit der Wirkung einer entsprechenden Distanzierung gegenüber allen anderen Funktionen. Die erste Ausprägung mag hier als Statusbeamtentum bezeichnet werden; die zweite wollen wir funktionale Expertise nennen. Die neuerliche Wandlung von der einen zu der anderen Gestaltung hat die Stellung des höheren Berufsbeamtentums im Verwaltungssystem und damit auch in der politischen Gesamtordnung tief beeinflußt.

Statusbeamtentum und funktionale Expertise sind beide zeitgenössische Erscheinungen, wenn wir in diese Datierung das neunzehnte Jahrhundert einbeziehen dürfen. Zeitlich hat das Statusbeamtentum Vortritt. In ihm kommt die Konsolidierung der Leistungsbürokratie zum Abschluß. Ebenso wie die Leistungsbürokratie infolge der gebotenen Versachlichung des Verwaltungsgangs und der Herausbildung des Repräsentativstaats nicht nur die Patronagebürokratie und die Kastenbürokratie, sondern auch die autoritär-gemeinsinnige Wächterbürokratie hinter sich ließ, setzte sich von ihr später aus anderen Gründen die funktionale Expertise ab.

In voller Entfaltung würdigt sich das Statusbeamtentum als Inhaber der Sorgepflicht gegenüber dem gesamten Verwaltungssystem. Die Widmung schließt die Verpflichtung ein, die Aufgabenerfüllung der Behörden allgemein auf das öffentliche Interesse hinzulenken. Das steht im Gegensatz zu einer Begrenzung der Blickweise und der Selbstidentifizierung des Beamten auf den einen oder den anderen Zweig des Verwaltungsapparats. Ein höherer Verwaltungsdienst, der sich von einem allgemeinen Begriff des öffentlichen Interesses durchdrungen weiß, erfaßt seinen Status als Teil des Körpers der Allgemeinheit. Eine solche Statusdefinition beruht auf mehr als einer formellen Anerkennung im Beamtenrecht, einer Spezifizierung in der juristischen Dimension. Dieser Status findet seine Stärke in der Wirklichkeit, im Bewußtsein der Öffentlichkeit, in der sozialen Dimension.

Das sozial Gegebene, das der Sache nach gerechtfertigt erscheint, bedarf im Grunde keiner gesetzlichen Ratifikation. Ratifikation ist dann nur ehrende Zeremonie. In gewisser Hinsicht sind daher beide Statusdimensionen sachlich verklammert: Beide lassen sich auf einen gemeinsamen geschichtlichen Ursprung zurückverfolgen. Die Statusgarantien, die für das deutsche Berufsbeamtentum zur Tradition wurden, waren ein Echo der nationalstaatlichen Vergangenheit. Sie entstammten letztlich der politischen Vorrangstellung, die die königliche Gewalt in den Kämpfen mit den Ständen und anderen Nutznießern des Privilegienwesens in dem aufstrebenden Machtstaat Brandenburg-Preußen zu gewinnen vermochte. Die Männer des Königs in den neuen Verwaltungsämtern sahen zwar keinen Anlaß, sich besonders um die Liebe der Bevölkerung zu bewerben. Dennoch spielten sie eine wichtige Rolle in der Grundsteinlegung zu einer den gemeinen Interessen zugetanen nationalen Ordnung. Sie waren „auch dabei" und erwarben sich schon durch ihre Teilnahme einen unsichtbaren Verdienststreifen.

Die Bürokratie war im täglichen Geschehen dem Volke näher als der Herrscher. Sie verhalf dem rauhen Absolutismus im Laufe der Zeit zum unproklamierten Übergang in die aufgeklärte Monarchie. Der Herrscher erkor sich eine neue Mission; er sah sich als „erster Diener des Staates". Der Weg wurde frei zur Zivilisierung des eigenwilligen Befehls. Autorität verband sich mit der Unpersönlichkeit des Rechts, wenn auch zunächst bei der Ausübung von Autorität die empfundenen Notwendigkeiten vielfach noch durch ihr eigenes Gewicht Entscheidungen legitimierten. Der höhere Verwaltungsdienst war stärker geneigt als der König, im Recht den Gestalter der Autorität zu erblicken.

Perspektive des „Generalisten"

Der besondere rechtliche Status, mit dem die Beamtenschaft in der Regel umkleidet ist, mag nur eine geringe Erhöhung der Kreditwürdigkeit für den einzelnen Beamten mit sich bringen. Status bedeutet wenig in der sozialen Rangordnung, wenn er lediglich eine gewisse berufliche Sicherung für unwichtige Schreiber gewährleistet. Das ist gleichfalls richtig im Hinblick auf eine mit Privilegien verbundene Arbeitsbeziehung, die in einer Patronagebürokratie dem Klüngel von zweitklassigen Parteimännern an der Spitze zu eigen ist, obwohl sie weder als Ideenschmiede noch als Kontrolleure im Verwaltungssystem eine institutionelle Rolle zu spielen in der Lage sind. Die Situation ist nicht erheblich anders, wenn sie gewissermaßen in das Gegensätzliche verkehrt wird. Ebensowenig vermitteln die Statusgarantien des Beamtenrechts Sozialrang, wenn der öffentliche Bedienstete gern den gemeinen Mann imitiert und sich vor allem nicht als Oberbeamter präsentieren möchte. Das ist seit langem in den Vereinigten Staaten der Fall. Dort ist der höhere Dienst weder organisatorisch als solcher hervorgehoben noch durch ausschließende Ausbildungserfordernisse umrissen. Schließlich mag Status von geringem Gewicht sein, wenn die öffentlichen Behörden von den Auseinandersetzungen des Gruppenwettbewerbs völlig unberührt bleiben. Eine solche Situation könnte dann vorliegen, wenn der Staatsapparat keine bedeutsamen Aufgaben im Leben der Nation erfüllt.

Im Gegensatz zu diesen Möglichkeiten vergrößern andere Umstände die sozialen Wirkungen der rechtlichen Sonderposition der Bürokratie. Formelle Gewährleistung der Lebenslänglichkeit des Amts mag als geschuldeter Tribut gelten, als äußeres Zeichen des Prestiges, das die Beamtenschaft genießt, vor allem die Spitzengruppe als mitwirkender Kader in den Zentralen der Entscheidung. Prestige bildet sich zuerst vornehmlich in den oberen Lagen der Verwaltungsstruktur. Es ist von der Eigenart des Lenkungselements beeinflußt. So mag der höhere Verwaltungsdienst durch die Ausübung seiner Funktion als „dritte Gewalt" im Kampf zwischen den organisierten Interessen gelten. Er mag durch eine fest verwurzelte Dienstideologie zusammengehalten werden. Er mag eine Berufsgruppe von Praktikern darstellen, die als Produkt der Universitätsbildung sich mit hinreichendem Weitblick ihrer Laufbahn überläßt, um der Verwaltung verantwortungsbewußt vorzustehen. In einer früheren Periode konnte sich das Oberbeamtentum sozialen Rang schon dadurch erwerben, daß seine Mitglieder meist aus denjenigen gesellschaftlichen Schichten rekrutiert wurden, die mit Erfolg für sich eine Elitestellung in Anspruch nahmen.

Die praktische Bedeutung der rechtlichen Statusgarantien liegt in der Begrenzung der Eingriffsmöglichkeiten in die Amtsführung des Beamten. Das ist besonders wichtig für die Leitungsfunktionen des höheren Dienstes. Er benötigt eine gewisse Unabhängigkeit des beruflichen Urteils. Verantwortliches Urteil wird bewußt ermutigt. Es wird vorausgesetzt, daß breit gestreute Urteilsfreiheit zur Leistungsfähigkeit der Verwaltung beiträgt, im Gegensatz zu der ängstlichen Sorge, daß geistige Beteiligung auf enge Bereiche begrenzt werden sollte und vielleicht sogar nach Möglichkeit gehemmt oder unterdrückt werden müßte.

Prinzipiell hat sich allerdings das Urteil der Verwaltung in den politischen Gesamtrahmen einzufügen. Dieser Rahmen wird generell durch die grundlegenden Formulierungen bestimmt, die im öffentlichen Recht Niederschlag finden. Diese wiederum werden verdichtet und ergänzt durch das latente Einvernehmen der Allgemeinheit, durch das, was sich als die Unterverfassung im aristotelischen Sinne bezeichnen läßt, in der Bedeutung von Vorstellungen, die im Gewissen ebenso wie in den Gebräuchen der Gemeinschaft eingebettet sind. Dazu kommt in ganz konkretem Effekt das politische Programm als die Richtschnur für das Heute.

Tatsächlich verliert eine Bürokratie jedoch nicht schon dann ihren festen Stand im öffentlichen Leben, wenn sie zu einem gewissen Grade von dem abgesondert bleibt, was im allgemeinen Redeschwall als gemeinsames Dogma geehrt wird. Verwaltungsbehörden leben in einer durch ihre Tagesarbeit beeinflußten Welt. Das macht sie vielfach unaufmerksam gegenüber den wortwörtlichen Anforderungen, die sich aus dem „Geist des politischen Systems" herauslesen lassen. Das mag hingenommen werden, solange die institutionellen Vorurteile der Verwaltung in der Öffentlichkeit bekannt sind und aus diesem Grunde diskontiert oder ausgeschaltet werden können. In einer Verfassungsordnung, die durch leidenschaftliche Kämpfe zerrissen ist, wird das anders sein, zumal wenn sich Elemente des höheren Verwaltungsdienstes mit der einen oder der anderen Seite verbinden. Aber wenn solche tief klaffende Uneinigkeit im weiteren Verlauf überwunden ist, kann der Verwaltungsmann nur auf Kosten seiner Stellung von dem programmatischen Kurs abschwenken, der von dem an die Macht gelangten Regime gesteuert wird.

Unter verhältnismäßig stabilen allgemeinen Bedingungen und in einem im großen und ganzen befriedigenden Zustand der politischen, wirtschaftlichen und sozialen Entwicklung ist ein solcher Konflikt kaum vorstellbar. Schon die Tagesanforderungen des Amts machen es unwahrscheinlich, daß die Verwaltung Ziele eigener Art anerkennt und verfolgt. Das Amt beschlagnahmt den Beamten. Sein Anteil an den Staatsgeschäften ist durch seinen Status sowohl begrenzt wie gesichert. Als Zement, durch den die Bürokratie zusammengehalten wird, fördert der gemeinsame Status eine Gemeinsamkeit des Berufsbildes, in dem der Kern der verwaltenden Aufgabe in allen ihren besonderen Gestaltungen als unteilbarer Dienst an der Allgemeinheit erscheint.

Der darin ausgedrückte Grad der Einheit der Berufshaltung erlaubt es dem Verwaltungssystem, den eigenen Zusammenhang zu pflegen und Vorstellungen über die gebotene technische Folgerichtigkeit von geplanten Aktionen zu entwickeln. Gerade dadurch wird es zum dienstbaren Instrument, das der Regierung für die Verwirklichung ihres Programms zur Verfügung steht. Eine hierarchische Ordnung, der durch Status Stabilität gegeben wird, ist verläßlicher und eher zur Rechenschaftslegung bereit als ein Verein von politischen Kumpanen. Sie ist von um so größerem Nutzen, wenn Verwaltung in der Natur der Sache auf die Formen der Großorganisation angewiesen ist. Insoweit ist Status eine wesentliche Grundlage für die Schaffung und Aufrechterhaltung eines in seiner Allgemeinheit produktiven Verwaltungssystems.

Die durch Status gesicherte Berufsbeziehung zur Verwaltung gibt der Bürokratie überdies ein erhöhtes Gefühl der Verpflichtung. Es offenbart sich in einem Verhalten, das Weisungsgewalt respektiert. Keine Überredung ist dafür nötig, daß die Anordnungen derjenigen, die legitim das politische Regime ausüben, ohne Widerstand befolgt werden. Nicht nur das: Der Berufsbeamte ist infolge seiner Stellung gehalten, der Regierung seine ganze Kenntnis und seine ganze Erfahrung für die sachgerechte technische Planung und Durchführung ihres politischen Programms zur Verfügung zu stellen.

Auf der anderen Seite müssen die Machthaber sich nicht von den wesensnotwendigen Regeln für die Handhabung des Verwaltungsapparats zu befreien suchen. Ein verstandenes System der öffentlichen Verantwortlichkeit bedarf auch politischer Selbstbeschränkung. Die kontinuierliche Leistungsfähigkeit des Verwaltungssystems muß selbst bei Machtproben im Namen der Wählerschaft berücksichtigt werden. Sonst könnte die eine politische Führungsgruppe zum Nachteil der anderen den Verwaltungsapparat in so grundlegender Weise nach ihren eigenen Wünschen ändern, daß für die Nachfolger ein wirkungsvolles Regieren vereitelt würde. Das wäre ein Angriff auf die Entscheidungsfreiheit der Wählerschaft.

Status verhilft der Bürokratie zu dem Verantwortungssinn, der ihre beratende Stimme bei der Festlegung politischer Ziele ebenso wie ihre primäre Rolle in der Verwaltungsführung wertvoll macht. Aber Status kann nicht beordert werden. Er formt sich durch Verhalten — durch das Verständnis der Öffentlichkeit ebenso wie durch die Regeln, die von Männern der Politik und der Verwaltung tatsächlich beachtet werden. Die bloße Rechtsnorm mag hier nicht viel mehr sein als ein Flöten im Dunkeln, um sich Zuversicht zu machen, wenn sie einem fehlt.

Funktionale Expertise

Wie wir davon sprechen, ist Statusbeamtentum durch verschiedene Merkmale charakterisiert. Es offenbart ein Bewußtsein seines grundsätzlichen Zweckes in der Sichtbarmachung und Stützung des Allgemeininteresses, des wirksamen Staatswesens als Einrichtung für alle. In dieser Perspektive bietet sich uns das Profil einer der Gesamtheit verantwortlichen Staatsgewalt. Das setzt voraus, daß die Struktur der Repräsentation und die Struktur der Verwaltung in organischer Verbindung einander an die Seite gestellt werden, jede in notwendiger Ergänzung der anderen, jede in ihrem Bereich bereit, zum Erfolg der anderen beizutragen. Sicherlich sind diese beiden Strukturen als Autoritätsquellen nicht gleichrangig. Die Grundlage für letzte Entscheidungen läßt sich nur in der politischen Sphäre finden, jenseits des Bereichs der Verwaltung. Verwaltung empfängt ihre Zielrichtung und die Ermächtigung zum Einsatz ihrer Mittel aus der Hand der repräsentativen Körperschaft. Im Gegensatz zu den Organen der politischen Willensbildung ist die Verwaltung das Hauptinstrument für die Erfüllung der fortdauernden öffentlichen Aufgaben, die von den Vertretern der Wählerschaft auf der Ebene der höchsten Verantwortlichkeit festgelegt worden sind.

Ein anderes Merkmal des Statusbeamtentums ist die Aufmerksamkeit, die es der Leistungsfähigkeit der Verwaltung auf lange Sicht zuwendet. Es sieht den Einzelfall als Teil einer langen Reihe von vergleichbaren Fällen. Nicht der Fall als solcher ist wichtig, sondern der fortlaufende Verwaltungsgang, als Antwort auf allgemeine Bedürfnisse. Entscheidend ist die Befriedigung dieser Bedürfnisse, die technische Angemessenheit der jeweiligen Kategorie von Entscheidungen. Verantwortlichkeit geht aufs Ganze; sie darf sich nicht einer individuellen Interessengruppierung ergeben. Wenn Verantwortlichkeit vom Ganzen weggleitet, erleidet sie einen meßbaren Verlust an öffentlichem Sinn. Sie hört auf, dem Speziellen einen Rahmen vorzuzeichnen, in dem es einen Platz findet.

Unter Auspizien des Statusbeamtentums sieht die Leitungsgruppe in allen Unzulänglichkeiten des Verwaltungssystems eine persönliche Herausforderung, die sich nicht übersehen läßt. Die für das Aufrücken der funktionalen Expertise typische Haltung ist ganz anders. Für den Spezialisten ist es naheliegender, daß er den Kopf in seinem kleinen Sandhaufen verbirgt und kaum hörbar fragt: „Bin ich gemeint?" Der überkommene Ehrentitel des Beamten, der ihn als Staatsdiener vorstellt, wird angesichts der steigenden Flut der funktionalen Expertise zu einem Stückchen institutioneller Dichtung.

Der Spezialist sieht in erster Linie sich selbst, sein Wirken, seine Sonderaufgabe. Er vermindert dadurch die Fähigkeit der Bürokratie, eine eigene Auffassung zu vertreten. Funktionale Expertise zerstört den gemeinsamen Geist, den Kern der einheitlichen Berufsauffassung, die sich zuvor gerade im Leitungsbereich der Verwaltung beobachten ließ. Verantwortlichkeit zerfällt in funktionelle Ausschnitte. Damit löst sich der geistige und gefühlsmäßige Zusammenhang im Berufsbeamtentum.

Die alten Gemeinsamkeiten innerhalb der Spitzengruppe umfaßten Leitideen über die Moral der Machtausübung wie auch der Zweckverfolgung. Oft vage und widerspruchsvoll umschrieben diese Leitideen dennoch ein umfassendes Ziel: Dienst an der Gesamtheit. Ihm konnten sich im Grundsatz auch die Männer der politischen Leitung nicht entziehen. Die Gemeinsamkeit der Spezialisten dagegen konsolidiert sich eher im Hinblick auf institutionelle Prärogativen und wirtschaftliche Bedingungen, die den Platz des Experten in der Bürokratie betreffen. Spezialisten sind ebenfalls leicht veranlaßt, für ihre eigenen Funktionsbereiche um politische Unterstützung zu werben[5].

---

[5] Die Auswirkungen der Spezialisierung auf die industrielle Führungsgruppe betont die folgende Beobachtung: „Ihr Leistungsdenken ist natürlich auch dadurch beeinflußt, daß die meisten Männer der jüngeren Unterneh-

Das neue Spezialistentum hat jedoch nur schwach ausgeprägte Klassensympathien, soweit es sich nicht den „freien Berufen" zuzählt. Zum Teil erklärt sich dies aus dem in unserer Zeit sichtbaren Zurücktreten des Klassengedankens. Soziale Verengungen werden seltener. Dem entspricht die ständige Verbreiterung der Rekrutierungsbasis für die höhere Verwaltungslaufbahn, die in nicht wenigen Ländern seit dem ersten Weltkrieg wahrzunehmen ist. Demzufolge ist wenig von den traditionellen Klassenbeziehungen und den entsprechenden politischen Neigungen der Spitzengruppe übriggeblieben. Aber die Demokratisierung im Zugang zum Oberbeamtentum hat sich auf die vormalige Einheitlichkeit der beruflichen Blickweise zerstörerisch ausgewirkt; zu einer neuen Homogenität ist es bislang nicht gekommen. Vor allem hat sich eine folgerichtige demokratische Grundhaltung nicht entwickelt.

Wir können daher die allgemeine Beobachtung machen, daß die heutigen westlichen Bürokratien im Gedränge der funktionellen Interessen viel von ihrer institutionellen Einheit eingebüßt haben. Sie sind gewissermaßen vielköpfiger geworden, als das am Anfang des Jahrhunderts der Fall war. Dementsprechend sind sie weniger fähig, eine eigene Position einzunehmen oder gar organisierte Kampagnen in Streitfragen der Politik in die Wege zu leiten. Die Passion des Spezialisten richtet sich auf seine Spezialisierung. Davon gibt es viele, jede in ihrem Schneckenhaus. Aktivierung all dieser differenzierten Interessen ist nur vorstellbar, wenn ein gemeinsamer Nenner das Beamtentum zu einer vorübergehenden Gesamtheit zusammenführt.

Verengung der Verantwortlichkeit

Die Geschichte des modernen Staates und die Entwicklung der Leistungsbürokratie sind untrennbar miteinander verflochten. In der Tat muß ein voll entwickeltes politisches System die Kraft haben, in gewissen Sphären „unpolitisch" zu sein, um auf diese Weise die notwendige Kapazität zum Verwalten aufzubauen. Im Bann des zeitgenössischen Funktionalismus wird es indes ständig schwerer, das ganze Feld der staatlichen Tätigkeit zu überblicken. Das Berufsinteresse der Verwaltung versenkt sich in die einzelnen Streifen der fortschreitenden Spezialisie-

---

mensführung ihren Aufstieg als Spezialisten in einzelnen Fachabteilungen genommen haben und nicht wie die ältere Führungsschicht schon frühzeitig an der Leitung des gesamten Unternehmens teilgenommen und damit gleichzeitig auch das Unternehmen als Ganzes überschaut haben. Ihr Leistungsdenken ist deshalb häufig gar nicht so sehr auf die Produkte oder den sonstigen Hauptzweck des Unternehmens als vielmehr auf Verbesserungen in Teilbereichen ausgerichtet: auf die innere Organisation, das Rechnungswesen, das Vertriebswesen, die Marktbeobachtung und dergleichen mehr" (Heinz Pentzlin, *Der Mann an der Spitze: Unternehmer im Zeitalter der Elektronik.* Stalling: Oldenburg und Hamburg, 1964, S. 35).

rung. Jeder Zweig des öffentlichen Dienstes erfindet seinen eigenen Jargon, seine eigene Kurzsprache, seinen eigenen Kompaß. Die gemeinsamen Bande erhalten sich in erster Linie als eine ansprechende Redewendung.

Früher war eine fest zupackende Handhabung der Autorität im Leben des Verwaltungsmanns Gemeinplatz, nicht zuletzt weil er infolge seiner Identifizierung mit dem Staat stets selbst im Schatten der politischen Macht stand. Heute gilt Autorität meist als Belastung. Autoritätsausübung bringt Selbstexponierung mit sich. Verantwortung läßt sich am leichtesten tragen, wenn ihr Gewicht durch größtmögliche Verteilung auf ein Mindestmaß verringert ist. Dazu gehört auch die intensivierte Suche nach verläßlichen Tatsachen, am besten in der Form von massiven statistischen Zusammenstellungen. Natürlich ist Verantwortungsübernahme kein Glücksspiel. Wissen und Handeln gehören zusammen. Aktion ohne Kenntnis kann Mord sein. Aber das Streben von der Entscheidung hinweg zur Schlußfolgerung hinüber enthüllt eine Tendenz, die zweifellos in der Richtung der allgemeinen Auswirkung der funktionalen Expertise liegt.

Im Ergebnis verlieren die traditionelle politische Denkweise und die „modernisierte" Denkweise der Verwaltung oftmals den Zusammenhang miteinander. Der Spezialist in der Verwaltung deckt sich durch die Behauptung ab, es handele sich für ihn nur darum, das Gesetz im Rechtssinne oder die wissenschaftliche Gesetzlichkeit im Sinne unbestreitbarer Erkenntnis auszuführen. Im Grunde aber sucht er Zuflucht hinter einer defensiven Redewendung, auch wenn sie gut klingt. Er hat mit anderen Dingen „nichts zu tun", am wenigsten mit dem ernsten politischen Geschäft des Aufbaus und der Erhaltung einer allgemeinen Machtgrundlage, ohne die auch die Verfolgung spezialisierter Ziele aus Mangel an öffentlicher Unterstützung zusammenbrechen würde. Die Theorie wird propagiert, daß die Verantwortlichkeit der Verwaltung ein geschlossenes Abteil bewohne, das dort beginne, wo politische Verantwortlichkeit endet. Der Spezialist möchte in seiner funktionellen Ecke bleiben, obwohl er schnell zu dramatischen Aufrufen zugunsten seiner Spezialsparte zu bewegen ist.

All dies mag die unvermeidliche Konsequenz von ungelenkten sozialen Interaktionen sein, wobei den Wirtschaftskräften im Rahmen der industriellen Gesellschaft besondere Bedeutung zukommt. Zweifellos ist das Ergebnis nicht in jeder Hinsicht negativ. Auch Gewinne sind zu verzeichnen. Funktionale Expertise hat die Lösung vieler Probleme ermöglicht, wo die Antwort in Spezialkenntnis lag. Selbst die Bestimmung der politischen Linie läßt sich weitgehend in eine analytische Aufgabe umwandeln. Von der Sammlung und Würdigung der maßgeblichen Tatsachen gelangt man zu einer Aufstellung praktisch verwendbarer Schlußfolgerungen und zu einer Darlegung der Gesichtspunkte, die deren Anwendung bestimmen.

Dies ist eine Arbeitsweise, die sich der objektiven Überprüfung leicht unterwirft, sowohl in der Hierarchie der Verwaltung wie auch im Forum der Legislative und in der Arena der öffentlichen Meinung. Wer glaubt, Experten seien zu modernen Medizinmännern geworden, wird zu bedenken haben, daß ihre Empfehlungen dem kritischen Urteil anderer Experten offenstehen. Dabei sei ganz zu schweigen von der Legion derer, die als Laien in ein rauhes Gelächter ausbrechen, wenn ein Expertendiktum wie so oft in einer Sprache abgefaßt ist, die den Leser in ein terminologisches Sumpfland führt. Funktionale Expertise hat das weitere Verdienst, die Eigenwilligkeit im freien Ermessen beschränkt und an seine Stelle eine der Antwort fähigere Rationalität gesetzt zu haben, die der Glut des ideologischen Glaubensbekenntnisses nicht zu weichen braucht. Damit ist in die Verantwortlichkeit der Verwaltung ein Maß der Konkretisierung eingebracht worden, das es früher nicht gab.

Auf der anderen Seite hat diese Verantwortlichkeit an Tiefe verloren. Das gilt vor allem für das Maß der Empfindsamkeit gegenüber der Notwendigkeit, das Interesse der Allgemeinheit zu klären. Im Wechselspiel von Antrieben und Neigungen bietet das Statusbeamtentum ein gastfreundliches Klima für derartige Klärungsversuche. Im Rahmen der funktionalen Expertise sind die Voraussetzungen weniger entgegenkommend. Ja: Der Spezialist weiß, daß er sich am ehesten durchsetzt, wenn es ihm gelingt, einer Herausforderung durch Ansprüche des Allgemeininteresses zu entgehen.

Das ist der Hauptgrund, weshalb jedes entwickelte Staatswesen unserer Tage besondere Organe der allgemeinen Überschau benötigt, sowohl im Verwaltungsapparat wie im Bereich der Politik, vor allem der Legislative und nicht minder für die Parteien. Die Gemeinsamkeit des Politischen selbst steht auf dem Spiel, wenn es sich darum handelt, mit den zentrifugalen Tendenzen spezialisierter Bürokratien fertig zu werden. In dieser Richtung liegt die Stärkung der gemeinbezogenen Denk- und Aktionstendenzen einer geschlossenen Bürokratie.

Fünftes Kapitel

Bereiche des Verwaltungshandelns

Die öffentliche Verwaltung, so wird oft nicht ganz genau gesagt, ist der handelnde Staat. Dabei steht die Tatsache im Vordergrund, daß die Aufrechterhaltung von „Ruhe und Ordnung" in allen ihren Ausstrahlungen und die Verrichtung der zahlreichen Leistungen, die sich für die sozialstaatliche Gestaltung von selbst verstehen, fast ausnahmslos den Organen der Verwaltung obliegt. Gemessen an spezifischen Kontakten mit der Öffentlichkeit, an jährlich verausgabten öffentlichen Mitteln, an täglich beschäftigten Händen, an wöchentlich bewältigtem Schriftwechsel, an Kilometern von Amtskorridoren oder an im Schalterverkehr konsumierten Formularen ist die Verwaltung zweifellos ohne Rivalen.

Aber darüber sollte nicht vergessen werden, daß es neben dem Verwalten auch das Regieren gibt; und wenn wir dabei an die Regierung als das Kabinett denken, wird alsbald klar, daß in qualitativer Hinsicht die Tagesordnung einer einzigen Kabinettssitzung einen nicht geringen Teil des quantitativen Übergewichts des Verwaltungsgeschehens im Gleichgewicht halten könnte. Noch bedeutsamer ist der Umstand, daß die Rechtspflege, die in Hunderten von Gerichten Tausende von Entscheidungen verkündet, ein wesentliches Element des handelnden Staats darstellt. Ebensowenig jedoch dürfen wir unter diesem Gesichtspunkt die Legislative vergessen. Gewiß: Sie erwägt, verhandelt, debattiert, wofür ihr der detaillierte Text in der Tat meist von anderer Seite geliefert wird, sei es von der stets drängenden Exekutive, sei es von den immer hilfsbereiten Verbänden. Aber selbst wenn der Berg nur eine Maus hervorbringen sollte, zeigt die amtliche Gesetzsammlung am Ende der Wahlperiode doch bemerkenswerte gesetzgeberische Aktivität; sie mag für ängstliche Gemüter geradezu beunruhigende Ausmaße tragen.

Wenn hier als nächstes Thema gewisse Bereiche des Verwaltungshandelns betrachtet werden sollen, so geht es dabei nicht um eine Übersicht über den Kreis der Verwaltungsaufgaben, über die Zuständigkeitsordnung, über den Aufbau des Behördensystems oder über die Gegenstände, die in die Darstellung des „besonderen Teils" des Verwaltungsrechts einbezogen zu werden pflegen. Wie bereits wiederholt erwähnt, greifen Politik und Verwaltung trotz ihrer Wesensverschiedenheit bis zu einem gewissen Grade ineinander ein. Ja: Sie können einer zwar begrenzten Wechselseitigkeit im Interesse der Wirksamkeit des politischen Systems nicht entraten. In diesem Bereich ihres Handelns betätigt sich die Verwaltung als Berater. Sie bietet Rat auf Einladung an. Sie hat keinen verfassungspolitisch begründeten Anspruch darauf, gehört zu werden. Sie hat noch weniger Anspruch darauf, daß man ihrem Rat auf der Ebene der politischen Entscheidung tatsächlich folgt. Die Verwaltung bewegt sich aber ebenfalls in der unmittelbaren Nachbarschaft der Politik, wenn die Aufgabe darin besteht, politische Entscheidungen in die Form eines Programms zu bringen. Sowohl Beratung der Männer der Politik wie auch Programmformulierung steht für das Oberbeamtentum in den unterschiedlichen Graden der Freiheit der Disposition in einem deutlichen Gegensatz zu der Erfüllung von Leitungsfunktionen im Hinblick auf den Verwaltungsapparat. Diese Unterschiede gehen nicht selten in der allgemeinen Erörterung der Zusammenhänge zwischen Politik und Verwaltung stillschweigend unter. Das erscheint ungerechtfertigt.

Loyaler Rat

Formale Legitimität

Wir haben gesehen, daß das höhere Beamtentum schon kraft seiner strategischen institutionellen Position in der Struktur eines jeden modernen Staatswesens einen unleugbaren Einfluß ausübt, sowohl auf die Gestaltung des politischen Entscheidungsganges wie auch auf den Charakter der aus ihm hervorgehenden Entscheidungen. Allerdings hinterläßt dieser Einfluß gewöhnlich sehr unbestimmte Abdrücke. Seine Rolle ist weder einfach zu bewerten noch überhaupt leicht wahrnehmbar. Auch hier sehen wir uns von Variablen umdrängt, die einerseits den konkreten Institutionen wie etwa dem Bundeskanzleramt oder einer Staatskanzlei während einer bestimmten Zeitspanne innewohnen und andererseits den Unterschieden des nationalen Zusammenhangs entstammen. In jedem der verschiedenenen Länder, denen wir uns zum Zwecke des Vergleichs zuwenden könnten, schafft das Lebensgesetz des Wandels ebenfalls eine Bilderfolge im Ablauf der Zeit. In der Entwicklung des einzelnen Landes ergeben sich oftmals markante Gegensätze in den unterschiedlichen Phasen. Wenn wir uns all diese Faktoren vor Augen zu halten suchen, erkennen wir die fast unüberwindliche Schwierigkeit, in genereller Weise ein einigermaßen genaues Bild der Formen des Handelns zu entwerfen, die von der Bürokratie auf der Schnittfläche von Politik und Verwaltung verwertet werden[1].

---

[1] Für Lorenz Stein war es klar, daß das „Richtige" eines „Systems der Verwaltung" in seiner organischen Lebensverbundenheit gefunden werden

Die Fragwürdigkeit einer ausreichenden Isolierung der Rolle eines einzelnen Beteiligten in einem auch andere Beteiligte voraussetzenden Vorgang ist jedoch in allen solchen Fällen ebenso offensichtlich wie die Schwierigkeit der Erfassung der zeitbedingten Modifikation. Man denke etwa an die Stellung des Ministerpräsidenten, des Parteivorsitzenden, des Mitglieds eines Fachausschusses. Jede Stellung ist Teil einer verwirrenden Verflechtung von Beziehungen. Jede ist eine Art von Miniaturbühne, auf der noch andere am Rande Platz haben, die von dort gelegentlich oder sogar gewohnheitsmäßig in die Mitte drängen. Was der formelle Inhaber der Stellung selbst zu ihrer effektiven Geltendmachung beiträgt, mag sowohl für ihn wie für die nächsten Beobachter nicht immer klar sein. Die offiziellen Memoiren oder die Leichenrede drücken sich über den Beitrag meist selbstsicherer aus, aber fallen in der Regel unter die Rubrik der romantischen Literatur. Ja: Der wahrhafte Staatsmann wirkt durch das, was er von anderen mehr oder minder merkbar empfängt, nicht weniger als durch das, was er ständig an andere weitergibt. Wo fängt er an, wo hört er auf?

Für das Oberbeamtentum, gesehen als Kollektiverscheinung, ist dies Identifizierungsproblem noch wesentlich vergrößert, eben weil die Bürokratie als Kollektiverscheinung in der Sphäre der politischen Entscheidung keinen markierten Platz hat. Hier sind die ausgewiesenen Größen Parlament und Regierung als solche oder in ihren Teilstrukturen: Fraktionen, Parlamentsausschüsse, Sondergremien des Kabinetts und vielleicht sogar das Staatshaupt, obwohl die verfassungsrechtliche Verantwortung des Staatshaupts gewöhnlich darauf beschränkt ist, sorgenvoll zu ruhen. Das Sichtbarwerden des Oberbeamten in diesen spannungsgeladenen Bereichen ist fast regelwidrig, es sei denn, daß er die Übermittlung von vertraulichen Staatspapieren mit seinem Leibe deckte. Aber das institutionell vielleicht Regelwidrige ist tatsächlich das ganz

---

müsse. Wie er es ausdrückt: „Da die innere Verwaltung die Verhältnisse des individuellen Lebens in ihrem Bedingtsein durch die Gemeinschaft darzulegen hat, so kann sie gar kein, im Begriffe der Verwaltung liegendes, eigenes System haben. Oder, es gibt gar keinen systematischen Inhalt, kein System der Verwaltung an sich, sondern es kann nur ein System derselben durch das Objekt der Verwaltung geben. Dies Objekt aber ist das persönliche Leben. Es ergibt sich daraus, daß das System der Verwaltungslehre, oder der Betätigung der Verwaltung in dem wirklichen Dasein, kein anderes sein kann, als der organische Inhalt des persönlichen Lebens selbst. Ein anderes ist wissenschaftlich nicht füglich denkbar. Und die Frage über die Richtigkeit eines solchen Systems der Verwaltung ist daher nicht die, ob es an sich richtig sei, sondern die, ob der organische Inhalt des persönlichen Lebens darin wirklich vertreten ist. Das Leben umfassend, wie es Gegenstand der Staatsthätigkeit wird, muss es das Leben enthalten. Und in der That wird es erst dadurch auch für die lebendige Anschauung des Einzelnen wie des Ganzen seinen Werth bekommen" (Lorenz von Stein, *Die Verwaltungslehre.* Teil 2: Die Lehre von der Innern Verwaltung. Cotta: Stuttgart, 1866. Neudruck, Scientia: Aalen, 1962, S. 51—52).

Regelmäßige. Was an diesem Platz von dem Oberbeamten erwartet wird, hat etwas den Anstrich des Tuns „unter der Hand“. So wichtig es ist, so wenig wird es öffentlich auf dem amtlichen Leistungskonto der Bürokratie zu ihrem Kredit verbucht.

Gewöhnliche Handelnsformen der Bürokratie lassen sich zu außergewöhnlichen Formen in Gegensatz bringen. Funktionale Expertise hat in ihrem Aufstieg, allgemein gesprochen, das Oberbeamtentum in spezialisierte Gruppen aufgesplittert. Jede dieser Gruppen wähnt sich dann am sichersten und fühlt sich dann am nützlichsten, wenn sie den Organen der politischen Entscheidung und der Öffentlichkeit ihre fachliche Information von ihrem amtlichen Pedestal entgegenhalten kann. Wenn fachliche Information von kontrollierender Bedeutung ist, kommt es in erster Linie darauf an, daß sie sich Eintritt verschafft. Sie entwickelt ihre eigene Beredsamkeit. Von guten Gründen läßt sich kaum sagen, daß sie die geistige Unabhängigkeit unterwühlen. Die Frage ist nur: Sind die Gründe gut? Um diese Frage mit Zuversicht selbst beantworten zu können, muß der Mann der politischen Entscheidung im Vorwege mehr als eine Antwort hören.

Die Wahrscheinlichkeit solcher vielseitigen Unterrichtung beeinflußt natürlich auch von vornherein den Sachkenner im Ministerium. Er kann nicht einfach seine Trompete blasen, nicht einmal die seines Ministers. Sachkenntnis muß wettbewerbsbereit sein. Sie muß selbst Argumente und Gegenargumente in sorgfältiger Abwägung zur Schau stellen. Zwar mag der Ministerialentwurf erkennbar das Steckenpferd des Kabinetts reiten. Aber es wäre seltsam, wenn die Vorlage nicht die Interessentenpositionen und ihr politisches Gewicht, vielleicht sogar den Einfluß des nächsten Wahltermins, im Wege einer sorgfältigen Triangulierung zu ermitteln suchte. Kein Wunder, daß der Oberbeamte durchaus geneigt ist, für die Einlieferung seiner Stellungnahme im allgemeinen die geltenden Formen der Beratung der Politik durch die Verwaltung in den wechselseitigen Beziehungen zwischen Legislative und Exekutive zu beachten. Es ist ein Glaubenssatz für das höhere Beamtentum, daß es sich in diesen Beziehungen durch bereitwillige Befolgung der Regeln der formellen Legitimität sichern muß, auch wenn zu gewissen Zeiten die Leidenschaften unter der Oberfläche kochen.

Einfluß des Dienstgedankens

Wenn der Gedanke des institutionell verankerten Berufsbeamtentums eine umstrittene und unerprobte Neuigkeit wäre, würde die Spitzengruppe sich vielleicht dazu veranlaßt sehen, ihre eigenen Interessen mit allen Mitteln zu verfechten. Da dem nicht so ist, kommt es nur überaus selten zu außergewöhnlichen Formen der Sinnesbekundung. Es bedarf dazu eines weit verbreiteten Gefühls der Dringlichkeit. Es ist der an die Regel erinnernde Ausnahmefall, der die Möglichkeit einer außergewöhnlichen Aktion nahelegt. Aber solche Aktionen — Protestresolutionen, Rücktrittsforderungen, Verlautbarungen an den Behördenkörper — leiden meist Schiffbruch aus dem einfachen Grunde, daß sie zu außergewöhnlich sind. Sie zwingen die Beteiligten dazu, sich über fest verwurzelte Vorstellungen über korrektes Verhalten hinwegzusetzen oder sogar rechtliche Verpflichtungen zu verletzen.

Es hat sich als nicht einfach erwiesen, das traditionelle Verhaltensmodell der persönlichen Selbstbeschränkung des Verwaltungsbeamten als funktionelle Garantie der Verantwortlichkeit selbst im Augenblick der lodernden Gefühle zur Seite zu schieben. Sicherlich ereignen sich Unterbrechungen des normalen Arbeitsgangs, von der fast unmerklichen Verlangsamung der Geschäftsführung bis zur kaum verkleideten Sabotage. Aber das sind fast immer isolierte Phänomene, die auf diesem oder jenem aus einer Anzahl von Gründen beruhen. Es würde schwer sein, überzeugende Illustrationen in der westlichen Welt für erfolgreiche Gruppenaktionen des höheren Verwaltungsdienstes aufzuzählen. Zwar sitzt das Oberbeamtentum am Hebel der Kontrolle. Aber es ist dennoch nicht bereit, das ernstlich auszubeuten, um Objekte zu erreichen, die von der Regierung politisch als nicht tragbar bezeichnet werden.

Die Tatsachen sind lehrreich. In England, das uns als erstes Beispiel dienen mag, ergab sich der linke Flügel lange der düsteren Vorhersage, an der vor allem ein so kenntnisreicher Intellektueller wie Harold J. Laski beharrlich festhielt, daß eine Rebellion des Oberbeamtentums, der „*Administrative Class*“, unvermeidlich wäre, sobald ein Kabinett der Arbeiterpartei die Herrschaft übernehmen würde. Obwohl diese Konsequenz für viele einleuchtend erschien, hat sich der „Aufstand der Verwaltung“ doch nie ereignet. In der Tat wurde er niemals versucht, nicht zum letzten infolge des Einflusses besonnener und einsichtiger Oberbeamten wie Edward Bridges (jetzt Lord Bridges).

Im Vergleich dazu kann man von Frankreich sagen, daß während der Lebenszeit der Dritten Republik der autoritäre Schatten des alten Regimes dem höheren Beamtentum auf Schritt und Tritt folgte. Aber das Hauptergebnis war die Selbstisolierung der Spitzengruppe, die nicht die Kraft hatte, ein Niederfeilen der politischen Programme der Regierung in Angriff zu nehmen. Ein weiteres Beispiel: Zwar waren in Deutschland nach dem Zusammenbruch des Kaiserreichs 1918 die neue Republik und die alte Bürokratie weit davon entfernt, in gleicher Weise zu denken. Aber nicht diese Gegnerschaft führte zur zerstörerischen Explosion. Im Lauf der Zeit klärte sich die ungewisse Beziehung in einem ermutigenden Umfang, als eine neue Generation in den öffentlichen Dienst eintrat.

Hitler gab sich nie der Illusion hin, daß die Berufsbeamten von ihm ihre Errettung von der Republik erhofften.

Selbst das frühere Rußland darf hier genannt werden, dessen nicht unbeträchtliche Leistungen auf dem Gebiet der Verwaltung neben anderen aus der „Logik der Revolution" der Geringschätzung verfallen sind. Trotz der tiefen Zerklüftung zwischen den Slawophilen und den westlich Gesinnten, die die Geister während beinahe des ganzen neunzehnten Jahrhunderts trennte, wurde die zaristische Bürokratie nicht auseinandergerissen. Das Verwaltungssystem hielt die Spannungen aus. Das Emporsteigen einer heterogenen Fortschrittlichkeit, das auch die Ministerien berührte, stellte die Amtsgewohnheiten nicht in Frage. Vielleicht liegt ein Teil der Erklärung in der Tatsache, daß die Oberbeamten, von denen nicht wenige sich den Intellektuellen zurechneten, das Kommen und Gehen neuer Ideen lange zu beobachten Gelegenheit hatten. Man konnte von ihnen kaum erwarten, daß sie das Feuer der Überzeugung in sich verspürten, das in der dekabristischen Palastrevolution von 1825 aufgeflackert war; schon damals konnten die jungen Offiziere nur auf ein bescheidenes Maß von Unterstützung in den Ministerien hoffen.

Allerdings hängt auch vieles von der allgemeinen Situation ab, in der sich das politische System befindet. Es gab Perioden in der modernen Geschichte des Westens, in denen der Staat so selbstgefällig in sich ruhte, daß das höhere Beamtentum es als Ehre ansah, der Reaktion zu dienen. Es war anders, wenn die Bürokratie die Wirkungen eines umfassenden Wandels verspürte, der Dauer versprach. Dann war es nicht ungewöhnlich, daß das höhere Beamtentum den Charakter einer lose organisierten Reformpartei annahm. In vergleichbarer Weise zeigt sich in den neu emporstrebenden Nationen, daß die Amtsträger in der Verwaltung unter dem massiven Druck, der auf politische, wirtschaftliche und soziale Erneuerung gerichtet ist, sich meist zu den Parteigängern der „Modernisierung" schlagen. Ebenso wie es eine vom Leben abgesonderte Verwaltung gibt, so gibt es eine messianische Art der Verwaltungsführung.

Aber eine grundsätzliche Tatsache verbleibt: Bürokratien halten sich an ihre Erfahrung als Gestalter und Wächter des Verwaltungsgangs. Primär ist für die Spitzengruppe die Aufgabe, den Verwaltungsapparat in der täglichen Erfüllung von andauernden Zwecken zu dirigieren. Ebensowenig wie jemand anders kann der höhere Beamte dem Charakter seines Berufserlebnisses entschlüpfen. Man sieht ihn selten auf den Barrikaden und in revolutionären Verschwörerkonklaven.

Beratung der Politik

Ein Berater, der das Gebiet, in dem er Rat gibt, genau kennt, läßt sich kaum ignorieren. Das ist vor allem richtig, wenn er darüber hinaus praktische Wege kennt, wie man seinen Rat auf spezielle Umstände anwenden kann. Diese Art von Rat wird den gewählten Volksvertretern aus der Verwaltung zur Verfügung gestellt. Die Last der politischen Verantwortlichkeit wird durch Übermittlung konkreter Sachkenntnis verringert. Das schließt die technische Geschicklichkeit und die vielfach erprobte Erfahrung ein, die eine fortgesetzte Betätigung in der Vorbereitung und der Ausführung von Entscheidungen mit sich bringt. Damit beschreiben wir den Kern des Beitrags der Bürokratie zu einer unterrichteten Würdigung der Faktoren, die der politischen Linie zugrunde zu legen sind.

Diese zentrale Funktion des höheren Verwaltungsdienstes ist keine „Wahlaufgabe"; sie ist eine unmittelbare Konsequenz der Schlüsselstellung, die er im Staatswesen innehat. Das Oberbeamtentum funktioniert als eine Art von Kontrollturm für den Austausch der umfangreichen und beinahe alle politisch relevanten Sachgebiete einschließenden Information, die aus ungezählten detaillierten Routineoperationen der Verwaltung hervorgeht. Die Ministerien sind die wichtigste Quelle von Vorschlägen, die zu den Punkten der letzten Entscheidung emporsteigen. Der Verwaltungsmann empfiehlt und überwacht die Verteilung der Zuständigkeiten und die Mittelzuweisung für die sachgerechte Durchführung der auf der politischen Ebene zu treffenden Entscheidungen.

Im modernen Staatsleben ist das Verwaltungssystem dazu berufen, einer einzigartigen Kombination von Aufgaben gerecht zu werden: Informationsanhäufung, Planung, Beratung, Systematisierung, Aktionsformulierung, Informierung nach außen, Klarstellung, Vollzug, Behebung von Beschwerden, Bewertung der Ergebnisse. Dies Aufgabenpaket erkannte Max Weber mit sicherem Blick bereits im wesentlichen als eine der Rationalität der Verwaltung entquellende Einheit. Es kann nicht ohne ernstliche Ausfälle einer anderen Gewalt des Staates ausgehändigt werden. Ebensowenig kann es einer paritätischen Einrichtung der Wirtschaft oder einer staatsbürgerlichen Vereinigung überlassen werden.

Die natürliche Grundlage für die Rolle der Bürokratie als institutioneller Ratgeber im politischen Entscheidungsvorgang muß in ihren nach Umfang und Vielseitigkeit einmaligen Kenntnissen und Fähigkeiten gefunden werden, wenn wir diese als kollektiven Vermögensposten veranschlagen. Die Verwaltung ist ein Zusammenträger von Tatsachen, die jeden Tag als Nebenerzeugnis ungezählter Verwaltungstätigkeiten angesammelt werden. Sie ist ein Prüfer allgemeiner Bedürfnisse ebenso wie des Maßes der behördlichen Leistungen, die der Befriedigung dieser Bedürfnisse dienen sollen. Sie ist eine Anzeigenadel zur Kenntlichmachung des Interessendrucks und der Gefühlstemperatur in der Öffentlichkeit, die beide den politischen Kurs stark beeinflussen. Sie ist ein sachkundiger Produzent organisatorischer und verfahrenstechnischer Modelle, die der Erzielung der Zwecke des Staats angepaßt sind. Sie ist ein Born von Ideen darüber, was getan werden sollte, um Übelständen zu begegnen, deren Beseitigung das allgemeine Interesse gebietet. Schließlich ist die Verwaltung ein kenntnisreicher und umsichtiger Verfertiger von Entwürfen, in denen mehr oder minder breit erfaßte Ziele in die Spezialsprache regulativer Maßnahmen umgemünzt sind.

In diesen verschiedenen Bereichen handelt eine vorausblickende Bürokratie oftmals aus eigenen Stücken, indem sie erkennbaren Entwicklungen vorangreift. So zeigen die Annalen der jüngsten Verwaltungsgeschichte in den Vereinigten Staaten, daß beinahe im gleichen Augenblick, in dem Präsident Harry S. Truman am 29. März 1952 seine Absicht ankündigte, sich nicht erneut für das Präsidentenamt zur Wahl zu stellen, eine auf die geordnete Machtübergabe gerichtete Stabsplanung einsetzte. Das geschah fast automatisch, einfach weil der ordentliche Übergang der Verantwortung auf den nächsten Mann an der Spitze früh eingeleitet werden mußte. Hier ging es nicht so sehr um die Wahrung der Interessen des nächsten Präsidenten, wer immer er auch sein könnte, sondern um die Wirksamkeit der Präsidentschaft selbst, ein auch international bedeutsamer Aspekt. Es ist von kundiger Seite berichtet worden, daß im Weißen Haus selbst und an strategischen Plätzen in der Bundesverwaltung die Probleme der Machtübergabe von politischen Amtsträgern und von Berufsbeamten aufgegriffen wurden, vor allem im Budgetbüro, unter den Wächtern der Interessen des Präsidentenamtes. Innerhalb weniger Tage nach der Ankündigung Trumans befanden sich bereits Stabsentwürfe über die Einzelfragen des Machtübergangs im Schoße des Büros im Umlauf.

Sicherlich kann man an Segmente aus dem Funktionenkreis der Bürokratie denken, die auch in einem anderen strukturellen Zusammenhang wahrzunehmen wären. Einige dieser Funktionen schließen Teilbereiche ein, die sich auf andere Stellen übertragen lassen. So besteht die Möglichkeit, die Sachberatung des Parlaments durch die Verwaltung dadurch zu ergänzen, daß die Gesetzgebungsausschüsse sich beruflich geschulte Stabsgruppen angliedern. Eine andere Form der Ergänzung sind auf Dauer gedachte beratende Körperschaften, die gleichzeitig ein Maß der funktionellen Repräsentation verwirklichen können. Daneben ist Raum für besondere zeitweilige Studiengruppen außerhalb des Verwaltungsapparats.

Natürlich besitzt das Verwaltungssystem kein Monopol in der Erfüllung von beratenden Aufgaben. Im Gegenteil muß es stets bereit sein, sich dem Wettbewerb mit vielen Rivalen zu stellen, den Kräften der Gesellschaft, die für sich selbst sprechen wollen, einschließlich der großen Zahl der Interessenvertreter und der Wortführer für Organisationen. Aber eins hat die Verwaltung ihnen voraus, auch wenn ihr darin volle Leistung oft zu schwer fällt: den auf das Allgemeine gerichteten Blick, der nicht auf ein Einzelinteresse abgelenkt wird. Daneben ist die Verwaltung ein umfassender und seine Komponenten wechselseitig stärkender Gesamtkomplex, dessen ineinandergreifende Verantwortlichkeiten einfach keinen verläßlichen alternativen Sachwalter in der Gesellschaft finden.

Wer ist der Berater?

Wohl aber ist es an der Zeit, daß wir zu einer schon früher berührten Frage zurückkehren. Wie frei ist die Bürokratie in ihrer Beraterrolle gegenüber den in ihr selbst wirkenden Einflüssen? Wie gewichtig ist die gemeinsame Berufsgrundlage in der Formung einer Mentalität, die der Spitzengruppe wirkliche Unabhängigkeit vorenthalten könnte? Gibt es eine schon im voraus bestimmbare Haltung, die bei der Formulierung von Empfehlungen und Entwürfen mit aller Wahrscheinlichkeit negativ in Erscheinung tritt?

Eine Antwort wird durch das Verständnis umrissen, das der Beamte sich selbst entgegenbringt. Dies schließt ein, wieweit er eine grundlegende, seiner Funktion gemäße Rationalität entwickelt und sich von ihr leiten läßt. Auch wenn sie obskure Strecken einbezieht, mag eine solche Rationalität als moralischer Maßstab dazu dienen, Objektivität sicherzustellen. Sie mag die Verpflichtung ausprägen, die Verstandesregeln der Verwaltungstechnologie zur Geltung zu bringen und persönlich motivierte Eingriffe in den Geschäftsgang nicht zu dulden. Wie bereits erwähnt, ist es der Rationalität der Bürokratie nicht förderlich, wenn sie sich zu weit von den ideologischen Grundauffassungen loslöst, die in der Gemeinschaft zugrunde gelegt werden. Gerade dann mag diese Rationalität dafür eine Rechtfertigung bieten, daß das „Verwaltungsdenken" dem „politischen Denken" als belastender Gegensatz gegenübergestellt wird.

In dieser Hinsicht macht es natürlich einen Unterschied, ob der höhere Verwaltungsdienst nach Herkunft und Standesauffassungen im wesentlichen homogen oder heterogen ist; ob er auch innerhalb der Bürokratie eine kleine Gruppe wie die britische *Administrative Class* oder ein erheblich breiteres Stratum wie in der deutschen Überlieferung darstellt; und ob er durch gemeinsame Erziehungs- und Ausbildungserfordernisse in gewissem Sinn vorsortiert wird oder auf den Rolltreppen der freien Beschäftigungswahl zugänglich ist. Es ist von ebenfalls großer Bedeutung, ob die Bürokratie im Wettkampf der Kräfte aufgrund festgefügter Übung unparteilich und dementsprechend „ständig" ist oder ob sie in Abständen personell so umgeformt wird, daß sie das sich wandelnde Spektrum der politischen Kontrolle reflektiert. Ebensowenig dürfen wir die Unterschiede in der Sozialverbundenheit ignorieren: hier ein höheres Verwaltungsbeamtentum, das sich bewußt als ein Organ der „lebenden Verfassung“ betätigt; dort eine bürokratische Struktur, die mit dem Leitbild eines Mechanismus zufrieden ist, der pragmatisch benutzt wird, weil er da ist.

In diesen Differenzierungen zeigt sich die reiche Fauna der Verwaltung. Was zunächst einem gemeinsamen Nenner zu entsprechen scheint, zerteilt sich nach individuelleren Gesichtspunkten. Illustrationen sind nicht schwer zu finden. Obwohl der „Mann mit Universitätsbildung“ in der öffentlichen Verwaltung bis zu einem gewissen Grade als einheitlicher Berufstyp angesehen werden kann, zeigt er doch viele Variationen. In England stellte sich eine dieser Variationen in dem Erzeugnis der alten Universitäten vor dem ersten Weltkrieg vor: der Mann, der aus dem breit gebildeten Amateur einen Beruf zu machen vermochte und vor allem für die Denkgewohnheiten des Unterhauses hohes Verständnis zeigte. Ein anderes Blatt der Geschichte wird heute durch den vornehmlich aus öffentlichen Mitteln subventionierten Studenten geliefert, einerlei ob er das alte Oxford oder das neue Manchester besucht. Jeder dieser beiden Modellfälle unterscheidet sich einerseits in mehr als einer Hinsicht von dem Abbild des deutschen Akademikers im höheren Dienst, der sich in erster Linie als Jurist sah. Noch eine ganz andere Rasse eilte in den Vereinigten Staaten vor einer Generation aus den Hallen der Universität Syracuse in die Verwaltung, als praktische Missionare der Haushaltsplankontrolle und der Personaleingliederung, dienstbegierige Jugend, die ihren *Elan* einem Philologen verdankte, Professor William E. Mosher[2].

Auch Frankreich kann mit mehr als einer typischen Gestaltung aufwarten. Das Aroma der mehr oder minder aktiven politischen Reaktion gab dem Mann der höheren Verwaltungslaufbahn nicht allein aus dem Geist seiner Vorbereitung lange eine berufliche Kennmarke. Aber das ist nicht mehr guter gesellschaftlicher Stil. Ein Wendepunkt war mit der Errichtung der heute weit gepriesenen Nationalschule für Verwaltung 1945 erreicht. Damit gewann wie zuvor schon England auch Frankreich einen „neuen Ausbildungsweg“. Was die meisten der fast 1500 Absolventen der Schule auszeichnet, ist ihr Korpsgeist, der auf das allgemeine Interesse zielt, auf den „positiven Staat“. Sie distanzieren sich von dem alten Beamtenbegriff, von dem Vorgesetzten, der sich ermüdet den

---

[2] Den Unterschied in der sozialen Grundlage zwischen dem deutschen und dem englischen Beamtentum vor hundert Jahren faßte Treitschke in die Formel zusammen: „Der Gegensatz des englischen und deutschen Staatslebens beruht zum guten Theile darauf, daß wir eine aus dem Beamtenthum hervorgehende Gentry, England ein auf der Landgentry ruhendes Beamtenthum besitzt“ (Heinrich von Treitschke, *Die Gesellschaftswissenschaft: Ein kritischer Versuch*. Hirzel: Leipzig, 1859, S. 18).

Sonderinteressen fügt, die ihn unter Druck halten. Der neue Oberbeamte setzt dem die Taktik der „Gegenlobby" entgegen, des Eintretens für das Gemeinwohl.

Eine noch andere Illustration wird in den Auswirkungen beruflich orientierter Institute für öffentliche Verwaltung deutlich, die in der letzten Zeit in verschiedenen der neuerdings wichtigeren Teile der Welt gegründet worden sind. Diese Institute haben in bemerkenswertem Umfang dazu beigetragen, daß sich in der Verwaltung eine Diensthaltung kristallisiert hat. Ebenso wichtig ist die Förderung der technischen Kenntnis des Verwaltens, die dem Verwaltungssystem eine vertrauenerwekkende Grundlage verschafft.

Überdies werden die einmal geschaffenen institutionellen Formen zu Behältern lebendiger Substanz. Die lebendige Substanz erneuert sich durch Festlegung einer Verwaltungslaufbahn, um so mehr, wenn diese in dem jeweiligen nationalen Bereich durch das Verbindungsglied einer akademischen Ausbildung mit den vorherrschenden geistigen Strömungen verbunden bleibt. Dann läßt sich kaum befürchten, daß die Verwaltung sich gegen den Wandel abzuriegeln sucht. Der Einfluß des Wandels macht sich auch in traditionell hierarchischen Verwaltungssystemen bemerkbar. So erklärt sich, weshalb Bismarck als Steuermann des Königs von Preußen während des Verfassungskonflikts mit dem Parlament Anlaß hatte, die Haltung der Ministerialbeamten zu bestöhnen. Für Bismarck waren die Oberbeamten der sechziger Jahre zu oft als liberale Geister verhüllte Verräter gegenüber dem von ihm dominierten Kabinett.

Ähnliche Situationen entwickeln sich heute in Afrika und Asien. Unter einem Regiment der starken Hand wird der auf Modernisierung sinnende Verwaltungsbeamte oft in verschiedene Richtungen gezerrt. Er mag als hoffnungsvoller Loyalist begonnen haben, der die Sache der Reform und die des nationalen Aufschwungs in einem Atem nannte. Aber „Fortschritt" und das bewaffnete Zeremoniell des „Einen Führers" können auch scharf gegeneinanderreiben. Der Verwaltungsmann, der einer verständigen Entwicklung zu dienen bestrebt ist, mag als enttäuschter Gegner enden, weil sein Trachten nach Recht, Ordnung und Stabilität keinen Widerhall findet.

Verantwortliche Steuerung

Programmformulierung

Die Beteiligung der Verwaltung an der Beratung der Organe der politischen Willensbildung und an der Formulierung von Programmen wird oft so erörtert, als ob beide die gleiche Sache seien. Wenn man allerdings von dem Begriff des Programms im umfassenden Sinne ausgeht, würde er die ganze Sphäre einbeziehen, in der Entscheidungen in einer folgerichtigen Wechselbeziehung getroffen werden. Insoweit also solche Entscheidungen auf die Allgemeinheit ausstrahlen, sind sie ihrer Natur nach politisch. Das Programm würde dann ein unerläßliches Rahmenwerk für alle politischen Entscheidungen. Wenn wir vom Programm als einer vorausgesetzten Bedingung sprechen, gehen wir davon aus, daß politische Entscheidungen sich durch Programmgemäßheit rechtfertigen müssen.

Tatsächlich findet sich diese Zwangsläufigkeit aber selbst in angenäherter Weise selten. Der praktische Politiker sucht sich oft zur Wahrung seiner eigenen Ermessensfreiheit und zum besseren Lavieren das Primat des politischen Programms vom Halse zu halten. Wo es üblich ist, ein solches Primat zu akzeptieren, wird das Programm sich überdies normalerweise als Parteiprogramm ausweisen. An der Formulierung von Parteiprogrammen ist die Bürokratie gewöhnlich nur indirekt beteiligt. Aber Regierungsprogramm und Parteiprogramm decken sich nie völlig. Vor allem wird das Regierungsprogramm dem Kabinett im Hinblick auf Reihenfolge und Zeitpunkt des Handelns einen gewissen Spielraum belassen. Selbst also wo vorausgesetzt werden darf, daß die Mehrheit ihr Parteiprogramm verfolgen wird, wenn sie die Zügel der Regierung in Händen hat, verbleibt dennoch ein gewisser Grad der diskretionären Freiheit. Gelegenheit muß gewahrt werden, in letzter Minute zu entscheiden, welche Sache zu jener Zeit zuerst in Angriff zu nehmen ist.

Im Zeitalter der dem umfassenden Programm widerstrebenden Spezialbereiche hat der amerikanische bürokratische Jargon den Programmbegriff weiterhin entwertet, indem der Begriff mit unentwegter Leidenschaft auf fast alles zur Anwendung gebracht wird — etwa von der Regelung der Neubeschaffung von Schreibtischen bis zur Aushändigung von Dienstehrenzeichen. Damit kämen wir zu einem Satz chinesischer Kasten: der eine verschwindet in dem anderen. Wo sich Politik und Verwaltung überschneiden, ist es angemessener, von Programm in einem ausschließlicheren Sinn zu reden: als Architektenplan für das ganze Bauvorhaben oder doch für größere Einzelphasen. Programm umfaßt jedenfalls ein breites funktionales Segment aus der Gesamtfülle der Staatsaufgaben, vom Verteidigungsprogramm zum Aufforstungsprogramm, vom Landnutzungsprogramm zum Mittelpunktschulprogramm. In der Regel werden die Hauptelemente solcher Programme ebenfalls als zusammenhängende Teilprogramme behandelt.

Ein Programm beginnt fast nie aus dem Nichts. Zum mindesten setzt es Absichten voraus. Unvermeidlicherweise geht die Formulierung eines Programms von der Anerkennung der Priorität bereits getroffener grundsätzlicher politischer Entscheidungen aus. Diese Eckpfosten bestimmen den Rahmen; von dort muß man Schritt um Schritt voranzukommen suchen. Die Formulierung des Programms beginnt mit einer abgeleiteten Konzeption. Die Ausfüllung ist ein analytisches Unterfangen, im Gegensatz zu einer frei schöpferischen Aufgabe. Die Planung wandelt Ideen in Arbeitsbeziehungen um, Zwecke in Mittel, in organisatorische und verfahrenstechnische Vorrichtungen. Dabei kommt es neben dem Erfassen der Ziele in erster Linie auf Verständnis für diese sich aus der Natur der Verwaltung ergebenden Verbindungen an. Dem ist an Bedeutung gleichzustellen die konstruktive Erfahrung des Zusammenfügens vieler Teile, um aus dieser Verkoppelung der Bemühungen mit sicherer Hand praktische Arbeit in die Wege zu leiten.

Programmformulierung bringt fast immer eine beträchtliche Anzahl von Köpfen zusammen, wobei die eine oder die andere Behörde „federführend" zu handeln hat. Diese Aufgabe bietet dem höheren Beamtentum ein großes Betätigungsfeld, wenn es auch weniger Freiheit gewährt als der beratende Beitrag zu politischen Entscheidungen. Dennoch ist selbst die Ermittlung des richtigen Zeitpunkts eine keineswegs leicht zu nehmende Aufgabe. Sie ist nicht immer so einfach, wie es jene Karikatur vermuten lassen könnte, die zwei freudestrahlend in den Akten wühlende Amtspersonen mit dem folgenden Text zeigt: „Der Baumarkt beginnt sich zu beruhigen? Gut, dann müssen wir unverzüglich unseren Gesetzentwurf über zwangsweise Errichtung von Luftschutzkellern einbringen!" Was darin über die Zeitlogik der Programmformulierung angedeutet wird, erweist sich durchaus nicht stets als ein Witz.

Der Rat der Verwaltung, der den für politische Entscheidungen Verantwortlichen angeboten wird, veranlaßt sie zu einer Wägung, was weiteres Nachdenken anregt, insbesondere über die Grundlinie. Der Rat mag gut sein, soweit es sich erkennen läßt. Aber dennoch mag er in vielen Einzelheiten technisch irrelevanten Korrekturen ausgesetzt sein. Vielleicht erklären sie sich als Konsequenz der politischen Taktik. Vielleicht streben sie die persönliche Sicherung des letztlich Verantwortlichen an, der mit der abschließenden Unterschrift beschwert ist und daher sein eigenes Risiko sorgfältig abschätzt. Zudem ist der Ratgeber aus der Verwaltung selbst meist nicht an dem Punkt zugegen, wo die endgültige Entscheidung getroffen wird. Er kann daher wenig tun, um durch persönliche Aufmerksamkeit die Verwässerung oder Verdrehung seines Vorschlages zu verhindern. Wenn der Vorschlag sich trotz aller Gegeneinwirkungen durchzusetzen vermag, wird er das der in ihm investierten Umsicht zu verdanken haben. Er muß so zwingend formuliert sein, daß er durch die Stärke seiner Argumente den Sieg erringt.

Im Gegensatz dazu hat Programmformulierung für den Verwaltungsmann die Anziehung, daß von ihm erwartet wird, mit einem fertigen gedanklichen Gebäude hervorzutreten, was auch immer dessen sachliche Bedeutung oder Größenmaß sein mag. Jeder Baustein muß den anderen zu stützen suchen, jeder soll am Platz gehalten werden. In dieser Leistung zeigt sich die berufliche Geschicklichkeit des Planers. Er möchte sein Werk nur auf der Grundlage des Gesamtkonzepts beurteilt sehen.

Seine Orientierung verläuft zur Hauptsache in Richtung auf den Verwaltungserfolg, auf das sachgerechte Erreichen der Programmziele. Das gestattet ihm zwar nicht, die politische Situation unbeachtet zu lassen. Sie bestimmt auch für ihn letztlich die Aktionsmöglichkeiten. Aber es steht anders mit der Ermittlung und Lösung von politischen Problemen, die sich bei seiner Arbeit einstellen; diese sind für ihn nicht wirklich seine eigene Aufgabe. Sie müssen notwendigerweise der Festlegung des Rahmens des Programms und seiner Ausgestaltung vorangehen. Nachdem das jedoch geschehen ist, hat der Verwaltungsmann in der Zusammenfügung des Programms eine verhältnismäßig freie Hand, obwohl sie nicht die letzte Hand darstellt. Die letzte Prüfung erfolgt durch diejenigen, die das Programm auf dem politischen Markt mit Gewinn absetzen zu können hoffen.

Ungeachtet der relativen sachlichen Unabhängigkeit, die der höhere Verwaltungsbeamte für die technischen Aspekte der Programmformulierung genießt, läßt sich nicht sagen, daß er bei dieser Aufgabe der einzige ist, der die Brühe rührt. In den meisten Fällen hat ein Programm entweder ein staatspolitisches oder ein parteipolitisches Motiv hinter sich. Auch wenn die Idee aus der Verwaltung stammt, muß sie sich zunächst politische Zündung verschaffen. Die erste Konkretisierung der Idee liegt in der Klarstellung dessen, was man oben „wirklich will“.

Daraus entstehen für den Verwaltungsmann gewöhnlich mehr oder minder scharf begrenzende Anweisungen, die von anderer Seite kommen. Solche Anweisungen mögen sich infolge der Kontrollmethoden der gesetzgebenden Versammlung und aus dem, was auf diesem Wege als bevorzugt oder als mißbilligt gekennzeichnet wird, schon von selbst verstehen. Positionen der Parteien müssen einkalkuliert werden. Die generelle Linie der Exekutive in der Form bereits angekündigter „hoher Politik“ mag das Programm auf ein bestimmtes Geleise zwingen. Auch begrenzende Anordnungen erweisen sich jedoch manchmal als hinreichend biegsam, um realistische Umgestaltungen zu erlauben. Dabei kommt es in vielen Fällen auf die erfindungsreiche Verwertung des Druckes an, der von den organisierten Sonderinteressen ausgeht. In der Tat liegt in solchen Möglichkeiten gerade für die funktionale Expertise, für das Spezialistentum in der Bürokratie, ein nennenswertes Maß von Navigationsfreiheit bei der Formulierung von Programmen. Je mehr das Programm mit den technischen Interessen dieser oder jener Spezialistengruppe oder eines bestimmten Verwaltungszweiges zusammenfällt, desto enger wird das Zusammenwirken mit solchen Organisationen der Außenwelt, die sich von dem Programm Nutzen versprechen. Viel hängt von der taktischen Gewandtheit ab, die die Bürokratie zeigt, indem sie verschiedene Organisationen in das Geschirr des Programms einzuspannen vermag.

Disziplin des Programms

Die politische Führung, die einen Gesamteffekt erzielen will, muß mit einem allgemeinen Plan beginnen. Aber indem sie sich mit störrischen Einzelheiten auseinandersetzt, muß sie spezialisierte Aktionsmöglichkeiten erwägen, die aus der Struktur der Verwaltung Form gewinnen. Ebenso müssen die spezialisierten Anforderungen der organisierten Interessen in Rechnung gestellt werden. In der Regel streben die funktionale Expertise in der Verwaltung und die organisierten Interessen in die gleiche Richtung. Das erklärt, weshalb der moderne Staat gewohnheitsmäßig die größten Schwierigkeiten hat, ein umfassendes Programm hervorzubringen, während es an Einzelprogrammen nie fehlt.

Man erkennt hier eine in das Zeitalter des Speziellen selbst eingebettete Tendenz. *Der* Staat, als Ausdruck der großen Linie, weicht einem ständig stückweise aktiven Staat. Die Zunahme oder Ausdehnung öffentlicher Aufgaben erfolgt Schritt um Schritt, gefolgt von einer Konsolidierung des Neuen im organisatorischen Aufbau der Verwaltung. Von dieser Warte kommt es zu einer weiteren Erforschung von Möglichkeiten zur breiter ausholenden Wahrnehmung von Publikumsinteressen. Der Horizont des Erwünschten rollt stets näher. Die industrielle Gesellschaft bekundet ihren Drang in die Spezialisierung nicht zuletzt durch den in sie eingebauten Druck in Richtung auf eine Berücksichtigung spezieller Interessen im Namen der sozialstaatlichen Gestaltung.

Programmformulierung auf funktioneller Grundlage gibt der Verwaltung also beträchtliche Gelegenheit, sich in der Sphäre der Politik zur Geltung zu bringen. Die Reichweite wird vergrößert im direkten Verhältnis zu dem technischen Charakter des jeweiligen Programms. Die Möglichkeit vermindert sich in dem gleichen Umfang, in dem in Vorschlag gelangende Programme in das Forum generell orientierter Prüfungsstellen gelenkt werden. Solche allgemein orientierten Prüfungsstellen benötigen den weiten Überblick, der für die Spitze der Exekutive typisch ist.

Beispiele für diesen Behördentyp sind die britische *Treasury* und das Budgetbüro im Exekutivamt des Präsidenten der Vereinigten Staaten. Die ausgleichende und ausweitende Wirkung kann verlorengehen, wenn die Prüfungsbehörde selbst der unbeschränkten politischen Zensur im Forum der Legislative unterliegt. Es läßt sich leicht erkennen, daß solche Prüfungsbehörden auf fragwürdigen Grundlagen stehen, wenn sie nicht imstande sind, sich im öffentlichen Leben ein hohes Maß an Respekt vor ihrem sachlichen Urteilsvermögen zu erwerben. Das um so mehr, als sie den Interessengruppen „nichts zu verkaufen haben". Man muß sich außerdem dessen erinnern, daß Volksvertretungen keineswegs immer einheitliche Gesichtspunkte entwickeln und vertreten. Das gilt sogar im eigenen Haus. Es mag eine überwältigende Anstrengung für die parlamentarische Mehrheit bedeuten, wenn sie versucht, die ständigen Ausschüsse an der Hand zu halten. Jeder Ausschuß ist der Verführung ausgesetzt, sich ganz dem Glanz seiner eigenen fragwürdigen Autonomie zu ergeben.

Die in das Spezielle drängende Tendenz ist ein Grundzug der modernen westlichen Welt. Als zusammenfassender Einfluß bei der Programmformulierung hat die Bürokratie zweifellos während unseres Jahrhunderts Raum verloren. Die Perspektiven, die sich in früheren Eigenbekundungen der Verwaltung in Kontinentaleuropa offenbarten, einschließlich der Nachfolge des revolutionären Sturms von 1789, illustrieren einen anderen Ausgangspunkt. Der Beamte erblickte seine Teilnahme am Staat vor allem in seiner Rolle als Wahrer des Gemeinwohls. Die Breite dieser Verpflichtung gab dem Verwaltungssystem große Kraft. Sie machte es für die Bürokratie möglich, staatsmännische Führer der politischen Reform im Format vom Steins hervorzubringen.

Geschäftsführung und Verwaltungsgang

Verwaltung wird manchmal die vierte Gewalt genannt. In einer solchen Numerierung liegt eine Abflachung, wie das für alle rein ziffernmäßigen Bezeichnungen zutrifft. Außerdem erhebt sich die Frage, nach welchen Gesichtspunkten sich Exekutive und Verwaltung trennen ließen. In diesem Abschnitt sind bislang die Spitzenstruktur des Verwaltungssystems und seine Verbindungen nach oben, zu den Organen der politischen Willensbildung betont worden. In solcher Höhenlage verschmelzen Exekutive und Verwaltung ohnehin. Allgemein ist überdies die Differenzierung von Gewalten theoretisch wenig zusagend, wenn die Gesamtheit des Staates von größerem Interesse ist als die Natur seiner „Zweige". Obwohl die Vorstellung einer vierten Gewalt Widerspruch hervorrufen mag, ist Verwaltung aber jedenfalls ein sichtbarer funktioneller Bereich, ein Komplex von Aufgaben, ein organisiertes Gebilde, eben „der Apparat". Er zeigt nicht nur charakteristische Grundzüge, sondern bedarf zu seinem zweckentsprechenden Funktionieren der ständigen Aufmerksamkeit. Leitung, die nach innen und unten wirkt, ist ein wichtiges Mandat der Spitzengruppe.

Der tägliche Verwaltungsgang repräsentiert in quantitativer Hinsicht die überwältigende Masse der heutigen Staatstätigkeit. Sie kann nicht vertrauensvoll dem ersten besten Angebot williger Hände überantwortet werden. Es bedarf ständiger Einrichtungen, ausgebildeter Kräfte und verständiger Auswahl. Es bedarf darüber hinaus einer konstituierten Lenkungsgruppe, deren Erfolg in erheblichem Umfang davon abhängt, daß den Leitern der Verwaltung ein angemessenes Maß von Direktionsfreiheit zugestanden wird.

Nun ist es sicherlich richtig, daß auch die Verantwortlichkeit für Verwaltungsleitung nicht aus der politischen Interessensphäre völlig ausgegliedert werden kann. Das wäre undenkbar, gerade *weil* Verwaltung im öffentlichen Leben so wichtig geworden ist. Schon deshalb muß man sich der gleichen Logik beugen, die sich Lloyd George als britischem Ministerpräsidenten im ersten Weltkrieg aufdrängte: Kriegsführung sei zu wichtig, um sie allein den Militärs zu überlassen. Wer wollte bezweifeln, daß es politisch unvertretbar wäre, die öffentliche Verwaltung ganz in die Hände des Verwaltungsmanns zu legen? Nirgends ist jedoch das Oberbeamtentum so fest im Sattel wie in der Leitung der Verwaltungsgeschäfte. Das ist die Sphäre, von der her durch ununterbrochene Auswirkung auf den gesamten Apparat die Riesenfülle der Verwaltungsvorgänge gesteuert wird und dadurch letzte Form gewinnt. In den einzelnen Kategorien dieser Vorgänge wird ersichtlich, wie sehr Verwaltung sich bei genauerer Betrachtung spartenmäßig aufteilt und wie eng diese Sparten wiederum mit den verschiedenen Teilen des privaten Sektors der Wirtschaft und der gesamten Sozialstruktur verknüpft sind.

Verwaltung umzingelt den Menschen — auf seinen Wunsch. Das Individuum wird in der westlichen Welt zunehmend von einer Bedingung begleitet, die ihm noch verhältnismäßig neu ist: das Verwaltet-Sein. Obwohl die Ergebnisse sich präziser Würdigung entziehen, sind sie unterschiedlich und oftmals erstaunlich. Sie schließen vieles ein: die Anhäufung von Bergen öffentlicher Angaben, das Emporsprießen von Verboten und Genehmigungen, das Anwachsen von Maßstäben des überwachten minimalen Wohlergehens[3].

Selbst in den Vereinigten Staaten kann der verwaltete Mensch sich darauf verlassen, daß seine statistisch wahrscheinlichen Bedürfnisse von der Verwaltung befriedigt werden, fast „von der Wiege bis zum Grabe“. Was man hier aufzählen könnte, hat überall vertrauten Klang. Im Falle jener vielleicht schärfsten Erschütterung seines Lebens, beim Antritt des Militärdienstes, betreut den jungen Mann die Einberufungsverwaltung, die heuzutage viel zweckdienlicher aufgebaut ist und viel gerechter verfährt, als das in der „guten alten Zeit“ der Fall war. Dem Bürger fällt es nicht schwer, die Verdienste der Verwaltung auf dem Gebiet der

---

[3] Über die quantitativ zunehmenden Kontakte zwischen Staatsbürger und Beamten sagt Gehlen: „Einmal nämlich steht fest, daß der ‚Mann auf der Straße‘, d. h. irgendein Bürger wie wir alle, sich fortgesetzt zwischen solchen Behörden auf der Wanderung befindet“ (Arnold Gehlen, *Studien zur Anthropologie und Soziologie*. Luchterhand: Neuwied, 1963, S. 266).

Gesundheitspflege zu würdigen. Eine billige (und daher öffentliche) Versicherung gegen Krankheitskosten scheint ihm sehr dankenswert. Er begrüßt die Schritte der Verwaltung in Richtung auf die Schaffung von Wohnraum zu niedrigen Mieten, es sei denn, sein Einkommen behebe ihn der Sorge um ein Dach. Es sagt ihm zu, daß die Verwaltung Mittel kennt, vermöge derer die Aufrechterhaltung des industriellen Friedens erleichtert wird. Er ist froh, daß die Verwaltung ihn auf mannigfache Weise als Verbraucher schützt. Er setzt voraus, daß die Nahrungsmittel und Drogen, die er kauft, das sind, wofür sie sich ausgeben, und daß sie ihn im großen und ganzen keinen ungewöhnlichen Gefahren aussetzen, die infolge der Gewinnsucht verantwortungsloser Hersteller verborgen geblieben sind.

Je vielfacher und sorgfältiger das Individuum als Gegenstand des öffentlichen Interesses abgetastet und durchsortiert wird, desto kenntnisreicher und versierter ist die Verwaltung geworden. Sie hat schlechthin keinen Rivalen in der Erfüllung ihrer eigentlichen Aufgaben. Niemand, einschließlich der Legislative, kann hoffen, ihr gleich zu tun, wenn es sich darum handelt, organisatorische Lösungen oder Verfahrensformen zu entwickeln, um mit der Arbeit fertig zu werden. Der Sachverstand der Verwaltung ist für die Gestaltung und Lenkung des Verwaltens unentbehrlich.

Eins muß aber sogleich hinzugefügt werden: Die eigentliche Steuerung des Verwaltens im täglichen Gang der Dinge ist nach politischem Gewicht nicht mit der Vorbereitung eines neuen Programms zu vergleichen, die ihrerseits meist hinter den durch ungewöhnliche Spannungen belebten Situationen der beratenden Beteiligung an politischen Stellungnahmen zurücktreten muß. Zwar genießt der höhere Dienst das größte Maß der beruflichen Freiheit innerhalb seiner eigenen vier Wände, wenn er sich den eigentlichen Aufgaben der Verwaltung widmet. Aber dort sind die Breitenwirkungen seiner Entscheidungen entsprechend begrenzt. Demgegenüber berühren die in das Politische einwirkenden Aufgaben nicht selten eine umfassendere Entwicklung. Aber selbst die alltägliche Bewährung der Verwaltung trägt in indirekter Weise dazu bei, daß die staatliche Fähigkeit zur Verarbeitung öffentlicher Probleme zunehmend vorausgesetzt wird. Auch das ist geeignet, den Mut der Politik zu beeinflussen[4].

Die wichtigste Begrenzung des vertretbaren Verwaltungshandelns ergibt sich aus institutionellen Faktoren: aus Recht, Leitbild und Gewohnheit. Der Begriff der Autorität ist rechtsstaatlichen Vorstellungen unter-

---

[4] Wie ein Verwaltungshistoriker sagt: „. . . alles, was mit ‚Verwaltung' zusammenhängt, ist endlos, weil es in alle Gebiete des menschlichen Denkens und Schaffens ausmündet" (Gustav Marchet, *Studien über die Entwicklung der Verwaltungslehre in Deutschland von der zweiten Hälfte des 17. bis zum Ende des 18. Jahrhunderts*. München, 1885, S. VI).

worfen. Vielleicht nicht weniger wichtig ist die Tatsache, daß die Leistungsbürokratie unserer Tage so viel zu tun hat, daß sie kaum von ihren unmittelbaren Aufgaben weit abirren kann. Überdies weiß der Berufsbeamte, daß die ihm zufallenden Aufgaben trotz ihrer Wichtigkeit ihn nicht der Notwendigkeit beheben, den besonderen Platz im System der öffentlichen Verantwortlichkeit zu beachten, den ihm bereits seine Dienstauffassung zuweist. Der „Geist der Verfassung" wird hier oft mehr bedeuten als rechtliche Anordnungen. Schon allgemeine Erwägungen versagen dem Verwaltungsmann jedes Recht, auf eigene Faust mit politischen Vorgesetzten über das Maß der geschuldeten Zusammenarbeit zu verhandeln.

Staatsbürger und Verwaltung

In der Art und Weise, wie das Auge des Bürgers den Beamten bei seinem Geschäft würdigt, in dem Willkommen, das den Antragsteller in den Amtsräumen erwartet, prägt der Staat sein öffentliches Bild. In realistischem Erfassen der Dinge, wie sie sich zu seiner Zeit bereits ankündigten, sah Hegel im Beamtentum die Mannschaft des Staates. Er war durch die Befürchtung beunruhigt, daß das Zusammentreffen von Vertretern des öffentlichen Interesses und Privatpersonen am Behördentisch zu keiner wechselseitig erhebenden Erfahrung werden könnte. Er suchte in jeder dienenden Leistung der Verwaltung eine Gelegenheit, um der Idee des Staates in der Bekundung seiner Vitalität Stärke zuzuführen. Er glaubte, daß Throne verloren werden könnten durch die Arroganz von gedankenlosen Untergebenen.

Aber das Publikum, das Hegel vor Augen hatte, war nicht die allgemeine Menge. Es war zur Hauptsache ein begünstigtes Stratum — der aufstrebende Mittelstand, ausgestattet mit Selbstvertrauen und öffentlichem Sinn, das kommerzielle Gegenstück zu dem erfindungsreichen und vielseitigen Landwirt, auf den Thomas Jefferson für sein demokratisches Ideal der Agrarrepublik zurückgriff. In diesem vereinfachten Leitbild wußte der Bürger, was er wollte. Die örtlichen Beamten standen diesen klar gesehenen Notwendigkeiten nahe, weil sie sie aus eigenem Erleben kannten. Es war einfach, über solche Dinge mit dem zuständigen Beamten zu verhandeln, gewissermaßen auf gesellschaftlichem Fuß. Man brauchte keine langen Formulare, die in dreifacher Ausfertigung auszufüllen waren. Man konnte auch der künstlichen Sprache der bürokratischen Welt entraten.

Diese Art von Beamtentum, vielleicht am besten durch den preußischen Landrat oder den französischen Präfekten des neunzehnten Jahrhunderts veranschaulicht, fand es natürlich, auf der eigenen sozialen Ebene zu bleiben. Die Klienten der Verwaltung waren eine verhältnismäßig stabile Gruppierung und repräsentierten eine recht dünne Schicht. Die Verteiler von Vorteilen und deren Empfänger kamen im großen und ganzen aus der gleichen Klasse. Man kann es verstehen, daß die Spanne der persönlich akzentuierten Ermessensfreiheit im amtlichen Bereich weder genau umhegt zu werden brauchte noch von den Kunden der Verwaltung häufig beklagt wurde.

Die delikaten Gleichgewichte, die als persönliche Beziehungen unter solchen Umständen ausgetüftelt werden konnten, sind unter den gegenwärtigen Verhältnissen der Massenprozedur unvorstellbar. Eine Verwaltung, die das Interesse einer erkorenen Minderheit am deutlichsten vor Augen sah, entwickelte politische Empfänglichkeit ebenso wie eine angemessene Buchführung für Zwecke der politischen Rechnungslegung; beide galten sowohl für den Beamten wie auch für den Bürger. Aber wenn die quantitative Arbeitslast auf die Dienststellen wie eine schwarze Flut eindringt, wird es zur überwältigenden Notwendigkeit, die Eingänge in Bewegung zu halten. Der Nachdruck liegt auf der Festlegung einer begrenzten Anzahl von objektiv erfaßbaren und schnell überprüfbaren Kriterien, die an die Stelle von Ermessensfaktoren und feiner Würdigung treten. Das dringendste Bedürfnis besteht in der Verminderung der Betätigungsmöglichkeiten für das freie Urteil und in der Aufrechterhaltung eines erträglichen Erledigungspensums. Je härter der Druck der Zahlen im Massenverfahren, desto weniger Gelegenheit verbleibt für die Verwaltung, verständiges Ermessen auszuüben und sich insofern selbst einzuschalten.

Wenn der höhere Dienst zur Hauptsache einer bestimmten Wirtschaftsgruppe entstammt, läßt sich voraussehen, daß er in ein langsames Schrittmaß verfällt, wenn es dazu kommt, öffentliche Aufgaben auszuführen, die dieser Gruppe nachteilig sind. Die Verwaltung von agrarischen Reformmaßnahmen hat sich oft als ein Block im Wege derjenigen Länder erwiesen, in denen das Oberbeamtentum mit dem Großbesitz durch persönliche Beziehungen verbunden war. Ähnlich zeigt sich nicht selten, daß regulatorische Programme, die dem Profitstreben der städtisch-kommerziellen Interessen nur begrenzten Spielraum bieten, nicht besonders gut in den Händen einer Beamtenschaft aufgehoben sind, die selbst aus den Städten stammt und einen aufgeschlossenen Sinn für Gewinn zeigt.

Solchen Verhärtungen kann durch Demokratisierung der Auswahlmethoden für den höheren Dienst entgegengewirkt werden. Aber die Soziologie des Beamtentums unterliegt vielseitiger Korrektur durch ideengeschichtliche und verwandte Tendenzen, die auf die persönlichen Wertvorstellungen vor allem in der Spitzengruppe einwirken. In den ersten Jahren der Weimarer Republik hielten sich viele der höheren Verwaltungsbeamten, die ihre Ideenwelt aus der Monarchie mitgebracht hatten, der demokratischen Symbolik fern, weil diese einen wirklichen Auftrieb nicht zu entwickeln vermochte; die Distanzierung war nicht in erster Hinsicht das Ergebnis einer Klassenhaltung. Auf der anderen Seite führte Bismarcks revolutionärer Ausflug in die Sozialversicherung 1883 zu einem unbestreitbaren Erfolg, obwohl bei mangelnder Unterstützung aus der Verwaltung ein ganz anderes Ergebnis vorstellbar wäre. Eine Parallele ergab sich eine Generation später, als England unter dem liberalen Kabinett Lloyd Georges ein fast gleiches Modell des Versicherungsschutzes für die Kaufkraftstützung unter der Arbeiterschaft im Fall der Arbeitslosigkeit verwertete. Weder die eine noch die andere „Sozialisierungsaktion" wäre gelungen, wenn nicht die Verwaltung die Neuausrichtung des öffentlichen Interesses aus eigener Dienstdisziplin mitgemacht hätte.

Sechstes Kapitel

Zwischen Wollen und Müssen

Unsere Ausflüge in verschiedene Bezirke des Verwaltens mögen mehr Fragen offenbart als beantwortet haben. Eins jedoch sollte klargeworden sein: die vielseitig begrenzenden Wirkungen, denen sich das Wollen ausgesetzt sieht. Bei der Würdigung dieser zentralen Tatsache gleiten wir andererseits erneut von der geraden Linie eines vereinfachenden Verständnisses in ein Gewirr von miteinander verschlungenen Fäden. Das zeigt sich, wenn wir etwa fragen: Weshalb soll das Wollen durch Grenzen eingezwängt werden? Die Frage ruft nach einer Ermittlung sowohl der Motive, die sich hinter dem Wollen verbergen, wie auch der Richtung, in die das Wollen strebt. Die Frage beleuchtet ebenfalls das Problem der Rechtfertigung von Einwirkungen, die das Wollen in Schranken weisen.

Gewisse Klarstellungen ergeben sich bereits aus den vorangehenden Erörterungen. Wenn in diesem Zusammenhang vom Wollen die Rede ist, sollte auf der Hand liegen, daß das Wollen nicht schlechthin als die Macht des Guten in unsere Gleichungen eingefügt werden kann. Als Triebkraft der Verwaltung hat das Wollen auf besondere Fürsorge nur dann Anspruch, wenn es den Zwecken der Verwaltung dient, sei es mittelbar, sei es unmittelbar. Dazu gehört jenes Wollen des Verwaltungsmanns, das auf sachgerechte Erfüllung der Aufgaben seiner Behörde zum Wohle der Allgemeinheit zielt. In diesem Wollen hat auch, gewissermaßen als Vorbedingung, ein anderes Wollen Platz, das auf die Schaffung, Bereithaltung und Pflege der Mittel gerichtet ist, vermöge derer allein die Verwaltung zu befriedigenden Leistungen an das Publikum gelangen kann. Schon daraus werden gewisse Unterschiede nach der Art des Wollens erkennbar. Insoweit als das Wollen des einzelnen Beteiligten sich aus dem Wesen der umfassenden Aufgabenstellung loslöst, verliert es Anspruch auf Anerkennung innerhalb des Verbandes. Anders ausgedrückt: Bewußte Grenzziehung für das Wollen bedeutet unter Umständen notwendige Disziplin einerseits gegenüber einer individualisierenden Selbstbezogenheit, die den Beteiligten veranlaßt, dem Verband durch seine Verhaltensweise abtrünnig zu werden, ohne seinen Platz in ihm aufzugeben; andererseits gegenüber jenem Maß der Eigenwilligkeit, das den Beteiligten aus seiner eigenen Sicht dessen, was dem Verband not tut, zu einem apparatschwächenden Verhalten bringt. Hier kommt es allerdings entscheidend auf die konkreten Situationen an. Kein Verband kann auf Dauer seine Spannkraft erhalten, wenn es in seinem Inneren Raum für den letztlich konstruktiven Rebellen als das „Salz der Erde" überhaupt nicht gibt.

Begrenzung des Wollens aus der Zweckrichtung des Verbandes hat also unter bestimmten Bedingungen apparatsichernde und daher leistungsfördernde Wirkung. Nicht jede aus dieser Absicht hervorgehende Begrenzung hat jedoch tatsächlich den beabsichtigten Effekt. Fast jeder Verband ist mit vorgeblich für ihn erforderlichen oder doch förderlichen Begrenzungen des Wollens belastet, die dysfunktional wirken, sich also in ihr Gegenteil verkehren und damit dem „bürokratischen Getriebe" zur tropischen Entwicklung verhelfen. Wir begegnen hier der zu wenig beachteten Verlustliste des Zwanges, der nicht bereit ist, sich durch die Überzeugungskraft der Einsicht ersetzen zu lassen, der er zu Hilfe kommen zu müssen glaubt. Dafür liefern in unterschiedlichem Umfang alle Verwaltungssysteme eindrucksvolle Beispiele, die auch innerhalb des Apparats von den unmittelbar Beteiligten oft mit nicht geringem Unwillen aufgezeigt werden, aber dennoch bemerkenswertes Beharrungsvermögen beweisen. Die Konsequenzen sind besonders offensichtlich in solchen Verwaltungssystemen, die einerseits durch ihr Größenformat, andererseits durch den auf ihnen lastenden Druck charakterisiert sind. Ähnliche Tendenzen zeigen sich, wo die Hauptschwierigkeit darin liegt, daß vor allem in den mittleren und unteren Sphären des Apparats die sachlichen Voraussetzungen für verläßliches Funktionieren noch nicht vorliegen. Die beste Illustration für das unter scharfem Druck von außen arbeitende Großsystem bietet uns die Sowjetunion. Die andere Möglichkeit tritt uns dramatisch in nicht wenigen der sogenannten Entwicklungsländer entgegen. Diesen beiden Illustrationen ist das vorliegende Kapitel gewidmet. Sie dürfen nicht als Maßstäbe angesehen werden, an denen die früher konsolidierten Verwaltungssysteme des Westens ihre größere Tugend messen könnten. Sie bieten eher einen Spiegel, in dem das Gesicht der Verwaltung generell sichtbar ist, mit gewissen boshaften Verzerrungen, die dem Nachdruck dienen könnten.

Diener der Arbeitenden: Sowjetischer Stil

„Volkseigene" Verwaltung

Es ist vielleicht nicht unverständlich, daß alle Länder dem von außen an sie herantretenden Beobachter mehr oder minder paradoxe Wesenszüge entgegenzuhalten scheinen. Wenige Staatswesen können jedoch in dieser Hinsicht mit der Sowjetunion wetteifern, zumal was ihr Verwaltungssystem angeht. Hier haben wir es mit einer politischen Ordnung zu tun, die sich als Ausdruck ihrer eigenen Natur so stark auf den verwaltenden Arm stützt, daß man in ihr den Prototyp des „Verwaltungsstaats“ finden könnte. Dennoch hat das selbsterklärte „Vaterland der arbeitenden Massen“ in den ersten fünfzig Jahren seines Bestehens recht wenig Interesse daran gezeigt, die technische Berufsvorbereitung seines Beamtentums systematisch zu entwickeln.

Zum Teil erklärt sich das sicherlich aus dem Mißtrauen, das nicht nur der Ideologe, sondern nicht minder der ideologisch saturierte Alleskönner auf dem Drahtseil der Apparate — Partei, Politik, Verwaltung und Wirtschaft — einer eigentlichen Berufsstruktur für Zwecke des Verwaltens entgegenbringt. Die Verschiedenheit der Apparate trägt auch dazu bei. Das Kennzeichen des erfolgreichen Organisationsmanns ist nicht, daß er als Berufsvertreter der eigentlichen Verwaltung sichtbar ist, wobei diese auf den verschiedenen Ebenen der organisatorischen Struktur — All-Union, Mitgliedsrepublik, „autonome“ Einheit, kommunales Gebilde — durchaus nicht die gleichen Eigenschaften offenbart. Wichtiger als der Ruf ungeminderter Verwendbarkeit oder zunehmender Bewährung in der Verwaltung ist die Möglichkeit, ihr den Rücken zu wenden. Der Triumph des Verwaltungsmanns liegt in der Kandidatur für höhere Dinge. Diese setzen voraus, daß er jedenfalls mit dem ersten Schritt nach oben in die politischen Bereiche aufgestiegen ist[1].

Vor allem aber ist es bemerkenswert, daß in dem Land der allumarmenden Verwaltung der Verwaltungsmann der bevorzugte Prügelknabe geblieben ist. Daß ein Kollektivsystem von Riesenformat für die unerfreulichen Nebengeräusche der Bürokratisierung ein scharfes Ohr bewahrt, ist kaum überraschend. Daß in einem solchen System der Mythos der Volksunmittelbarkeit der öffentlichen Geschäfte große Aufmerksamkeit findet, ist ebensowenig erstaunlich. Schon deshalb wäre der Bürokrat als Empfänger der sonst dem eigenen Gesicht zu verabreichenden Ohrfeige nicht zu entbehren. Auf ihn kann sich das Gefühl der Unzulänglichkeit periodisch entladen, vielleicht weil er im Apparat verhältnismäßig anonym bleibt und eine wirkliche Auswechslung von Stellungsinhabern im allgemeinen auf die höchsten Positionen beschränkt werden kann.

---

[1] Über die auseinanderfallenden Ansprüche von Ideologie und Fachkenntnis und die sich daraus entwickelnde Trennung berichtet eine Studie über die Sowjetzone wie folgt: „Der Organisationsfachmann empfindet gewöhnlich alle gleichsam nebenberufliche Bekenntnisverpflichtung als lästig und störend, der Ideologiebegeisterte sieht gewöhnlich auf die Bezirke der fachlichen Bewährung wie von sehr hoher Warte auf einen Froschtümpel herab, jeder von ihnen nimmt jeweils nur jene Aufgabe, die seinem inneren Profil entspricht, eigentlich ernst und wichtig. Zwischentypen mit sich verzahnenden Interessen sind möglich, aber verhältnismäßig selten“ (Karl Valentin Müller, *Die Manager in der Sowjetzone: Eine empirische Untersuchung zur Soziologie der wirtschaftlichen und militärischen Führungsschicht in Mitteldeutschland.* Westdeutscher Verlag: Köln und Opladen, 1962, S. 59).

Jedenfalls ist es der „Bürokrat", der am meisten öffentlich ins Lächerliche gezogen, angeschrien und attackiert wird. Diese „Linie" zeigt sich auch, wenn die Notwendigkeit entsteht, Arbeitskräfte im Rahmen des nationalen Plans umzulenken, um einer veränderten Vorrangordnung gerecht zu werden. Sofern der Notstand für drastische Maßnahmen Rechtfertigung bietet, ist es öffentliche Sitte, die Ämter um Tausende zu erleichtern, die fast über Nacht in den „Kampf der Produktion" geworfen werden.

In gewissem Umfang ist die sowjetische Haltung gegenüber der Verwaltung durch die Vergangenheit beeinflußt. Ebenso wie Hitlers Kohorten einen ihnen lang widerstrebenden Staat zu „erobern" hatten, warf die geschichtliche Entwicklung die revolutionären Führer Rußlands gegen die verschanzte Autorität. Das begann schon früh und kulminierte im Anfang unseres Jahrhunderts. Die Verwaltung war der Feind, insbesondere die Polizei, weit mehr noch als der Zar selbst. Selbst nachdem das autokratische Regime 1917 zusammengebrochen war, hielt es Lenin noch für zugkräftig, in bitteren Worten darüber Klage zu führen, daß Kerenskijs provisorisches Regime mit alten kaiserlichen Beamten vollgepackt war.

Man muß jedoch hinzusetzen, daß die russische Verwaltung unter dem Zaren eher gegen das Volk als für das Volk gewirkt hatte. Ihre einschüchternden Wirkungen entsprachen der sozialen Entfernung zwischen oben und unten und der eigenen Unsicherheit, die durch verzweifelte Attentate auf Mitglieder des Regimes ständig erhöht wurde. Der völlig unzulängliche Zustand vor allem der provinziellen Verwaltung hatte sie aller Sympathie beraubt. Seit langer Zeit schon war sie ein Lieblingsgegenstand satirischer Kommentare im russischen Geistesleben. Obwohl weithin als Universalkomödie der hohlen Autorität anerkannt, ist Gogols *Revisor* (1836) jedenfalls durch das drastisch geschilderte russische Milieu beherrscht. Das Thema war vor Gogol bereits von Alexander Gribojedow (1795—1829) aufgegriffen worden, einer der gescheiten Köpfe, die gewissermaßen aus der Natur der Sache in die Verwaltungskarriere gelangten. Gribojedows *Die Bösartigkeit, klug zu sein* porträtierte den Sekretär Molchanin, der seine Servilität über alle rinnen ließ, die er in einer amtlichen Stellung wähnte. Ein grausames Konterfei von der anderen Seite her, eine Karikatur des selbstzufriedenen Eifers, Worte für Taten zu nehmen, kam aus der Feder von Iwan Gontscharow (1812—1891), der ebenfalls Produkt des zaristischen Beamtentums war. Sein Buch *Oblomow*, das einen über schwächliche Versuche nie hinausgelangenden Ehrenmann schildert, wurde 1857 veröffentlicht. In unserer Zeit fand Stalin es notwendig, gegen dieselbe Tendenz zu wettern, indem er in seine Ansprachen an die Getreuen der Partei Zitate einfügte, die er vorgeblich aus dem Munde eines „respektierten Genossen“, eines „unheilbaren Wortkrämers“, vorgesetzt bekommen hatte.

Die offizielle sowjetische Reaktion auf das Generalthema der „Bürokratie“ beschränkt sich nicht auf die Anprangerung von Entschlußlosigkeit und Herausrederei. Auch die Vermutung klingt an, daß ein geschütztes Dasein hinter dem Schreibtisch zu Indifferenz einlädt. Ein übermäßig entspanntes Gemüt blicke mit Gleichmut auf das, was im Büro getan werden müsse. Daher der in Abständen versuchsweise suspendierte, aber ebenso häufig mit erheblichem öffentlichem Gepolter erneuerte Glaube an durchgreifende Kontrolle. Nichts ist plausibler und gleichzeitig fragwürdiger als die axiomatische Annahme, daß ein riesenhaftes und weitverzweigtes Verwaltungssystem eine umfassende und detaillierte Kontrolle von den Zentren der politischen Aktion verlange.

Eine Parallele enthüllt sich in der Überzeugung, daß Amtspersonen weder dazu neigen noch leicht dazu gebracht werden können, die Interessen des gemeinen Mannes vor Augen zu behalten. Der politische Funktionär darf in Anspruch nehmen, er sei ein Mann des Volkes; der Bürokrat ist der natürliche Gegensatz oder wird doch so in dem ungedruckten Verzeichnis der bösen Dinge geführt, auf das die Führer des Regimes für staatsbürgerliche Appelle zurückfallen. Es war eine Hauptsorge der meisten der einander seit der Revolution von 1917 folgenden Führerkonsortien, daß die Verwaltung einer Selbstabsonderung verfallen könnte. Sie waren entschlossen, den gewöhnlichen Bürger von blinder Unterwerfung unter die Zwergsouveräne der Amtszimmer zu erretten und die Öffentlichkeit zu kritischer Wachsamkeit gegenüber der Arbeit der Verwaltung zu erziehen. Darin suchte das Regime zweifellos gleichzeitig den eigenen Griff auf den Verwaltungsapparat zu festigen.

Das Aufeinanderprallen dieser Umformungsimpulse hat neue Komplikationen mit sich gebracht, ohne die alten Spannungen zu beseitigen. Wenn der Verwaltungsmann sich dem Volke nahe fühlen soll und nicht nur von oben her aus der eigenen Perspektive für das Volk handeln darf, kann er nicht bloß ein totes Rädchen sein. Er wird relativ frei stehen müssen, um auf die Interessen des Bürgers im konkreten Zusammenhang des Einzelfalles eingehen zu können. Das erfordert Ermessen. Aber Ermessen setzt wiederum Vertrauen voraus. Solches Vertrauen hat das Regime der Bürokratie weitgehend vorenthalten. So schließt sich der Kreis; denn das Verhältnis zwischen Verwaltung und Staatsbürger stößt auf unvermeidliche Schwierigkeiten, wenn die Zone der Disposition, innerhalb derer die Dienststelle auf die Besonderheiten des einzelnen Falls eingehen kann, durch das Regulativ fast völlig geleugnet wird.

Trotz eines gewissen Hin- und Herschwankens hat die Sowjetunion die Hoffnung nie aufgegeben, daß das größte einheitliche Verwaltungssystem als *ein* Apparat dirigiert werden kann. Wenn jedoch Planungsziele, Leistungsquoten und Abschlußtermine den Verwaltungsgang überbeanspruchen, besteht die Gefahr, daß Leistung hinter dem Schein der Leistungsverrichtung zurücktritt. Dann versteht sich von selbst, daß die Regel unter allen Umständen Regel bleibt. Diese Bedingungen machen den Verwaltungsmann zum Symbol der schwerfälligen und in der Ferne thronenden Autorität. „Volkseigene" Verwaltung unter Auspizien der dialektischen Gleichheit aller hat daher einen unerwartet harten Stil angenommen. Der Grund ist nicht ein Übermaß der bürokratischen Selbstsicherheit. Im Gegenteil: Der Verwaltungsmann fühlt die Verengung der Schlinge, die ihm um den Hals gelegt ist, wenn der Strick nach beiden Seiten gezogen wird. Auf der einen Seite steht der entrüstete Bürger, der Befriedigung seiner Interessen erlangen möchte. Auf der anderen Seite steht das Regime, das die regulatorische Peitsche knallt und gleichzeitig den Beamten wegen seines mangelnden Eingehens auf die Bedürfnisse der Einzelperson andonnert[2].

Die Lockung großer Erwartungen

Der sowjetische Verwaltungsmann befindet sich also in keiner beneidenswerten Lage. Er sitzt gewissermaßen im ständigen Regen der auf ihn niederkommenden Anforderungen, der häufig von einem wütenden politischen Sturm begleitet wird. Daher schaut er sich nach einem Platz um, der sowohl trocken wie auch gegen Blitzschlag sicher ist. Solche Plätze sind im allgemeinen in der eigentlichen Verwaltung selten zu finden. Aber es gibt sie in beschränkter Zahl. Tätigkeiten, die ein spezifisches Tun erfordern und insofern den Stelleninhaber zu von ihm zu erzielenden Resultaten verpflichten, sind schon deshalb verhältnismäßig unsicher, weil er dem unbeschränkten Zugriff der Inspektion unterliegt.

---

[2] Ein Mann, der angesichts seines Werdegangs aus begreiflichen Gründen nichts Gutes über Verwaltung zu sagen hatte, bekannte: „Man verlangt immer, ich sollte etwas sagen zum Lob der Bürokratie. Ich kann das gar nicht" (Henry Picker, *Hitlers Tischgespräche im Führerhauptquartier 1941—1942*. Neu hrsg. von Percy Ernst Schramm. Seewald: Stuttgart, 1963, S. 136). Für sich selbst sah Hitler seine Rolle als aktives Mitglied der Verwaltung allerdings anders, wie der folgende festgehaltene Dialog (1945!) zeigt: „Der Führer: ... Ich bin eine Zeitlang Regierungsrat in Braunschweig gewesen. — Göring: Aber nicht ausübender. — Der Führer: Sagen Sie das nicht. Ich habe dem Lande großen Nutzen gebracht" (Helmut Heiber, Hrsg., *Lagebesprechungen im Führerhauptquartier: Protokollfragmente aus Hitlers militärischen Konferenzen 1942—1945*. Deutscher Taschenbuch Verlag: München, o. J. 1963, S. 336). Hitlers Haltung wird klarer, wenn man sich daran erinnert, was er über die normativen Tendenzen der Juristen zu sagen hatte: „Der einzige Jurist, der unter seinen Mitarbeitern wirklich etwas tauge, sei Lammers [Reichsminister und Chef der Reichskanzlei]. Lammers wisse nämlich, daß er dazu da sei, um für die Staatsnotwendigkeiten die juristische Untermauerung zu finden, und verwechsle nicht juristische Abstraktionen mit dem praktischen Leben" (Picker, *Hitlers Tischgespräche* a.a.O., S. 315).

Es ist anders, wenn das individuelle Versagen leicht auf bereits bekannte mechanische Schwierigkeiten oder ähnliche Umstände außerhalb der eigenen Verantwortungssphäre abgeladen werden kann.

Erheblich sicherer sind Funktionen, die auf die Prüfung der Leistungen anderer gerichtet sind. Beispiele sind die Ausstellung von Kontrolldokumenten, das Rechnungswesen, die Finanzverwaltung und die Fülle von berichtenden Tätigkeiten. Sie reflektieren Geschehnisse, für die ein anderer einzustehen hat. Sie geben im allgemeinen den Tatsachen selbst das Wort; auch wenn diese explosiv sein sollten, sind objektive Schlußfolgerungen relativ ungefährlich, insbesondere wenn die Berichterstattung einer Schablone folgen kann, die sowohl Argumenten wie auch der Manipulation Schranken weist.

Aber verläßliches Wirken in einem von Entscheidungsrisiken nicht belagerten Tätigkeitsbereich bringt wenig Auszeichnung in einer Gesellschaft, die Anspruch auf Verwirklichung der Gleichheitsidee erhebt. Wenn öffentliche Ehrung auch dem Lastkraftwagenmechaniker schon dadurch zuteil werden kann, daß er in seinen Leistungen nachweisbar über der „Norm" liegt, ist Durchschnittsqualität in der Verwaltung ein blasser Ruhm. Für den nach Prestige Suchenden liegt darin kaum Befriedigung. Der Wettbewerb um soziale Anerkennung ist intensiver, wenn es so viele Konkurrenten aus allen Erwerbszweigen gibt, deren jeder seine Kandidaten für öffentliche Auszeichnung stellt.

Es ist allerdings wahr: Die Schrittfolge der Beförderungen, die in der Verwaltung der Sowjetunion von der örtlichen Sphäre bis zur höchsten Spitze offenstehen, ist lang. Das ergibt sich schon daraus, weil in dem „totalen Verwaltungsstaat" die Fächerung der Verantwortlichkeiten mit organisatorischer Größe auch an Breite zunimmt, ganz abgesehen davon, daß die Struktur vom Kleinen bis zum schlechterdings Enormen aufsteigt. Je höher jedoch der Platz, um so überraschender kommen die Böen. In der Spitzengruppe ist der Mann der Verwaltung in zunehmendem Maße dem groben Zugriff der politischen Führer ausgesetzt. Ein Sündenbock aus der „Bürokratie" ist häufig begehrt. Der beste Anwärter findet sich unter denen, die auf den oberen Stufen der Beförderungsleiter angelangt sind.

Für jemanden, der in der Sowjetunion der Verheißung großer Erwartungen folgt, empfiehlt sich daher ein Absprung aus der Verwaltung. In ihr sind die Möglichkeiten eines Aufstiegs zur Sonne zu begrenzt. Ehrenamtliche Mitwirkung in Tätigkeiten, die von der Kommunistischen Partei unmittelbar betrieben werden, bietet Gelegenheit, sich den Einflußreichen vorzustellen. Es gibt auch Wege, einen politischen Patron zu erwerben, wenn man auf dem Verwaltungsposten seine besondere Nützlichkeit demonstriert.

Der Patron mag der Chef einer Behörde sein, oder ein leitender Funktionär in einer der Parteiformationen. Er mag nach einem talentierten und ergebenen Adjutanten Ausschau halten, der ihm vielleicht als Verfertiger seiner Reden, als Quelle guter Ideen, als technischer Berater, als Verwaltungsassistent oder als allgemeiner Kundschafter und Detektiv an die Hand geht. Wenn der Patron im öffentlichen Leben aufsteigt, folgt ihm in der Regel auch seine rechte Hand. Aber selbst wenn der Patron lediglich wiederum anderen dienstbar ist, die sich weiter oben in der politischen Struktur befinden, ist er als Durchgangsstation nicht zu unterschätzen.

Er mag sogar gerade als Talentjäger für das jeweilige Führerkonsortium Verwendung finden. Das von ihm entdeckte Talent wird eine verheißungsvollere Zukunft haben, wenn es zunächst durch den ersten Patron selbst auf einige Jahre geprüft und ausgebildet worden ist. „Zukunft" bedeutet politische Zukunft, vielleicht sogar einen Platz in den obersten Entscheidungsorganen. Aber in der Sowjetunion ist das Stratum der politischen Führung ungewöhnlich dick, weil es in die örtlichen Dienststellen und die einzelnen Betriebe hinunterreicht. Es bietet daher erheblichen Raum für die Unterbringung von Apparatkundigen, die gleichzeitig politischen Sinn beweisen. Wer sich einmal auf dieser Bahn einen Namen gemacht hat, besitzt gute Aussicht, auf ihr zu verbleiben. Die drei Tugenden des säkularen Novizen muß er allerdings zu praktizieren wissen: Mannentreue, Wachsamkeit und Verläßlichkeit.

Das Kissen der überdurchschnittlichen Quotenerfüllung

Diese systematisierte Verwaltungsflucht sollte nicht die weit verbreitete Auffassung bestärken, daß das Verwaltungssystem der Sowjetunion allgemein rückständig sei. Zwar ergehen die vielfach wiederholten Kundgebungen der „konstruktiven Selbstkritik" häufig in der Form von Tiraden gegen selbstzufriedene Schlafmützen. Was die kommunistische Oberleitung damit in Massenversammlungen erzielen will, ist aber weder Hoffnungslosigkeit noch der Eindruck des Steckenbleibens, sondern im Gegenteil ein animierendes Gefühl des morgen Erreichbaren, wenn man nur die erkannten Mängel des Gestern auszukehren willens ist. Die wesentlichen Verwaltungsmethoden entsprechen im großen und ganzen denen, die in anderen Ländern mit lang gefestigten Verwaltungsmaßstäben angewandt werden. Wir müssen uns auch daran erinnern, daß die Revolution trotz drastischer Neuerungen keineswegs alle Verbindungen mit dem der Modernisierung zustrebenden alten Rußland zerbrach. Der Aufbau der Roten Armee unter Trotzki, der den kaiserlichen Offizieren Achtung abringen konnte, ist ein Beispiel. Auch in der Geschichte des Behördenwesens offenbart sich ein gewisses Maß der Kontinuität.

Man darf nicht übersehen, daß das zaristische Rußland einen wohlfundierten Ruf in den Künsten und Wissenschaften ebenso wie auf technischen Gebieten besaß, wofür am Rande das kriegerische Gewerbe der Artillerietaktik eine wichtige Illustration liefert. Selbst die Verwaltung zeigte Lichtpunkte. Während des ganzen neunzehnten Jahrhunderts hatte die Staatskanzlei sich als ein Sammelplatz von Kenntnis und Erfahrung erwiesen, vor allem in der Erzielung einer ausreichenden Zusammenarbeit zwischen den verschiedenen Ministerien. Bis zum Ende der Monarchie war die Mehrheit der Oberbeamten nach mitteleuropäischen Modellen akademisch vorgebildet worden. Das juristische Studium an den Universitäten hatte am Verwaltungswesen nicht vorbeigeführt, wie ebenfalls wissenschaftliche Werke über die Phänomene der bürokratischen Struktur keineswegs fehlten.

Eine Schwierigkeit ließ sich auch durch die Kunst der Koordinierung auf der ministeriellen Ebene nicht überwinden: die Fragmentierung, die sich schon infolge der gewaltig ausgedehnten Kommunikationslinien in einem Reich von kontinentalen Ausmaßen ergab. Diese Schwierigkeit wurde dadurch vervielfacht, daß das kaiserliche Rußland als funktionierende Gesellschaft technisch unvergleichlich loser organisiert war als etwa zur gleichen Zeit die Vereinigten Staaten. Von einem Verwaltungsweg im eigentlichen Sinne konnte man kaum reden. Es handelte sich eher um ein Neben- und Untereinander verschiedener mehr oder minder selbstbezogener Autoritätssphären. Räumliche Entfernung machte Kontrolle weitgehend illusorisch. Der Gouverneur in der Provinz konnte sich im zaristischen Rußland fast als König fühlen. Entfernung ist auch heute noch ein Hauptproblem. Im Vergleich zur Vergangenheit hat sich jedoch ein wahrnehmbarer Wandel ereignet. Die Verwaltung ist wesentlich durchsichtiger geworden.

Das ist nicht nur die Folge der zunehmenden technischen Aufschließung des Landes. Ebenso wichtig wenn nicht wichtiger ist seine „politische Aufschließung" — die Verlagerung der Selbstbekundungsmöglichkeiten der Öffentlichkeit nach unten. Zwar wirkt das Einparteisystem notwendigerweise limitierend, aber es hat ebenfalls gerade die Aufgabe, Impulse von unten nach oben ebenso wie von oben nach unten weiterzuleiten. Im „totalen Verwaltungsstaat" werden größere Anforderungen und häufigere Ansinnen an die Verwaltungsbehörden gestellt als zur Zeit des Zaren. Das allein bringt sie bereits stärker in das Licht der öffentlichen Aufmerksamkeit. Da ihnen umfassendere Beachtung gezollt wird, werden sie ebenfalls zum Objekt der Aufmerksamkeit seitens der politischen Führerhierarchie.

Überdies ist auch die Öffentlichkeit als Gesamtheit der unmittelbar betroffenen Parteien heute in der Lage, ihren Einfluß auf die Amtsstellen wirksam geltend zu machen. Klagen werden in mancherlei Form laut.

Da gibt es Briefe an die Zeitung, Kritik in den örtlichen Gruppen der Partei, Beanstandungen in Werkversammlungen, den Ruf nach der Inspektion, die Eingabe an den öffentlichen Ankläger. Wenn der Verantwortliche sich nicht zur Abhilfe bequemt, muß er besonders stichhaltige Gründe haben. Die bundesstaatliche Struktur der Sowjetunion spielt ebenfalls eine Rolle. Zwar ist sie hinter den Szenen vielfach durch eine monolithisch konzipierte Parteiorganisation ausgerichtet. Dennoch hat sie sich dahin ausgewirkt, daß eine beträchtliche Zahl von Kontrollpunkten nach unten gelagert worden ist. Abhilfe gegen Verwaltungsmaßnahmen läßt sich an vielen Plätzen im Lande betreiben. All dies hat die Verwaltung in den Lichtkegel gebracht und sie der Neugier vieler Augen ausgesetzt, die von außen in den Apparat hineinblicken möchten.

Selbst wenn der Verwaltungsmann sich aus Furchtsamkeit gern der Verheißung großer Erwartungen zu verschließen bereit ist, bedeutet die veränderte Situation auch für ihn eine zunehmende Bedrängnis. Man erwartet von ihm erheblich mehr als von seinem zaristischen Vorläufer. Seine Stellung ist durch soviel unfreundliche Aufmerksamkeit ernstlich gefährdet. Er kann sich der Kritik nur dadurch erwehren, daß er sich mit Leistungsbeweisen verteidigt. Daß er morgens verhältnismäßig pünktlich zur Stelle ist, reicht nicht aus. Er muß zeigen können, daß er über das Normalmaß der stipulierten Leistungen hinauskommt.

Das ist nicht einfach zu bewerkstelligen. Im Vergleich zu den alten Methoden der fest geschlossenen Amtstür ist es für ihn sehr viel weniger leicht, sich in simulierter Geschäftigkeit zu verbergen. Von allen Seiten schallt ihm der ärgerliche Ruf nach Leistung entgegen. Schon um sicherzugehen, daß er bei einem Nachfassen gut abschneidet, ist es notwendig, sich besonders anzustrengen. Der Durchschnitt ist für ihn als Regel nicht gut genug, um einen überzeugenden Nachweis über seine Tätigkeit führen zu können. Er benötigt einen darüber hinausgehenden Kredit als Spielraum gegen mögliche Fehlschläge.

Könnte er es sich erlauben, Optimist zu sein, so würde er hoffen, im Notfall einen Beschützer zu finden. Natürlich wäre er bis zu einem gewissen Punkt in der Lage, den Druck auf sein Leistungskonto zu ignorieren, wenn seine Beziehungen zu einem der Mächtigen ihm Immunität verschafften. Aber wer kann in den Sternen lesen? Welcher Grad der Gewißheit läßt sich voraussetzen? Selbst ein starker Patron ist nicht immer imstande, seinen schützenden Arm über einen bedrängten Verwaltungsmann zu halten. Auch Patrone sind schließlich nur Sterbliche; auch sie können durch Rachezüge und Bereinigungsaktionen aufgefressen werden.

Auf sich selbst gestellt, kann der Verwaltungsmann sich normalerweise nicht für hinreichend gedeckt halten, wenn er nur den ihm auferlegten Erfordernissen durch „Erfüllung“ gerecht wird. Das wäre zu scharf kalkuliert. Ein Kissen zum Auffangen unerwarteter Stöße läßt sich nicht entbehren. Schließlich mag sich sein eigenes Abrechnungssystem als fehlerhaft erweisen; dann würde er im Endergebnis schlechter dastehen.

Fixierte Erfordernisse sind allerdings nicht immer ein und dasselbe. Wenn eine Region oder ein industrieller Sektor insgesamt ins Hintertreffen gerät, mag das mildernde Umstände für den eingeschlossenen Einzelfall mit sich bringen. Auch feste Erfordernisse weichen in solchen Situationen einer inoffiziellen Ersatzformulierung, die den Wirklichkeiten besser gerecht wird. Wenn sich an einer solchen ungenehmigten Ersatzformulierung tatsächlich nichts ändern läßt, müssen selbst die Donnerer in der Höhe das Absinken in der Regel hinnehmen. Aber im Bereich des individuellen Kalküls ist es für den Verwaltungsmann letzter Schluß der Weisheit, zwar die Gesamtentwicklung zu verfolgen, aber gleichzeitig darauf abzuzielen, daß er selbst um einige Pegelstriche oberhalb der fixierten Erfordernisse zu liegen kommt, auch wenn er sich sehr anspannen muß.

Das Abfeilen der Kanten

Gerade weil die Schrauben so scharf angezogen sind, hat die Verwaltung in der Sowjetunion Zeit und Scharfsinn darauf verwandt, Mittel und Wege zu erkunden, um den Druck zu mildern. Sie hat in besonderem Umfang der Möglichkeit nachgespürt, den Schein der Befolgung der Regulative mit einer teilweisen Befreiung von für den Einzelfall mehr oder minder sinnwidrigen Erfordernissen zu verbinden. Das läßt sich nur durch Deckung und Gegendeckung erzielen. Formalautorität wird durch persönliche Verständigung umgebogen.

Solche Verabredungen unter der Hand müssen auf der ganzen Linie von oben nach unten und ebenso in den Seitenverknüpfungen abgesichert werden, um wirkliche Flexibilität auszuknobeln. Das ist der Vorbeugung des Ausstrahlungseffekts einer Falschbuchung vergleichbar. Die Verständigung mag darauf gerichtet sein, schon frühzeitig das erforderliche Verarbeitungsmaterial bereitzustellen, ohne das sich das vorgeschriebene Leistungsmaß nicht erreichen läßt. Es mag sich auch darum handeln, daß gewisse Ausnahmen von allgemeinen Erfordernissen gewährt werden. Oder vielleicht kommt es darauf an, bestimmte Abschlußtermine für geplante Aktionen hinauszuschieben. Für solche Zwecke muß man den richtigen Mann kennen; dieser wird seinerseits ein Entgegenkommen erwarten, wozu man in der Lage sein muß.

Eine individualisierte Verwaltungsmethode, die von Person zu Person wirkt, hatte bereits im kaiserlichen Rußland geblüht. Selbst nachdem der Zar sich zögernd einer pseudo-konstitutionellen Regierungsweise unterworfen hatte, war er nicht bereit, in seinem freien Schalten und Walten eine Änderung eintreten zu lassen. Er hörte nicht auf, unabhängige Autorität auszuüben, in der Annahme, er repräsentiere eine Art von direkter Machtquelle, die von der Politik seines Kabinetts nicht berührt werde und sich selbst von der Rechtsordnung zu lösen vermöge. Wie der langjährige Minister des kaiserlichen Haushalts einmal erklärte, als man ihm nahelegte, die Gewährung eines an Nikolaus II. weitergeleiteten Ansuchens sei illegal: „Natürlich, wenn sie legal wäre, würde es ja keinen Sinn haben, Seine Majestät mit der Sache zu behelligen". In dieser Art, Dinge nach eigenem Gutdünken zu erledigen, wurde der im allgemeinen wohlmeinende Monarch manchmal auch durch den verständlichen Wunsch nach Beschleunigung bestärkt. Er glaubte sich im Recht, wenn er die sprichwörtlichen Verzögerungen des Ministerialverfahrens kurzerhand umging, indem er schnell nach seinem Federhalter griff.

Kein Wunder, daß das Beispiel des Zaren unter den Höflingen Schule machte. In einem Lande, das unpersönliche Methoden zur Behandlung von Gesuchen nur schwach entwickelt hatte, blühte der tradionelle Weg der Gunsterweisung, mit oder ohne Angebot von Gegenwerten. Nur eine Illustration: Als 1907 A. N. Naumow, Mitglied des Staatsrats, sich um Hilfe für die Errichtung einer landwirtschaftlichen Schule in der *gubernia* Samara bemühte, versuchte er zunächst, den Finanzminister dafür zu gewinnen. Als er dessen Entgegenkommen nicht erlangte, wandte er sich unmittelbar an die Kaiserin, bei der er ein williges Ohr fand.

Die kontinentumspannende Organisation der sowjetischen Planung hat dem Regulativ einen beispiellos langen Arm gegeben. Je länger der Arm, desto schwerer wiegt die generelle Formel auf der Verschiedenheit der konkreten Umstände. Daher das verbreitete Zurückgreifen auf die Künste des alten Regimes. Niemand wird behaupten wollen, daß die individualisierte Verwaltungsmethode, die das Spinnen von Fäden zwischen einzelnen Personen voraussetzt, in der Sowjetunion im Rückgang befindlich ist. Verwaltung durch unautorisierte Sonderarrangements ist im Gegenteil quantitativ beträchtlich häufiger geworden, wobei allerdings zu bedenken ist, daß vergleichsweise der öffentliche Apparat heute natürlich viel größer ist.

Die Auswirkungen lassen sich nur schwer würdigen. Sie sind aber zweifellos weitreichend. In gewisser Hinsicht hat das erfindungsreiche Suchen nach freieren, wenngleich oftmals illegalen Geschäftsformen dazu beigetragen, die Verwaltungsleistung zu erhöhen. Nur so ist es möglich, Dinge glatt zu erledigen. Nur so kommt es jedenfalls zum größten Teil zur Durchführung dessen, was im Regulativ kategorisch als „Erfüllung" festgelegt ist. Was sich ereignet hat, ist ein improvisierter Durchbruch zu erhöhter Leistung. In vielen Fällen ermöglicht das ein Fortarbeiten, wo sonst Stillstand unvermeidlich gewesen wäre. Improvisation belohnte den scharfen Kopf, wenn er sich mit Bundesgenossen zusammentun konnte. So öffneten sich Möglichkeiten für die Betätigung einer ungewohnten Initiative. Ein inoffizielles Netzwerk von persönlichen Verbindungen überlagert den vorgesehenen „Instanzenzug“: von unten zur Mittelinstanz und zu den zentralen Ämtern, mit Seitenwegen zu anderen funktionalen Bereichen.

Das ist aber nur die eine Seite. Die andere zeigt das negative Gegenstück. Jede einzelne Verständigung dieser Art reißt in den Teppich der Planung. Was der eine durch schnellen Griff gewinnt, wird dem anderen fehlen. Dadurch wird das Verwalten durch unautorisiertes Sonderarrangement außerordentlich verschwenderisch und daher kostspielig, wenn man die Dinge in ihrer Gesamtheit bewertet. Außerdem hat sich der Versuch, in dieser Weise die Kanten abzufeilen, als eine korrumpierende Erfahrung erwiesen.

Für jede Gunst, die der eine dem anderen erweist, muß der andere seinerseits durch eine Gunst zu kompensieren bereit sein. Häufig wird die Gegenleistung in gleicher Münze erfolgen. Mit anderen Worten: Ein verständnisvolles Eingehen auf den „Druck“, in dem ein anderer sitzt, wird den Hilfsbereiten veranlassen, zu gegebener Zeit Möglichkeiten zur Sprache zu bringen, wie ihm selbst in einer ähnlichen Situation geholfen werden kann. Darin liegt jedoch eine ernste Gefahr. Die Notwendigkeit, sich persönlich erkenntlich zu erweisen, ist ein unvermeidbares Nebenprodukt der individualisierten Verwaltungsmethode. Schon der erste Schritt in dieser Richtung macht es schwierig, später an der Schwelle der Bestechung anzuhalten. Noch folgenschwerer ist jedoch die Durchlöcherung der Grundlagen des Kontrollsystems. „Anpassung“ nach eigenem Vermögen bedeutet letztlich die Umgehung der generell vorgesehenen Kontrollen. Was ist unter solchen Umständen für die Ausrichtung der Verantwortlichkeit zu erwarten?

Es ist nicht ohne weiteres ersichtlich, in welchem Umfang an dieser Gesamtsituation die neuerlichen Experimente des Regimes mit „Profitmethoden“ in der Wirtschaft Änderungen herbeiführen können. Glanzstücken wie der Bekleidungsfabrik *Bolschewitschka* in Moskau wird zwar offensichtlicher Betriebserfolg nachgerühmt, der mit dem Besonnungseffekt der formellen „Legalität“ in Verbindung zu stehen scheint. Aber das vor allem dem Krakauer Professor Jewsej Liberman zugeschriebene „Anspornsystem“ ist kein Organisationsersatz. Es zielt vornehmlich auf Kalkulations- und Abrechnungsmethoden, durch die Ertrag im Verhältnis zum investierten Kapital als zentraler Leistungsmaßstab anerkannt wird. Dabei findet auch der Gedanke der Verzinsung der staatlichen Investitionen in Fabriken und Läden Berücksichtigung. Ob eine auf den im Einzelbetrieb erzielten „Gewinn“ basierte Lohn- und Bonuspolitik für die gesamte Wirtschaftsordnung „anregend“ wirkt, wird sich erst zeigen müssen. Wer sich durch amerikanische Erfahrung leiten läßt, wird ein

Höchstmaß der industriellen „Dezentralisation“ durch Schaffung wettbewerblich orientierter und „frei“ wirtschaftender Produktionskomplexe nur auf der Grundlage effektiver Instrumente der umfassenden Zentralleitung für praktisch realisierbar halten. In der Entwicklung dieser Instrumente, die weitgehend dem Stabsprinzip nachgeformt sind, liegt die Sowjetunion trotz ihrer zunehmenden Begeisterung für elektronische Datenverarbeitung noch zurück.

Gewinn- und Verlustrechnung der Systemloyalität

Solange es unvermeidlich scheint, daß die Wolke der Illegalität über den Bemühungen lagert, die Kanten abzufeilen, wird auch der Verantwortungssinn des Beamten in Mitleidenschaft gezogen. Dabei dürfen wir nicht übersehen, daß es der Sowjetbürokratie besonders eingedrillt ist, ideologischer Unachtsamkeit oder gar Gleichgültigkeit mit Verachtung zu begegnen. Wie die politische Leitung selbst lebt auch der Verwaltungsmann unter einem nationalen Credo. Wie sie ist auch er durch dies Credo in erheblichem Umfang geformt. Das Credo folgt ihm; er unterstellt sich ihm in bewußter oder unbewußter Weise in seinem Verhalten. Es mahnt ihn, auch wenn er sich von ihm abzuwenden sucht.

Der Zyniker in der Verwaltung hat daher gerade in der Sowjetunion besonderen Anlaß, sich vorzusehen. Nach dem politischen Katechismus darf es ihn gar nicht geben. Man geht in der Tat kaum irre, wenn man voraussetzt, daß der Verwaltungsmann in der Regel gefühlsmäßigen Appellen, die ihn auf nationale Ziele hinweisen, kein taubes Ohr zeigt. Er schuldet es seiner eigenen Wertschätzung, daß er sich willens weiß, seine Aufgabe zu erfüllen und seinen Beitrag zum „sozialistischen Wettbewerb“ zu leisten. Dies ist institutionelle Elementarlogik, die durch außenstehende Beobachter häufig unterschätzt worden ist.

Sicherlich bringt das Bürodasein auch „tote Seelen“ hervor. Es gibt dort sogar politische Abtrünnigkeit, wenngleich sie durch strategisch verteilte Aufseher in die Dunkelheit getrieben wird. Überdies verleitet Verwaltungsarbeit selten zum Singen. Wer unter dem Druck zunehmender Anforderungen stöhnt, wird in der Verwaltung seine staatsbürgerliche Begeisterung kaum lange in Blüte halten können. Aber es läßt sich nicht behaupten, daß das Verwaltungssystem der Sowjetunion die Hochburg der „Entfremdung“ ist. Im Gegenteil hat es selbst nicht wenige große Systemgläubige geliefert.

Für solche Gläubigen in der Verwaltung muß es eine starke Gemütsbelastung sein, täglich wahrzunehmen, wie man links und rechts versucht, von dem geraden und wohlmarkierten Pfad plangemäßer Prozedur wegzukommen. Die Grundregel ist für alle klar: Pläne zur Herbeiführung der „klassenlosen Gesellschaft“ sind notwendig. Ebenso notwendig ist Plantreue. Beide Notwendigkeiten sichern schließlich nur die inspirierten Entschlüsse der Führer, die deshalb Führer sind, weil sie das beste Urteil haben[3].

Wenn man Tausenden von Händen das Recht zubilligte, in die Maschine hineinzureichen, um hier ein Rad zum Stehen zu bringen oder dort ein anderes zu beschleunigen, so müßte das als eine Herausforderung an die Planung selbst erscheinen. Es wäre ebenfalls eine Absage an die politische Führung. All dies wird für den Systemgläubigen an Verrat grenzen. Es ist also nicht nur Furcht vor persönlichen Konsequenzen, die dem Verwaltungsmann im Gewebe der unautorisierten Abmachungen schlaflose Nächte macht. Er weiß, daß er etwas tut, was nicht recht ist. Er kann sich kaum damit trösten, daß ihm eine Armee von Komplizen zur Seite steht. Er wie sie sündigen gegen den Glauben.

Aber was könnte das Regime tun, um dies zu verhindern? Hoffnungsvolle Hinweise auf ein utopisches Morgen haben den Weg des „totalen Verwaltungsstaats" von Anfang an begleitet. Die Versicherung, daß der „Mensch der neuen Psychologie" imstande sein werde, sich gemäß der Disziplin und der Erkenntnis des „wissenschaftlichen Sozialismus" zu verhalten, bietet selbst im gegenwärtigen Zeitpunkt noch keine Hilfe. Zudem läßt sich nicht leugnen, daß die individualisierte Verwaltungsmethode bis zu einem gewissen Grade dazu beiträgt, daß die Räder sich bewegen. Der tägliche Kampf um wirtschaftlichen Fortschritt und um Steigerung der Nationalleistung zum Wohl des Volkes ist zu keiner Zeit zum Stillstand gekommen.

Für denjenigen Mann der Verwaltung dagegen, der bereits zu viele große Worte vernommen hat, bleibt eine schlichte Tatsache wichtiger. Solange ihm Geschick im Improvisieren nicht abgeht und solange das Verwalten vermöge unautorisierten Sonderarrangements in Ermangelung einer unbedenklicheren Methode floriert, sichert ihm die Verbindung beider Faktoren die eigene Stellung. Ja: Wenn er das Spiel beherrscht, kann er damit seine Leistungen unter Beweis stellen. Auf der anderen Seite ist das Verhüllen eines besonders gewagten Coups in der Umgehung von Vorschriften und Erfordernissen oder im Jonglieren mit vorgeb-

---

[3] Ideologischer Druck auf das Verwaltungssystem hat gewöhnlich fühlbare Konsequenzen für den Geschäftsgang und die inneren Beziehungen zwischen Dienststellen und Autoritätsträgern. Ein Kenner schildert eine Phase in der staatsindustriellen Entwicklung Ungarns wie folgt: „An atmosphere of distrust had developed during the years 1949—53. Increasingly, people became wont to regard each other with suspicion. The theory of the ceaseless sharpening of the class struggle created a mood in which people were inclined to detect a conscious enemy in anyone who had been found to make a mistake" (János Kornai, *Overcentralization in Economic Administration: A Critical Analysis based on Experience in Hungarian Light Industry.* Oxford University Press: London, 1959, S. 210).

lichen Leistungsergebnissen dadurch erleichtert, daß die beschönigende Propaganda ohnehin verhältnismäßig dickflüssig dahinfließt. Dennoch kann es ein ruinöses Erlebnis sein, wenn man sich bei solchen Freizeichnungen oder dichterischen Freiheiten fangen läßt.

Der Blick, den wir auf die Verwaltung in der Sowjetunion geworfen haben, zeigt uns, daß weder der äußere Status der Bürokratie noch das politische Klima, in dem sie sich betätigt, dazu angetan sind, ihr einen funktionsbedingten Grad von Unabhängigkeit zu gewähren. Der Mann der Verwaltung betrachtet sich nicht als solcher. Seine Funktion hat keinen eigenen sozialen Schatten. Sein Verantwortlichkeitssinn erschöpft sich zur Hauptsache im anweisungsgemäßen Tun.

Selbstlenkung ist daher noch unterentwickelt. Kontrolle bedient sich eines hohen Maßes der Ausdrücklichkeit, was einerseits eine gedankenlose Wortwörtlichkeit im Verwaltungsbetrieb hervorruft und auf der anderen Seite ein anhaltendes Suchen nach Ausweichmöglichkeiten befördert, wodurch Kontrolle im Endergebnis weitgehend illusorisch wird. Die scharfe Einengung des Ermessens führt zu einer unbegrenzten Subjektivität der Normumgehung, oft sogar nach Bequemlichkeitsgesichtspunkten. All dies setzt die Charakterstärke und Redlichkeit der Verwaltungsbehörden unter erheblichen Druck. Rückgrat wird riskant. Man wird an das traurige Bekenntnis erinnert, das Zar Nikolaus II. über eine seiner dunkelsten Stunden im Oktober 1905 im intimen Kreis ablegte: „Ich hatte niemanden, auf den ich mich verlassen konnte, mit Ausnahme des ehrlichen Trepoff.“

Persönliches Regiment und modernisierte Verwaltung

Der Seher des öffentlichen Interesses

Wenn wir nun als nächstes das Thema der Wechselbeziehungen zwischen persönlichem Regiment und modernisierter Verwaltung aufgreifen, könnte man wohl die Frage aufwerfen, ob damit wirklich etwas Neues berührt würde. Ist nicht das Sowjetsystem selbst das wichtigste Beispiel eines Regiments des starken Mannes? Zeigt es nicht selbst ein Höchstmaß von Gleichgültigkeit gegenüber den Meinungen der gewöhnlichen Menschheit? Mit gewissen Vorbehalten ließe sich auf beide Fragen eine bejahende Antwort geben. Im Vergleich zu der verhältnismäßig festgefügten Ordnung, die sich in der Sowjetunion offenbart, tritt uns jedoch ein wesentlich anderer Typ der Herrschaft in den meisten der neu gegründeten Nationen entgegen. Dort beobachten wir jedenfalls in der Einlaufphase in der Regel die methodische Kultivierung einer bestimmten Persönlichkeit als vorrangigen Symbols der nationalen Einheit und Stabilität.

Das würde nicht den erklärten Konzeptionen entsprechen, die im großen und ganzen in der Sowjetunion für die eigene Ordnung der öffentlichen Verantwortlichkeit zugrunde gelegt werden. Dort werden die ideologischen Grundlagen im Sinne einer umfassenden Doktrin und der Begriff einer durch die Doktrin vorbehaltlos auf die Doktrin verpflichteten Führung sorgfältig miteinander in Verbindung gehalten, obwohl der „Kult der Persönlichkeit" vermutlich als pathologische Erscheinung keineswegs unbekannt ist. Ganz anders unter dem Regiment des starken Mannes, das zwar pathologische Züge tragen mag, aber nach seinem eigenen Konzept seinen Sinn gerade im *régime personnel* bekundet. Der nationale Führer mag sich, solange er dauert, als „Erlöser" ausposaunen lassen, ohne durch eine Ideologie selbst gebunden sein zu wollen. Es liegt ihm ob, aus der Tiefe seiner Einmaligkeit für alle gemeinsame nationale Verpflichtungen zu proklamieren, dem Volk auseinanderzusetzen, was zu tun sei, und so für die Gesamtheit zu handeln, wie er es für richtig hält.

Ein stilisiertes Porträt des Prototyps des starken Mannes würde vertraute Züge zeigen. Der Führer steigt gewöhnlich entsprechend dem Gebot der Notwendigkeit empor, meist infolge der zunehmend offensichtlichen Hilflosigkeit eines vielfach gespaltenen Kabinetts von „Politikern", die zum Teil Unabhängigkeitsstreiter ohne eigene politische Organisation und zum Teil Machtvertreter von regionalen oder Stammesinteressen sein mögen. Der Retter ist in der Regel entweder ein Militär, der Gelegenheit hatte, sich im öffentlichen Bewußtsein zu etablieren, oder eine mit der Kampagne für nationale Selbstbestimmung prominent verknüpfte Persönlichkeit, die den „Politikern" fern geblieben ist. Noch wichtiger ist die Tatsache, daß der Führer in seiner Rolle durch die klassische Gewaltenteilung nicht begrenzt ist; sein Regiment wirkt über die ganze Spannweite der politischen Entscheidungen.

Sein Wort bestimmt die Ziele, denen die Nation sich zuzuwenden hat, die Richtlinien, die dabei zu befolgen sind, und die Vorrangordnung, die Anwendung finden muß. In der abrupten Ablösung der „Politiker" wird er dramatisch darauf bestehen, daß von nun an das allgemeine Interesse zu seinem zentralen Platz im Leben der Nation wiederaufrücken werde. Aber das allgemeine Interesse erweist sich als das, was er so kennzeichnet, um eine Redewendung abzuwandeln, die ein langjähriger Vorsitzender des Obersten Bundesgerichtshofs der Vereinigten Staaten, Charles E. Hughes, sehr zu seinem Leidwesen einmal auf die Rolle des Gerichtshofs gegenüber der Verfassung angewandt hat.

Die Errichtung des Regiments des starken Mannes konfrontiert die Oberbeamten mit einer durchgreifend gewandelten Situation. Die Konsequenzen mögen miteinander in Konflikt liegen, insbesondere für diejenigen in leitenden Stellungen, deren Ausbildung und Einstellung sie als Laufbahnbeamte charakterisieren. Die beruflichen Trennlinien verlaufen unter den Kollegen nicht mehr in der Weise, wie sie das früher taten: zwischen Trägern alter Familiennamen und den neuen Reichen; oder zwischen „Modernen", die den Ruf haben, mit Hilfe allen möglichen neuen Wissens mit der Tagesarbeit fertig zu werden, und den anderen, die durch ihre Untergebenen entlanggeschleppt werden. Die wesentliche Unterscheidung ist nun eine Sache der „Haltung". Notorische Verquikkung mit den „Politikern" in der Vergangenheit bringt Disqualifikation mit sich. „Reinheit" ist eine Voraussetzung für die Zulassung zum nationalen Kreuzzug des großen Mannes. Entsprechende Verhaltensnachweise sind für die Erhärtung der politischen Vereinbarkeit mit dem „frischen Wind" unerläßlich.

Wer sich dieser Probe unterwirft, muß eine beängstigende Prüfung über sich ergehen lassen, wobei Tausende kaltherzig beiseite gefegt werden. Aber wer sie überlebt, darf hoffen, daß er von der „Woge der Zukunft" dahingetragen wird. Er muß allerdings bereit sein, in allem, was er tut, das Ritual der Hingabe an die geheiligte Sache mit gebührlicher Leidenschaft zu praktizieren. Ein totes Aktionsprojekt von gestern mag nunmehr als Beweis des neuen Kurses triumphierend vom Stapel gelassen werden, als Ausfluß der persönlichen Inspiration des Retters der Nation. Alles was jetzt mit leidlichem Erfolg abgewickelt wird, hat Aussicht, als seine Tat Ehre zu gewinnen. Was aus irgendwelchen Gründen seiner Ablehnung verfällt, darf ohne ausdrückliche Sinnesänderung des Führers niemals wieder aufgegriffen werden.

Wie gut sind gute Gründe?

Anfänglich ist der sachlich eingestellte Verwaltungsmann verständlicherweise geneigt, Freude darüber zu empfinden, daß er die „Politiker" los ist. Sie waren für ihn eine Plage, einerseits wegen ihrer nie endenden „Eingriffe" und andererseits wegen ihrer Unfähigkeit, für die Verwaltung eine feste Arbeitslinie festzulegen. Er wird jedoch bald entdecken, daß er auch jetzt mit einer beträchtlichen Zahl von Abgesandten und Janitscharen des Führers zu rechnen hat, die sich jedenfalls als solche ausgeben. Manche von ihnen landen am Ende als politische Vorgesetzte. Das Amtsmilieu selbst ist dem Wandel unterworfen. Kontrolle setzt sich zunehmend als Sicherstellung politischer Verläßlichkeit durch.

Das beeinflußt unvermeidlich auch die Geschäftsführung des Verwaltungsmanns. Es gestaltet seinen Beitrag zur Planung politischer Entscheidungen. Auch wenn das angesichts der ihm gestellten Ressortaufgaben nur innerhalb bestimmter Grenzen möglich ist, orientiert er sich daher in erster Linie auf das Ziel, sich im besten Licht zu zeigen. So kann er am ehesten die Kokarde des vertrauenswürdigen Mannes erwerben. Vorsicht veranlaßt ihn, sich positiv auf das Regime einzustellen, anstatt sich mit ihm kritisch auseinanderzusetzen. Wenn er die offiziellen Prioritäten in seinem Bereich aus eigenen Stücken umordnen möchte, muß er das Risiko sorgfältig abwägen.

Als allgemeine Auswirkung auf den Verwaltungsmann tritt also eine unverkennbare Schrumpfung des Verantwortungssinns ein. Er ist weniger willens, sich bewußt auf Situationen einzulassen, die ihn nach außen sichtbar machen. Verantwortlich zu handeln bedeutet für den in erster Linie mit seiner eigenen Lage befaßten Beamten, daß er „Sorgfalt im Selbstschutz" beweist.

Als Beispiel: In der Eingangsphase des Regiments des starken Mannes im heutigen Ägypten zeigte sich, daß das Oberbeamtentum weitgehend dahin strebte, sich durch eine möglichst risikofreie Amtsführung Deckung zu schaffen. Eine wirkliche Verwaltungsreform wurde schon dadurch in Frage gestellt, daß das Berufsbeamtentum selbst danach trachtete, sich in den Händen derer knetbar zu erweisen, die an die Macht gelangt waren. Aber wie wäre eine andere Haltung möglich, wenn die politischen „Lebenstatsachen" in die entgegengesetzte Richtung drängen? Unter dem Regiment des starken Mannes verstärkt sich die Anlehnung an die Hierarchie. Der Beamte fürchtet die eigene Initiative und die Verantwortlichkeit seiner Position. Als Amtsträger versteckt er sich am liebsten vor der Öffentlichkeit, obwohl er ihr auch nach dem Willen des Regimes dienen sollte.

Wie bei den meisten großen Umwälzungen bietet sich jedoch für die Jugend Gelegenheit, dem Alter vorgezogen zu werden. Die „jungen Türken" in der Beamtenschaft wenden sich gefühlsmäßig eher dem neuen Kurs zu als die älteren Elemente. Überdies stehen die älteren Elemente in der Regel als die Manifestation der alten Ordnung da. Sicherlich gilt für sie die oft wiederholte Klage, daß das höhere Beamtentum sich zu sehr mit der wohlhabenden Klasse verbrüderte. Das Streben nach den Annehmlichkeiten des Daseins wurde ihm als Anzeichen des moralischen Abgleitens angekreidet.

In dieser Klage wird die bürokratische Tradition in nicht wenigen der Entwicklungsländer angeprangert. Unehrlichkeit war zu oft praktisch zu einem allgemeinen Aspekt der Verwaltungsroutine geworden. Kaufleute, Landbesitzer und selbst die kleinen Leute litten darunter, wenn sie mit Behörden zu tun hatten. Aber man war dazu gekommen, die Tatsache hinzunehmen und sie dadurch indirekt zu billigen. Die öffentlichen Bediensteten streckten die Hand für alles aus, was sie für andere zu tun hatten. Wenn die Geste übersehen wurde, verharrten sie in Untätigkeit oder verlegten die Akten[4].

---

[4] In den kleinen Haussitten sind sich der Osten und Westen gleich. Über die Wechselwirkungen von Formalismus und bürokratischem Wesen schrieb

Zerrostung der Integrität

Trotz gelegentlicher Mentalreservationen lag es für die jüngeren Elemente im Oberbeamtentum nahe, sich hinter den starken Mann zu stellen. Ein Regime des entschlossenen Aufbaus konnte die Patrioten innerlich aufrütteln. Hinzu kam, daß die aufsteigenden Kräfte gleichzeitig in den umfassenden Säuberungsaktionen die verbesserten beruflichen Möglichkeiten für sich selbst willkommen hießen. Aber die Erschütterungen der Spitzenstruktur der Verwaltung verursachten so viel Turbulenz, daß nur die Mutigsten oder die durch persönliche politische Verbindungen Gesicherten es sich leisten konnten, ganz auf eigenen Füßen zu stehen. Die beste Versicherung lag darin, daß man sich nach jemandem umsah, der sich in plausibler Weise als ein „Freund" des Führers aufführte.

Ein solcher Stützpunkt macht sich bezahlt; aber man muß natürlich selbst dafür zahlen. Dem „Freund" des Führers von Nutzen zu sein, indem man ihm vielseitig gefällig ist, stellt eine Form der Prämienbezahlung auf die eigene Versicherung dar. Vielleicht muß man zu seiner ständigen Gesellschaft werden. Das ist eher arrangiert als in der Sowjetunion, weil das Einströmen von politischen Vertrauensmännern des Führers in die Regierungsposten in großem Umfang stattfindet. So entsteht eine erhebliche Nachfrage nach Assistenten, die die Einzelheiten des Verwaltungsgangs beherrschen. Aber selbst beflissene Ölung der Beziehungen nach oben gibt dem Verwaltungsmann meist keine verläßliche Vorstellung von der politischen Linie. Was sich ihm erschließt, ist eher eine Schulung in Servilität bei der Erfüllung persönlicher Wünsche. Das Resultat ist eine zunehmende Zerrostung der Integrität.

Der große Unterschied zu vergleichbaren Situationen in der westlichen Welt liegt in dem Gewicht des Verwaltungssystems selbst, als soziales Phänomen wie auch als selbstverständlicher nationaler Daseinsfaktor. Frankreichs Fünfte Republik, um ein Beispiel zu nennen, hat die Verwaltung ganz anders berührt. Zwar stehen sich Jugend und Alter in den Ministerien weitgehend als getrennte Parteiungen gegenüber, vor allem wegen ihrer verschiedenen Reaktionen auf die lange als gegeben hingenommenen Einwirkungsversuche der organisierten Sonderinteressen. Aber die Auseinandersetzung über dies Problem trägt eher zu

---

gewissermaßen von der geographischen Schnittfläche (aus Lemberg) ein früher Kritiker: „Man soll peinlich jene berüchtigten, gewöhnlich ‚Schieber' genannten Kanzleiausflüchte vermeiden, welche ein wahres, schwer zu entwurzelndes Unglück der Bureaukratie sind, und deren Grund nicht anderswo als nur in der riesigen Aufhäufung formalistischer Beschäftigungen der Ämter gelegen ist, die sie nur mit Hilfe oberflächlicher Flickarbeit bewältigen können" (Josef Olszewski, *Bureaukratie*. Stubers Verlag: Würzburg, 1904, S. 288).

einer Stärkung der beruflichen Dienstauffassung bei. Die ältere Generation, die die Bürde der Zeit trägt, enthält zu viele „müde Realisten“, die schon durch ihre Niederlagen zu der Überzeugung gelangt sind, die Verwaltung könne privaten Interessen nicht standhalten. Dem stemmt sich der Nachwuchs aus der neuen Nationalschule für Verwaltung meist scharf entgegen. Die Jungmannschaft verurteilt das „Altersregiment“, das aus Gewohnheit zum Weichen bereit ist. Die jüngeren Kollegen sind auf ihr Rückgrat stolz, dessen Hervorkehrung nach ihrer Auffassung das öffentliche Interesse erheischt.

Das Regime des starken Mannes, wie es uns heute in vielen Entwicklungsländern entgegentritt, erweist sich als unfähig, einer derartigen kollegialen Solidarität in der Stärkung der beruflichen Perspektiven der Verwaltung eine hinreichende Grundlage zu bieten. Es erzieht den Beamten eher zu einem Geschäftsmann der disponiblen Autorität. Er sieht sich als Agent der Zentrale, die er um Sanktion angehen muß, ehe er es wagt, selbst zu handeln. Mangel an delegierter Handlungsvollmacht verbindet sich mit Angst vor der Initiative. Das erklärt auch die betonte Indifferenz der zentralen Amtsstellen der Verwaltung gegenüber den Wünschen und Erwartungen der Mittel- und Unterbehörden, die im allgemeinen von den Entscheidungen auf höchster Ebene ausgeschlossen bleiben. In der Tat wird den nachgeordneten Amtsträgern oftmals von oben dargelegt, daß ihre Ausbildung und ihre Leistungen nicht mit denen der Universitätsabsolventen auf den höchsten Posten vergleichbar sind. Ganz im gleichen Stil bekennt sich der Vorgesetzte gern zu der Auffassung, daß die große Masse der Beamten nichts wert sei, was der traditionellen Meinung entspricht, die die gebildete Schicht von dem gewöhnlichen Mann hat.

Zusammenprall des Alten und des Neuen

Es ist für fast alle Entwicklungsländer typisch, daß sie mit angespannten Muskeln in das Neue streben, während ihnen gleichzeitig das Alte wie ein schweres Gewicht anhängt. Das ist vielleicht am markantesten in Afrika, wo die Gegensätze infolge örtlicher Isolierung besonders groß sind. Es ist die Hauptursache der heutigen afrikanischen Gärung. Der Weg in den Nationalstaat war in Afrika ein Wendepunkt im Leben von Millionen, für die vorher eine ererbte und nahezu unveränderliche Stammesordnung die Daseinsformen festlegte. Politische Unabhängigkeit hat die soziale Entwicklung in vielem von der Bindung an die Tradition gelöst. Aber was von der Zukunft sichtbar wurde, zeigte sich im Gewande einer verführerischen wie auch verwirrenden Modernität. Die Institutionen eines großräumigen und dennoch lebensfähigen Staates müssen ohne Verzögerung aufgebaut werden, während manches von dem alten, seinen Engen verhafteten Sozialsystem fast unberührt bleibt und sich durch die staatsbildende Aufgabe in keiner Weise betroffen glaubt[5].

In diesem Dämmerlicht von neuen Zwecken und alten Unabänderlichkeiten wird die Schaffung geeigneter Strukturen für die Wahrnehmung von Verwaltungsfunktionen durch kaum zu bewältigende Probleme kompliziert. Wo läßt sich die nötige technische Befähigung finden? Wie schnell kann das Bedürfnis nach ausgebildeten Kräften erfüllt werden? Woher ist ein Ausbildungssystem zu beziehen? Kann der nicht einheimische Teil der alten Kolonialbürokratie auf vorläufiger Grundlage im Dienst gehalten bleiben? Lassen sich organisierte Dienstleistungen vorerst aus anderen Ländern durch Vertrag beordern? Wie nützlich und vertrauenerweckend ist ein Beraterdienst? Fragen wie diese lassen sich kaum anders als auf dem Wege des Experiments beantworten.

Sie werfen deshalb einen besonders langen Schatten, weil die ersten stolpernden Schritte in den Nationalstaat zwangsläufig das Drama des Tages und nicht die weite Sicht betonen. Die gewaltige Akzentuierung der politischen Faktoren bringt es mit sich, daß die Fragen der Verwaltung in den Hintergrund gedrängt werden. Unsichere Nachahmung ungenau erinnerter Formen bietet für den Vollzug öffentlicher Funktionen einen ersten Notbehelf. Oberflächliche Reformparolen greifen einer rational erwogenen Verwaltungsstruktur meist zuvor. Vielfach muß der Anschein für das Wesen hingenommen werden. Das entstehende Beamtenkorps ist oft der Qualität nach höchst heterogen. Berufliche Erfahrung ist meist dünn gesät. Wirkliche technische Kenntnis hat nicht selten einen besonders schweren Stand; sie gerät in Kämpfe sowohl mit denen, die im Überschwang unrealistische Ziele akzeptieren, wie auch mit jenen, die dem Verwaltungsmann als dem Produkt der neuen Zeit einen unausrottbaren Verdacht entgegenbringen, der in der alten Ordnung der Dinge wurzelt.

Verwaltung drängt aus ihren Arbeitsformen auf Kontinuität. Gerade wo sich berufliche Vorstellungen durchsetzen, kommt es deshalb zu manchen Reibungen. Die frühen politischen Entscheidungen des neuen Staats sind in ihrem spezifischen Inhalt im allgemeinen durch ein ruck-

[5] Das Gefühl, mit räumlich getrennten Bevölkerungsteilen „nichts als die Hautfarbe gemeinsam zu haben“, ist aus dieser Forschungsnotiz aus Uganda ersichtlich: „On one occasion the author asked a young and educated member of a tribe in northern Uganda why the people in his small sub-district did not support amalgamation with the larger and adjoining West Nile District. His reply is significant for it dramatizes the failure of the non-African to perceive and comprehend the significance of ethnological variation. To this query the Madi respondent replied, ‚We have nothing in common with the other tribes of West Nile than the color of our skin‘ “ (Fred G. Burke, *Local Government and Politics in Uganda*. Syracuse University Press: Syracuse, N. Y., 1964, S. 10).

artiges Vorantreiben charakterisiert, auch wenn die hauptsächlichen nationalen Ziele verhältnismäßig klar hervortreten. Der beherrschende Faktor des öffentlichen Lebens ist die Kluft zwischen Verheißung und Leistung. Führer müssen versprechen oder werden von anderen, die rücksichtsloser versprechen, an die Wand gedrängt. Aber der staatliche Leistungsapparat ist außerstande, auf kurze Sicht und mit scharf begrenzten Mitteln Wunder zu tun.

Das Bewußtsein dieser Kluft ist in der Bevölkerung kaum vorhanden. Daraus entstehen explosive Spannungen. Man erwartet Unerfüllbares von der Verwaltung. Die Führung sieht ihre Zukunft im Staat durch gute Verwaltung bedingt; aber der beeilte Lauf in die Reform führt sie häufig in Sackgassen. Wenn dagegen der Fortschritt hinter den öffentlichen Erwartungen zurückfällt, steigt der Umsatz von Männern auf der Ebene der Entscheidung. Der nach Dauer trachtende Führer findet es schwer, in seiner Position zu verbleiben, ohne besondere Geschicklichkeit im Wassertreten zu entwickeln. Dazu gehört, daß er in Abständen in die Entrüstungsbekundungen über das „Versagen" der Verwaltung einstimmt. Bei seinem Aushandeln von rettenden Kompromissen mit regionalen und örtlichen Machthabern wird er den Mann der Verwaltung am ehesten zum Opfer anbieten. Wenn Untergebene abgeschüttelt werden müssen, trennt man sich unschwer von dem „Sklaven bürokratischer Routine".

In Ermangelung verläßlicher Kanäle für Autoritätsausübung und Rechenschaftslegung tendiert die Verwaltung dahin, sich auf den Einzelfall anstelle der allgemeinen Regel zu konzentrieren. Das wird auch durch die Tatsache befördert, daß unter den geschilderten Umständen jede Anwendung des Einflusses von oben die Regel zum Wanken bringen kann. Vor allem aber fehlt es an wirkungsvoller Querverbindung in der Verwaltung, weil wirkliche Befähigung fast immer an Spezialisierung geknüpft ist. Die einzelnen staatlichen Funktionen sind Staaten im Staat — Landwirtschaft, Bergbau, Straßenbau, Steuererhebung, um nur einige Beispiele zu nennen. Deshalb bestehen zwischen den Behörden hohe Mauern. Gemeinsame Planung und Gedankenaustausch scheitern an extremer Empfindlichkeit in der Wahrnehmung von Zuständigkeitsgrenzen. Nachgeordnete Stellen mögen sich stärkeren Tadel durch unautorisierte Neuerungen als selbst durch Untätigkeit zuziehen. Es ist kaum überraschend, daß Beschäftigungsmöglichkeiten außerhalb der Verwaltung große Anziehungskraft entwickeln.

In einer flüssigen politischen Gesamtsituation kann der Verwaltungsmann sich nicht die Frage aus dem Kopf schlagen, wer im Fortlauf der Ereignisse als nächster als Haupt der Behörde zum Zuge kommen könnte. Deshalb ist es für ihn ein Gebot der Weisheit, daß er sich selbst niemals „zu weit vorne sehen läßt". In Dingen, die kontrovers werden könnten, ist es ihm lieber, wenn er vorwärts geschoben wird. Er wird ein

Talent dafür entwickeln, sich aus der „Kneifzange“ zu befreien. Das kann er vielleicht durch Behendigkeit im Abrollen von vieldeutigen, technisch klingenden Worten erreichen, wenn er sich in die Enge getrieben sieht. Vor allem wird er seinen Rückzug ebenso wie sein Vorantasten dadurch sichern, daß er sich genau im politischen „Wer ist's“ auskennt. Die Zugehörigkeit zu Gruppen, Familien, Stämmen und Organisationen besagt viel über Status und Einfluß. Dem wird der Verwaltungsmann auch in der eigenen Ernennungspolitik in seiner Sphäre des öffentlichen Dienstes Rechnung tragen, ebenso wie er sich dadurch in seinen Beziehungen zu Kollegen, Vorgesetzten und Untergebenen leiten läßt.

Siebentes Kapitel

Bestand und Wandel

Das vorangehende Kapitel hat uns in gewissem Umfang auch die hauptsächlichen Verwaltungsprobleme in den sogenannten Entwicklungsländern vor Augen gebracht. Es entspricht dem Wesen der Entwicklung in jenem besonderen Sinne, daß sie sich im Spannungsfeld von Bestand und Wandel zuträgt. Ein Kapitel unter gerade diesem Titel könnte daher den Anschein erwecken, daß eine Fortführung des vorher behandelten Themas beabsichtigt sei. Das wäre jedoch nicht zutreffend. Zwar ist beschleunigte Bewegung in Richtung auf neue Ziele das charakteristische Lebensphänomen der Entwicklungsländer. Wie jedoch bereits weiter oben angedeutet, vollzieht sich das Dasein von Institutionen auch dann im Erlebnis der Gegensätzlichkeit von Bestand und Wandel, wenn die Umwelt selbst im Bewußtsein des Anhaltenden verharrt. Diese allgemeinere Wechselbeziehung bedarf weiterer Aufmerksamkeit.

Das ist um so mehr begründet, wenn wie hier die Welt der Verwaltung im Vordergrund steht. Die besondere Formfestigkeit der Ämterordnung ergibt sich schon daraus, daß Übertragung von Gewalt auf Schaffung eines Zustandes zielt, nicht auf eine einmalige Verlautbarung. Dem treten als nicht minder wichtige Parallelwirkungen die Notwendigkeit der Aufrechterhaltung eines generellen Geschäftsgangs und das im Recht basierende Vertrauen der Öffentlichkeit auf Vollzugssicherheit an die Seite. So formuliert, sind diese Bestandserfordernisse rein funktionell gerechtfertigt. Ihre Logik vervielfältigt sich jedoch unter rechtsstaatlichen Gesichtspunkten; sie vervielfältigt sich weiter als Echo der Postulate des Sozialstaats.

Für den Staatsbürger könnte Verwaltung in der Tat zunächst ein Da-Sein notwendiger Vorkehrungen bedeuten. Die Verfassung mag taumeln, aber das Arbeitsamt ist immer da. Mit dem Da-Sein wird sich sogar die weitere Vorstellung verbinden, daß Verwaltung immer dasselbe ist. Ganz wie der Mann am Schalter sagte: „Wir haben's immer schon so gemacht." So mag es allerdings scheinen. In Wirklichkeit aber ist Wandel nicht zu bannen. Nicht selten stemmt sich die Verwaltung gegen ihn. Es geschieht jedoch auch, daß sie ihn bewußt fördert: Ja: Sie muß ihm jedenfalls vorandenken. Von diesen Unterschieden soll jetzt die Rede sein.

Verharrung und Reform

Verwaltung und Stabilität

Der Verwaltungsmann geht ins Büro, so versichert er uns glaubhaft. Wir wissen sogar die Anschrift: Friedensallee 7. Dort steht ein großes Gebäude. Darin ist das Büro. Viele Menschen betreten das Gebäude früh; das sind die Arbeitskräfte, die ihren Tag in bestimmten Zimmern verbringen. Viele Menschen strömen im Verlauf des Tages in das Gebäude; das ist das Publikum, Menschen, die das Gebäude bald wieder zu verlassen hoffen. Der Besuch des Gebäudes stimmt sie nicht heiter, aber wenn sie es morgen leer finden würden, ließe sich ihre Entrüstung kaum beschreiben.

Wir wissen es: Verwaltung ist ein an einen bestimmten Ort gebundenes Unternehmen. Es ist kein Wandergewerbe. Es ist ein fester Teil unserer Umgebung. Das setzt gewisse Dinge voraus. Es muß Amtsräume geben, die während bestimmter Stunden „in Betrieb" sind, wenn sie nicht sogar allezeit offengehalten werden. Es muß Personal geben, das für sich in Anspruch nimmt, den Geschäftsgang zu kennen, bestimmte Akten aufzutreiben und laufende Sachen weiterzuleiten, so wie das die besonderen Umstände der Situation verlangen. Es muß Raum für die Gesuchsteller oder andere Klienten geben, und vielleicht auch für neugierige Beobachter oder der Wärme oder der Kühle bedürftige Müßiggänger. Sie alle wollen stehen oder sogar sitzen können. Jede Amtsstelle muß überdies eine physische Raumordnung ersinnen, eine Reihenfolge von der ersten Hand zur letzten, zu den Männern von (relativer) Bedeutung, bei denen die Aktionskette des Entscheidungsvorgangs endet. Das schließt ein Schema ein, nach dem die Verwaltungsschritte ohne Verwirrung und Zeitverlust in geeigneter Weise getan werden können.

Der Aufbau der Amtswelt dient der Notwendigkeit, bei der Geschäftsabwicklung in einem gewissen rationalen Zusammenhang vorzugehen. Es muß innerhalb des Amts Einvernehmen über Zusammenarbeitsbeziehungen bestehen. Man muß auf Verfahrensregeln zurückgreifen können, die sicherstellen, daß Tätigkeiten in angemessener Weise verteilt sind. Man entwickelt eine organisatorische Form, die es möglichst leicht macht, Kontrolle zu erzielen und Verantwortlichkeit zu verwirklichen.

Der Nachdruck liegt in all diesen konstruktiven Mitteln des Zusammenwirkens auf persönlicher Absorbierung von Beziehungen. Das Arbeitskapital ist Kenntnis und Erfahrung. Beide, auf das Funktionieren des Apparats bezogen, entfließen nicht genereller Erklärung, sondern konkretem Erleben. Darin wird offenbar, wie sehr Verwaltung ein bemeistertes Handwerk ist. Aus seiner eigenen Natur hat es Ursache, das Gelernte, das Vertraute und das Wiederholte zu schätzen. Daher die

Überzeugung, es sei ein äußeres Zeichen der guten Verwaltung, wenn sie „von selbst läuft". Man kann nicht stets von neuem beginnen. Der Beginn selbst ist investiertes Kapital. Die Vergeudung nie endenden Neuanfangens muß durch ins Unterbewußtsein eingelagerte Routinen ausgeschaltet werden. Sie sind am besten eng miteinander verzahnt, verhältnismäßig frei von zeitraubenden Ermessenserwägungen und so beschaffen, daß sie mit einem Minimum an Aufsicht auf der höheren Verantwortungsstufe ihren Zweck erfüllen.

Diese Merkmale des Arbeitstages bringen eine institutionelle Tendenz hervor. Verwaltung hält fest, bleibt sich selbst gleich, lebt aus dem Eigenen. Zwar kann sie sich dem Wandel nicht verschließen, am wenigsten in der heutigen „Massengesellschaft", in der die Verwaltung überall vom allgemeinen Strom der Umgestaltung berührt wird und selbst in vielem zum Signalmast des Neuen geworden ist. Als fortlaufender Betrieb, der mit sich selbst ausgefüllt ist, hat das Verwalten jedoch einen unverkennbar konservativen Anstrich[1].

Das Gegenwärtige wird assimilierbar im Lichte des vorher Vermerkten, der Vergangenheit, während die Erfassung der Zukunft auf das unmittelbar Vorhersehbare beschränkt bleibt. Das operative Interesse der Verwaltung ist auf Stabilität gerichtet, auf einen ungestörten Arbeitsrhythmus, auf ein Wiederanknüpfen an das Gestrige. Das beeinflußt auch das Berufsbild des höheren Verwaltungsdienstes. Im allgemeinen bevorzugt das Oberbeamtentum das politische Modell einer festen Machtstruktur. Das ist eine Gestaltung, an die man sich ruhigen Herzens anlehnen kann. Um es anders auszudrücken: Aus ihrem Wesen zeigt die Verwaltung eine berufliche Vorliebe für den Status quo, solange er nicht auseinanderzufallen droht. Der leitende Beamte hält es gewöhnlich für natürlich, wenn man ihm den gefühlsmäßigen Verteidiger der gegebenen Ordnung ansieht.

Befestigung der Tradition

Sicherlich kann eine Zuneigung für den Status quo auch Klassenbindungen entspringen. Hier liegt uns jedoch daran, die besonderen Tenden-

---

[1] Das Betriebsstörende fällt schärfer ins Gewicht als das, was sich dahinter verbirgt, auch wenn dies unvergleichbar ernster ist. Ein Beispiel: „Ich erinnere mich an ein Gespräch im Oktober 1939 mit einem hohen Beamten der alten Schule. Mit dem damals üblichen Zynismus sagte er, er hoffe, daß bald der letzte Jude ausgewandert sei, damit er endlich wieder geordnete Zustände in seinem Amt erreichen könne. Derzeit leiste sich die Partei gegenüber der Verwaltung dauernd Übergriffe aller Art, die dann immer — oft auch nur fadenscheinig — durch die Judenfrage motiviert würden" (Wanda von Baeyer-Katte, „Das Verlockende im NS-Führerprinzip", in: *Autoritarismus und Nationalismus — ein deutsches Problem?* Politische Psychologie, Bd. 2. Europäische Verlagsanstalt: Frankfurt/M., 1963, S. 41).

zen hervorzuheben, die gewissermaßen verwaltungseigen sind und insofern institutionell zur Geltung kommen. Eine stabile Machtgestaltung ist für das Oberbeamtentum nicht einfach ein politisches Bollwerk für die gesicherte Ausübung der Leitungsaufgaben. Stabilität wirkt auch als Triebkraft. Sie schafft ihre soziale Utilität, indem sie anhält. Sie bietet ein Fundament, auf dem sich die auf längere Sicht aktiven Gemeinsamkeiten der politischen Ordnung vereinen können. Die wechselseitige Bestärkung von Allgemeinheitssymbolen, ideologischen Zielsetzungen, sozialen Wertsystemen und öffentlichen Verhaltungsweisen trägt dazu bei, daß generelle Vorstellungen darüber, was recht und billig ist, sich in breiter Lagerung verdichten. Daraus gehen verläßliche Zielbegriffe hervor, die auch für die Tätigkeit der Verwaltung konsolidierend wirken. Ein Beispiel ist die Aufhellung der Komponenten des allgemeinen Interesses. Eine derart befestigte Ordnung ermutigt die Herausbildung von säkularen Katechismen, die nicht nur die Haltung des Staatsbürgers, sondern auch das Verhalten der Verwaltung beeinflussen.

Daraus gewinnt das höhere Beamtentum schärferen Sinn für seine institutionelle Identität. Wenn der Beamte von seiner Mission erfüllt ist, wird er fast automatisch dazu kommen, selbst sein amtliches Verhalten kritisch zu überwachen. Er wird seine Staatsgesinnung pflegen und sie als seinen eigenen Ehrenkodex zur Schau stellen. Er wird den Grundlagen, der Verfeinerung und der Entfaltung seiner Berufstradition Aufmerksamkeit widmen. Er wird die Erscheinungsformen des Staates aus persönlicher Beteiligung ernst nehmen und aus ihnen Statushöhe für sich selbst zu gewinnen suchen[2].

Diese Perspektiven veranlassen das Oberbeamtentum, sich nach Gleichgesinnten umzusehen. Die funktionelle Verbindung mit „bestehenden Institutionen“, die Bestand verbürgen, machte den Beamten zu einem sozialen Verbündeten des Adels, des Militärs, der Geistlichkeit, der wirtschaftlichen Oberschicht. Aus der Gemeinschaft der Interessen entstand für jede Teilhabergruppe ein größer werdendes Eigenprestige. Das um so mehr, wenn jede Teilhabergruppe bereit war, sich für die Erhaltung der „guten Ordnung“ einzusetzen, was sich normalerweise von selbst verstand. Solange diese Haltung Regel des öffentlichen Anstandes blieb, machte es nur einen geringen Unterschied, ob die „gute Ordnung“ in der

[2] Die markante Absonderung des britischen Oberbeamtentums hat ein englischer Beobachter jüngst wie folgt beschrieben: „Von allen Bürokratien der Welt ist diejenige der englischen Beamten vielleicht die geschlossenste und verschwiegenste. Ihre Ansichten und Meinungen werden von den Ansichten der Presse und der Öffentlichkeit kaum beeinflußt. Sie sind mit der Zeit gegen Lächerlichkeit und Empfindlichkeit immun geworden, und heute sind sie sogar stolz darauf“ (Anthony Sampson, *Wer regiert England? Anatomie einer Führungsschicht.* Piper: München, 1963, S. 235).

Tat so charakterisiert werden konnte oder ob sie in Wirklichkeit eine verfallende Ordnung war, die nur in letzter Anstrengung als Formel für die Zukunft paradierte. Illustrationen für diese Art von Sachverhalt lassen sich nicht nur aus der europäischen Geschichte, sondern auch aus der Entwicklung der neuen Nationalstaaten in Asien und Afrika entnehmen.

Trennende Tendenzen

In den meisten Fällen ist das Ergebnis, daß das Oberbeamtentum Kastenzüge annimmt und Klassenvorurteile zur Schau trägt. Der höhere Verwaltungsdienst sieht sich dann als eine soziale Elite. Er gräbt sich hinter formalen Erziehungsanforderungen ein, vor allem dem akademischen Studium. Zulassungsbedingungen dieser Art werden zu unüberwindbaren Aufstiegsbarrieren für die mittlere Laufbahngruppe, deren Mitglieder nicht selbst akademisch vorgebildet zu sein brauchen.

Je schärfer die Grenzziehungen durch festgelegte Ausbildungserfordernisse und Verhaltensformen, desto weniger kann von einem nach Sinneshaltung einheitlichen Berufsbeamtentum die Rede sein. Der Mann in der Mitte wird zwar meist eine gewisse Neigung zeigen, die Art und Weise der höchsten Vorgesetzten nachzuahmen. Aber es ist zu vermuten, daß er sich hinter der Hand über deren Überheblichkeit lustig macht, wahrscheinlich nicht ohne Bitterkeit; jeder der selbstbewußten Könige käme doch ohne seine kenntnisreichen Untergebenen kaum einen Tag durch. Wenn solche Trennlinien unverrückbar sind, kann es nicht überraschen, daß die große Menge der unteren Beamten sich einem ganz auf ihre eigenen Interessen zugeschnittenen gewerkschaftlichen Vereinigungswesen überläßt.

In seiner Einwirkung auf politische Entscheidungen wird ein Oberbeamtentum, das sich als Verfechter der „guten Ordnung" sieht, die Unbeugsamkeit der Überzeugung zeigen. Es kann insoweit nur auf einer Seite stehen und daran kaum etwas unrichtig finden, wenn die andere Seite der Unterdrückung ausgesetzt wird. Je offensichtlicher das Oberbeamtentum zum Verteidiger einer gegebenen Ordnung wird, desto weniger kann es erwarten, als unparteilich gewürdigt zu werden. Wenn die Front zu schwanken scheint, mag das in erster Linie auf das Konto der anderen Elemente der sozialen Allianz gehen.

Man braucht sich nur daran zu erinnern, daß auch das Militär in der Kolonne der sozialen Reform marschieren kann[3]. Die Sorgen des Heeres

[3] Es kommt natürlich auch darauf an, wie sehr sich das Militär mit dem zivilen Leben verbunden fühlt. Hier gibt es manche Unterschiede, wie das folgende Zitat klarmacht: „... wie wir gesehen haben, zeigte auch das bayerische Offizierkorps bereits vom 18. Jahrhundert her und deutlich nachweisbar im ganzen 19. Jahrhundert einen viel stärkeren bürgerlichen Einschlag

um den physischen Zustand der Rekruten haben nicht selten dazu beigetragen, daß ein allgemeines Programm zur Hebung des Gesundheitszustandes in die Wege geleitet wurde. In manchen Entwicklungsländern widmen sich die jüngeren Elemente des Militärs mit unterschiedlichem Weitblick und Geschick sogar der Aufgabe der politischen Verjüngung. So haben in der Vereinigten Arabischen Republik Nasser und seine Schildträger große Anstrengungen gemacht, sich mit den Hoffnungen und Bestrebungen der Masse des Volkes zu identifizieren, nicht nur der freien Berufe und der Geschäftsleute, sondern vor allem auch der unterprivilegierten Landbevölkerung. Daß auch die Kirchen nicht an den Status quo gekettet sind, wissen wir aus der Geschichte. Das zeigen bereits die manchmal als antikapitalistisch gedeuteten Soziallehren der katholischen Kirche und der sich stets erneuernde Geist der Protestation im anderen religiösen Lager. Man muß hinzusetzen, daß der soziale Verantwortungssinn, der in der Vergangenheit aus den besten Kräften des Adels hervortrat, der zeitgenössischen Welt nicht völlig fehlt. Er ist heute unter denjenigen Führern der Wirtschaft wach, die eine verpflichtende Rolle gegenüber der Gesellschaft anerkennen und sich deshalb Reformtendenzen nicht verschließen.

Darin liegt allerdings kein kategorischer Gegensatz zur Bürokratie. Daß sie sich durch den „wohl geordneten Staat" angezogen fühlt, ergibt sich, wie vorher ausgeführt, aus ihrer Berufssituation. Was kann übertragene Gewalt erreichen, wenn es an der Resonanz fehlt, die der Realität des „wohl geordneten Staates" entstammt, einerlei auf welcher Grundlage? Aber sobald das Oberbeamtentum sich tief in die Verteidigung des Status quo verwickelt sieht, wird es selbst das Opfer trennender Tendenzen. Gewöhnlich kommt es dazu, daß gerade die Schärfe seiner Parteinahme eine Rebellion aus der Mitte des höheren Verwaltungsdienstes entfesselt. Was ist die Erklärung? Wir brauchen nicht weit nach ihr zu suchen.

In erster Hinsicht ist zu bedenken, daß die Verwaltung als fortlaufendes Geschäft gezwungen ist, den auf sie zugleitenden Manifestationen des Wandels Beachtung zu schenken. Sie muß dazu in die Zukunft blicken, trotz ihrer Vorliebe für Präjudikate und Routinen. Diesen Ansporn zur Vorausschau fühlen allerdings auch Staatsmänner unter dem Verantwortlichkeitssystem des Verfassungsstaates und Führer nach dem Modell des persönlichen Regiments in den jungen Nationen, die erst auf der Suche

als das preußische ... Im allgemeinen waren ... die Beziehungen zwischen Militär und Zivil durchaus gut und harmonisch, so sehr, daß in den Jahren vor der achtundvierziger Bewegung ein Spitzel Metternichs recht mißfällig über ‚Fraternisierung' berichten konnte" (Karl Demeter, *Das Deutsche Offizierkorps in Gesellschaft und Staat 1650—1945*. Bernard & Graefe: Frankfurt/M., 1964, S. 221—222).

nach der Volksherrschaft sind. Nächst diesen Wegbereitern der Zukunft und manchen Stimmen aus der Gesellschaft, vor allem heute auch aus der Wissenschaft, ist jedoch die Bürokratie eine der wichtigsten Einrichtungen, die sich den öffentlichen Angelegenheiten aus dem Bewußtsein eines fortdauernden Unternehmens zuwendet und sich mit den greifbar werdenden Alternativen aus langer Sicht befaßt.

Der höhere Dienst ist daher schon durch seine Leitungsaufgaben gezwungen, der Entwicklung der Gesellschaft vorauszudenken, auch wenn er es ungern tut. Was dabei sichtbar wird, sei es an Konsequenzen, sei es an Problemen, kann dem Beamten nicht gleichgültig sein, wenn er seine Augen auf die allgemeine Gestaltung des Geschäftsgangs richtet. Er ist bleibender Teil der Gestaltung, im Gegensatz zu den Kabinetten, die von der öffentlichen Meinung in Ebbe und Flut dahingetragen werden. Wie tief auch die Lenkungsgruppe im Status quo verwurzelt sein mag: sie wendet sich doch immer wieder nervös der Frage nach dem Morgen zu. Sie kann den nagenden Gedanken nicht aus dem Sinn schlagen, daß die leichte Logik von heute sich morgen als Sackgasse erweisen könnte. Selbstsicherheit des Handelns und hypochondrische Zweifel über den Ausgang sind beide in eigenartiger Verbindung Teil des Berufserlebnisses der Bürokratie. Der Verwaltungsmann trägt die Besorgnis wie eine Amtsmantille.

Dies führt zu einem zweiten Punkt: Verwalten ist ein Tun, aber es ist ebenfalls ein Planen. Es ist unabweisbare Notwendigkeit, nach einem wohl überlegten Plan oder jedenfalls auf überlegte Weise zu verfahren, wenn die Verwaltungsmittel, die heutzutage zur Durchführung von Programmen eingesetzt werden, gewöhnlich so umfänglich sind. Ob man es in Haushaltssummen, in Personal oder in Gehältern ausdrückt: die Beträge sind allzu häufig riesenhaft genug, um Unglauben hervorzurufen. Ebenso unglaubwürdig erscheint das Mißverhältnis, wenn man die Größe der Mittel mit der persönlichen Finanzkraft oder den menschlichen Voraussetzungen der Verantwortlichkeit dessen in Verbindung bringt, der die maßgeblichen Entscheidungen zu treffen hat.

All dies unterstreicht die Selbstverständlichkeit des Planens als elementare Risikobegrenzung für die am Handeln Beteiligten. Aber die Gewohnheit des Planens macht die Verwaltung zu einem wichtigen Faktor in dem gesamten Entscheidungskomplex der Gesellschaft. Als Planungsstelle ist der höhere Verwaltungsdienst ein Zuführer von Information und vorverarbeiteten Kalkülketten als Grundlage für das abschließende Entscheiden. In diesem Umfang hat er eine zentrale intellektuelle Aufgabe; daran wird nichts durch die Tatsache geändert, daß der Berufsbeamte dazu neigt, gegenüber den Berufsintellektuellen eine skeptische Haltung an den Tag zu legen, wie es für „praktische Männer" üblich zu sein scheint.

Was in der Planung für die daran unmittelbar Beteiligten vor sich geht, läßt sich nicht in einfache Regeln pressen. Der Vorgang vollzieht sich hinter geschlossenen Türen. Er soll nicht durch die Ohren neugieriger Außenseiter seiner Wirksamkeit beraubt werden. Hier wirft sich die eine Idee kämpferisch gegen die andere, ohne daß dabei Kontrollen auferlegt werden, die über die Erzielung eines sachgerechten Verlaufs und Abschlusses hinausgehen. Je nach den Umständen mag der Planungsverlauf sich auf Tage, Wochen oder Monate erstrecken, verknüpft durch individuelle Studienprojekte, Bewertungssitzungen, Vorberichte und Alternativformulierungen.

Einvernehmen ist nur dann von Wert, wenn die Beteiligten volle Arbeitsfreiheit genießen, um theoretisch vertretbare Lösungen auszuhammern. Es ist eine allgemeine Tendenz in Stabsgruppen, sachliche Meinungsverschiedenheiten nicht abzudrängen, sondern klärend zu kultivieren, obwohl die Etikette es verlangt, daß Differenzen nicht ohne amtlichen Auftrag über die vier Mauern der bürokratischen Welt hinausgetragen werden. Wenn nominelle Einstimmigkeiten pedantisch erzwungen würden, hätte das zur Folge, daß notwendige Auseinandersetzungen sich zu verkriechen suchen.

Der Umfang solcher Planung, die dafür verfügbaren Mittel und die Natur der Probleme, auf die sie angesetzt wird, sind ein neues Kapitel. Das Buch ist alt; es handelt von dem Platz des Wissens in der Organisation des Handelns. Nicht alle Folgen, die sich aus dem neuen Kapitel herauslesen lassen, sind schon klar. Eins aber läßt das neue Kapitel nicht im Zweifel: Eine im Besitz des Status quo verharrende Verwaltung wäre in Gefahr, zu einer Anomalie zu werden.

Quelle von Ideen

Trotz ihrer Hochschätzung klarer Autorität, zugewiesener Aufgaben und vertrauter Formen ist die Verwaltung gleichzeitig Gegentendenzen unterworfen. Die operative Leistung des Apparats steht im Mittelpunkt. Leistungsfähigkeit des Apparats ist eine wichtige Quelle des Berufsprestiges des Verwaltungsmanns. Wie der Apparat funktioniert, ist daher für ihn ein Gegenstand seines unmittelbaren Interesses. Dies Interesse läßt sich nicht durch starres Festhalten an dem einmal Gegebenen befriedigen.

Die Unzufriedenheit des Verwaltungsmanns mit antiquierten und umständlichen Prozeduren ist oft durch die hörbareren Klagen der Öffentlichkeit übertönt worden. Aber vielfach war es der Beamte selbst, der die Suche nach besseren Methoden aufnahm. Er wird zum Kritiker der eigenen Ordnung. Aber dabei schweift sein Blick auch auf den Garanten dieser Ordnung, das politische System. Er fühlt sich selbst betroffen, wenn das politische System so weit zerfällt, daß es sich am Ende als reparaturfähig erweist. Gerade dann zeigt sich, wieviel innere Elastizität eine Bürokratie dadurch gewinnt, daß sie durch den ununterbrochenen Zugang junger Männer und Frauen von den Universitäten mit dem werdenden Neuen in Verbindung steht. Aus dieser Verbindung von Faktoren erklärt sich, weshalb während der letzten zweihundert Jahre in Europa die Lenkungsgruppe wiederholt Reformtendenzen vorangetragen hat[4].

Das Oberbeamtentum hat einen Sitz auf der sozialen Bühne. Es weiß auf der Grundlage des Verwaltungsgangs, wo die Mängel und Unzulänglichkeiten in der Wahrnehmung der öffentlichen Funktionen liegen. Ein neues Regiment hat selten Schwierigkeit, das eigene Programm durch den Inhalt der Ministerialschreibtische anzureichern und abzurunden. Selbst Hitler entnahm diesen Schreibtischen einen Haufen von Entwürfen und Empfehlungen, die in ihrer Nüchternheit scharf von seinen eigenen politischen Projekten abstachen. Er zog Kapital aus der Gesetzgebungsstockung, die das Zerfallen der Weimarer Republik begleitete.

Ein Regime des Wandels kann den Berufsbeamten auch deshalb nicht entbehren, weil er die technische Kenntnis beisteuert, die es ermöglicht, Ideen ins Werk zu bringen. Die Frage, was erwünscht ist, wird meist ohne weiteres durch das Gewicht des politischen Drucks entschieden. Was verwaltungstechnisch erreichbar ist, insbesondere wenn es auf den Zeitfaktor ankommt, ist eine subtilere Frage, deren Beantwortung nach dem Kenner ruft. Der Beamte ist ebenfalls imstande, für seinen Bezirk den politischen Führern willkommene ergänzende Information darüber zu liefern, „wie die Menschen denken".

Dies ist besonders wichtig, wo die Konsolidierung der politischen Gewalt weitgehend durch regionale Zusammenhänge und Stammzugehörigkeit beeinflußt ist, wie das in vielen der neuen Staatswesen Asiens und Afrikas zutrifft. Häufig ist die wichtigste Angabe über einen Mann der Verwaltung, woher er kommt und welche Stellung er in der Gruppe genießt, der er angehört. Daß er etwa der Schwiegersohn des Führers des dominierenden Elements in der Nördlichen Region ist, überschattet völlig, wie er auf der Waage des Verwaltungsberufs bewertet wird. Wenn man ihm nachsagt, daß er Erfahrung besitze, mag dies nur seine Erfahrung als Meister über eine widerstrebende Bevölkerung bedeuten.

---

[4] Hohes Amt und geistiger Rang haben sich in der Geschichte nicht selten verbunden. Ein klassisches mittelalterliches Beispiel erwähnt Kantorowicz: „So findet sich in dem berühmten und berüchtigten Staat Friedrichs II. — der ‚ersten modernen Bureaukratie'! — ein merkwürdiger Kern von Beamten, die als Gelehrte, Dichter oder Künstler dem Kaiser nahestanden ... alle mehr oder weniger geistig bewegte Menschen, die auch untereinander aufs engste verknüpft sich ihr mannigfaltiges Können mitteilten und voneinander annahmen" (Ernst Kantorowicz, *Kaiser Friedrich der Zweite.* Neudruck. Küpper: Düsseldorf und München, 1963, S. 307—308).

Aber der aufsteigende Verwaltungsmann in den Entwicklungsländern ist in der Regel ein auf seine Ausbildung stolzer und verhältnismäßig junger Mensch, aufgeschlossen gegenüber dem „Modernen" und gleichzeitig hoffnungsvoller Parteigänger der neuen Ordnung, obwohl er nicht selten über den frei dahinrollenden politischen Opportunismus in Verzweiflung gerät. Durch ihn ist die neue Fachsprache der Verwaltung zur Sprache der sozialen Erfüllung in Ländern geworden, in denen die Zeit langsam dahinzuschreiten pflegte. „Planung" ist eine Illustration, „Management" und „Projektion" sind andere. Am wichtigsten ist das Wort „Entwicklung" selbst.

Die Sprache des Fortschritts ist allerdings kein Zauber, der die praktischen Schwierigkeiten des Programmierens zu vermindern vermag. Verantwortliche Anpassung der Planung an die vorhandenen finanziellen Mittel ist ein solches Problem. Typischerweise stemmt sich die Haushaltsplanungsstelle, die einen realistischen Kurs zu steuern versucht, gegen die begeisterten Fachbehörden, die ihre eigenen Programme in Kraft setzen wollen. Die politisch wichtigste dieser Behörden mag das Ministerium für Entwicklung sein, das gewöhnlich erheblichen Mut in der Übernahme fiskaler Risiken mit einem unbegrenzten Vorrat an Volkstümlichkeit zugunsten eines Wettlaufs in die Utopie verbindet. Die sich daraus ergebenden Spannungen innerhalb der Verwaltung werden besonders ernst, wenn die Haushaltsplanungsstelle noch auf vertraglicher Grundlage von ausländischen Experten geleitet wird, die vielleicht sogar aus der alten Kolonialmacht bezogen wurden.

Funktionelle Neutralität

Die Verfassungstheorie des Verwaltens legt angebrachterweise auf die instrumentale Rolle des Berufsbeamtentums Gewicht. Der Arm des Staates darf es sich nicht herausnehmen, das politische Gehirn zu verlachen; ebensowenig ist er frei, sich von dem Hirn zu trennen. Das Eingehen auf diese begrenzenden Maximen bietet einen Maßstab für die institutionelle Reife, Denkfähigkeit und Verläßlichkeit der Bürokratie[5].

---

[5] Ein festes Wort über die gebotene Hebung des Aktionsmilieus, das die institutionelle Umwelt des Beamtentums darstellt, wurde schon zu Beginn des ersten Weltkriegs von einem hervorragenden Nichtbürokraten gesprochen: „Wir dürfen keine Verbesserung unseres Staatswesens an dem Punkt erhoffen, wo Parlament und Beamtentum sich berühren, wenn nicht das Volk, aus dem der Abgeordnete und der Beamte gleichermaßen hervorgehen, seine politischen Sitten bessert. Ich für meinen Teil scheue mich, so viel auch über die Bewährung des Parlaments und das Versagen der Bureaukratie in den inneren Kriegsnöten geredet, gekrittelt und geklatscht worden ist, nicht davor, zu sagen, daß eine sittliche Erneuerung von Grund auf unseren Parlamenten und ihrem Verhältnis zur Regierung noch viel mehr not tut, als unserem Beamtentum" (Albrecht Mendelssohn Bartholdy, „Beamtentum und Par-

Wenn wir darin das Wesen der Neutralität der Verwaltung erblicken, ist es ratsam, angesichts der diesen Begriff umzingelnden Mißverständnisse sofort hinzuzufügen, daß Neutralität nicht Passivierung bedeutet. Der Beamte soll nicht zum Vogel Strauß gemacht werden. Insbesondere gibt die Verhaltensrichtlinie der Neutralität der Lenkungsgruppe nicht das Recht, sich aus dem politischen Bereich wegzustehlen. Die Sachverknüpfungen von Politik, Programm und Verwaltung bringen zahlreiche Probleme hervor, bei deren Lösung der Oberbeamte mit seinem besten Urteil aushelfen muß. Er vernachlässigt seine Pflicht, wenn er sich von diesen Dingen freizuhalten sucht. Er hat kein Recht, sie einfach an den Politiker weiterzureichen, ohne vorerst seinen beruflich orientierten Rat beizusteuern. Hier kommt es nicht selten entscheidend darauf an, den Vertreter der funktionalen Expertise daran zu hindern, selbst bereits im Vorweg die Entscheidung zu treffen.

Verwaltungsneutralität bedeutet nicht verängstigten Rückzug, sondern die Hinnahme einer Disziplin der Leistungsbereitschaft ohne Vorbehalt: Sicherstellung der Grundregel, daß jedem gesetzmäßig ans Ruder gelangten Kabinett seitens der Verwaltung die Erfüllung seines Programms zu ermöglichen und zu erleichtern ist. Das bringt die Begrenzung mit sich, daß ständige Beamte es sich nicht erlauben können, persönlich so fest mit einer bestimmten politischen Linie oder einem bestimmten Programm verkettet zu werden, daß daraus für sie eine gefühlsmäßige Unfähigkeit entsteht, unter einer anderen Regierung in entgegengesetzter Richtung weiterzuarbeiten.

Zwischen den beiden Polen einer eingleisigen Parteilichkeit und verständnisvoller Neutralität gibt es zwar zahlreiche feine Unterschiede auf der Skala des tatsächlichen Verhaltens. Offizielle Verbalisierung mag hier manchmal nur Fensterschmuck sein. Meistens bietet der Charakter eines bestimmten nationalen Entwicklungsstadiums, beeinflußt durch kulturelle Faktoren, eine zeitgebundene Logik für das amtliche Verhalten. Bürokratien werden in einem erheblichen Umfang durch das geformt, was von ihnen effektiv verlangt wird. Aber sie formen sich ebenfalls durch das Bild, das sie von sich selbst entwickeln.

Im Ausgleich von Wandel und Bestand kann der Oberbeamte nicht hoffen, als gewandter Drahtzieher davonzukommen. Er muß die Gefahr erkennen, daß im Zeitalter der funktionalen Expertise die Verwaltung zu häufig durch die Vielheit der Stimmen der Spezialisten übertönt wird, die sich in ihre eigenen Dinge verbeißen, ohne sich einer allgemein orientierten Verantwortlichkeit unterwerfen zu wollen. Das ist nicht nur eine Kalamität für die Verwaltung, sondern ebenfalls eine Quelle politischer

---

lament", in: Adolf Grabowsky, Hrsg., *Die Reform des deutschen Beamtentums*. Perthes: Gotha, 1917, S. 100).

Disorganisation. Hier offenbart sich eine gefährliche Schwäche des modernen Staats: die Schwierigkeit, das Spezielle und Heutige der Disziplin des Generellen und Langfristigen zu unterstellen. Nur ein Beamtentum, das sich als Ganzes verstehen kann, ist zu einer wahren Dienstgesinnung fähig.

Anpassung und Aufweichung

Dienst am Volk?

Obwohl für den aufgebrachten Gesuchsteller Verwaltung mehr durch gesetztes Sein als durch beflissenes Tun in Erscheinung treten mag, ist das Sein jedenfalls nicht ungestört. Ja: Selbst der institutionelle Komplex der Verwaltung, das, was ihr Sein auszumachen scheint, ist kein unerschütterliches Gefüge, das, einmal errichtet, auf lange Zeit stehen bleibt. Wir brauchen hier nicht an Bomben, Naturkatastrophen und Verfall zu denken. Wichtiger ist die Zwiespältigkeit von Bestand und Wandel, die als Vielspältigkeit der Motive, Interessen, Abhängigkeiten und Gesichtspunkte gegenständlich gemacht wird. Den Kräften, die der Verwaltung zur Einheit verhelfen, stehen Kräfte gegenüber, die solcher Einheit widerstreben. Was uns als lebende Verwaltung bewußt wird, ist das zeitgebundene Ergebnis dieser nie erlahmenden Auseinandersetzung.

Unsere Untersuchung mag sogar für zimperliche Gemüter den Eindruck erwecken, es werde ihnen hier zugemutet, das Gruseln zu erlernen. Ist es nicht wahr, daß der Nachdruck oftmals auf den Kräften der Disorganisation zu ruhen schien? Wie kommt es dann dazu, daß die Verwaltung unter solchen Bedingungen überhaupt funktioniert? Wie kann überhaupt etwas erreicht werden? Die Antwort liegt natürlich in der gleichzeitigen Wirksamkeit anderer Faktoren, die als organisierende Kräfte am Werk sind. Das Wechselspiel zwischen diesen beiden Arten von Kräften gibt uns den Schlüssel zum Verständnis des Zustandes eines bestimmten Verwaltungssystems in Raum und Zeit. In gewissem Umfang unterliegt der Zustand dem steten Wandel. Wir nehmen das in der Bemerkung wahr, daß unter dem neuen Minister „nichts mehr klappt“. Oder man sagt: „Das Amt ist heute ein Schatten dessen, was es früher war.“ Oder es heißt: „Die Regierung weiß, was sie will, und man merkt’s in den Behörden.“

Was sind die organisierenden Kräfte? Dringlichkeit ist eine solche Kraft, Zweckstreben eine andere. Die Haltung der Nation befindet sich an dem einen Ende der Skala, die Logik des Verwaltungsaufbaus am anderen. Sehr wichtig ist der „Geist der Verwaltung“, vor allem die Einstellung der Lenkungsgruppe. Zu den organisierenden Kräften gehört ferner der Ansturm der technischen Probleme auf die Verwaltung. Jedenfalls als letztes in einer Aufzählung muß ein primitives Faktum erwähnt werden: die erworbene Gewohnheit der beschäftigten Kräfte, sich zur Zeit des Geschäftsbeginns am Arbeitsplatz einzufinden und die Tagesarbeit zu verrichten, einerlei wie relativ die Maße sein mögen. Der eine kommt, um sich seinen Lebensunterhalt zu verdienen, der andere, weil er es sich selbst schuldig zu sein glaubt, Autorität auszuüben. Vielleicht kommen beide auch, weil ihre Zugehörigkeit zur Behörde eine Voraussetzung des eigenen Status ist. In der Behörde geschehen große Dinge fast jeden Tag; jedenfalls hört man davon, auch wenn man den Ereignissen nicht persönlich beiwohnt. Aber auch die kleinen Dinge sind meist erfreulich und oft faszinierend: Wie alle so lachen mußten; und der stets zuvorkommende Herr Müller; und der gemeinsame Urlaub des Oberinspektors mit — nun, Sie wissen's!

Noch wichtiger ist eine weitere Frage. Wie stark wirken die disorganisierenden Kräfte auf das Leistungsvermögen und den Arbeitsstil der zeitgenössischen westlichen Bürokratie? Wir dürfen einer Antwort nicht auszuweichen suchen, auch wenn sie beunruhigend sein könnte. Trotz ihrer Unersetzlichkeit im Gesamtgeschehen des sozialen Lebens ist die Verwaltung unserer Tage, wie schon früher ausgeführt, schwächenden Einflüssen ausgesetzt. Was hier jedoch besonders herausgegriffen werden soll, ist die ungewöhnliche Inanspruchnahme des Verwaltungsgangs durch die beispiellosen Lasten des heutigen Massenbetriebes. Übermaß ist selbst eine Ursache der Disorganisation. In ihm enthüllen sich aber noch weitere disorganisierende Faktoren.

In den Ansprüchen, die von der Menge erhoben werden, verkürzt sich automatisch der übersetzte Anspruch des Einzelfalls. Er fällt auf, entgegen seinen Absichten. Insofern könnte man vermuten, daß Massenbetrieb von sich aus eine demokratisierende Wirkung hat. Das ist auch teilweise richtig, eben infolge der Allgemeinheit des Verfahrens. Aber dieser Effekt ist keineswegs umfassend. Die auf Quantität zugeschnittene Regel lädt zur Durchlöcherung durch besondere differenzierende Anstrengung ein.

Greifen wir zunächst noch einmal auf die Frage zurück: Wer ist die Öffentlichkeit? Eine erste Antwort ist einfach: Sie ist nicht eine Einheit, sondern eine Vielheit. Sie enthält Große und Kleine, Laute und Stumme, Gemeinsinnige und Selbstsüchtige. Je nach dem Aussichtspunkt zeigt sie sich in anderer Formation. Ja: Die jeweils vorne Stehenden verdecken die hinten Stehenden. Das Dilemma des Verwaltungsmanns liegt darin, daß er stets nur aus einem Fenster blickt: dem seiner Behörde. Er verliert das Bild der Allgemeinheit der Öffentlichkeit durch seine Verstrickung in die eigenen Funktionen. Das verschärft sich durch die Sonderansprüche, die jene Elemente des Publikums erheben, die sich als die Klientel der Behörde ansehen.

Aber selbst dies Sonderpublikum wird für den Beamten unvermeidlich zu einer Abstraktion. Im Verwaltungsgang zeigt es sich als eine graue Flut von Fällen. Der eine Fall stößt den anderen dahin. Keiner von ihnen wird normalerweise in seiner menschlichen Einmaligkeit sichtbar. Das allen in unpersönlicher Gleichmäßigkeit dienende Verfahren bringt den individuellen Antragssteller dem „Sachbearbeiter" nur in Ausnahmesituationen vor Augen. Die besonderen Interessen, die den Bürger zu seinem Anliegen veranlassen, der relative Nutzen, den er von verschiedenen denkbaren Wegen haben würde, die praktischen Probleme, die sich für ihn aus der Erledigung des Gesuchs einstellen — diese Aspekte erheben sich selten genügend in das amtliche Blickfeld, um wirklich sagen zu können, sie seien „zur Erwägung gestellt" worden. Dienst am „Volk" wird zum Euphemismus, wenn der Empfänger des Dienstes ein undeutlicher Umriß bleibt, den man schon im Interesse des „geordneten Betriebs" auf Armeslänge hält. Konkret tritt er meist nur in Erscheinung, wenn er seinen Unwillen zu bekunden beginnt.

Wenn es vom beruflichen Balkon des Verwaltungsmanns schwierig ist, eine hinreichende Vorstellung von der Öffentlichkeit zu gewinnen, so ist es für ein unvorbereitetes Mitglied der Öffentlichkeit nicht leichter, in die Winkel und Ecken des amtlichen Entscheidungsgangs hineinzuleuchten. Wer trifft die Entscheidung? Das ständige Anwachsen hochspezialisierter Tätigkeiten, die den Bedürfnissen des „Leistungsstaates" Rechnung tragen sollen, gliedert die Verwaltung in ungezählte funktionelle Zellen. Die Verwertung des Fachwissens hat eine hochentwickelte Arbeitsteilung bevorzugt, die die ganze Strecke der Schreibtischstationen bis zur abschließenden Unterschrift beherrscht.

Es wurde bereits darauf hingewiesen, daß darin, entsprechend den zugrunde liegenden Absichten, ein offensichtlicher Gewinn liegt. Die strukturellen Konsequenzen müssen in Kauf genommen werden, solange durchgreifende Alternativen zu den lang im wesentlichen unveränderten ererbten Formen des Verwaltungsbetriebs nicht herausgebildet worden sind, vielleicht als Nebenprodukt der elektronischen Revolution. Aber das Prinzip der Beteiligung, im Gegensatz zu der hinter Wällen lebenden persönlichen Zuständigkeit, fördert die Grenzziehung gegenüber der Willkür in jeder Form, insbesondere gegenüber den Kaprizen eines eigenwilligen Beamten. Es gibt dafür zu viele Augen, die bei der „Bearbeitung der Akten" beteiligt sind. Nach außen gezielte Akte der Unfreundlichkeit werden in dem aufgeteilten Arbeitsgang unter normalen Umständen nicht durchgehen. Zusammenfassung verschiedener Quellen der Sachkenntnis vermindert ebenfalls die Gefahr, daß die zu treffende Entscheidung ein vorschnelles Urteil repräsentiert. Eine Entscheidung, die als gemeinsames Ergebnis aus einem Gruppenvorgang hervorgeht, ist in der Regel eine besser unterrichtete Willensäußerung.

Sie ruht auf einer verbreiterten Grundlage. Wenn jeder der am Entscheidungsvorgang Beteiligten dem anderen gewissermaßen ein richtendes Auge zuwendet, ist niemand in der Lage, den Gesuchsteller souverän mit dem Hinweis abzuspeisen, die Entscheidung sei gut, denn sie reflektiere die „allgemeine Erfahrung des Lebens".

Dem stehen die unvermeidlichen Schwierigkeiten einer pluralen Arbeitsweise gegenüber. Jeder der Beteiligten geht in dem eigenen spezialisierten Bereich auf. Was ihn angeht, ist allein der Ausschnitt des Aktionskreises, der „ihn selbst betrifft". Es besteht die Möglichkeit, daß sich niemand in dem geschlossenen Mikrokosmos der verschiedenen Interessenbereiche mit der Einheit des Begehrens des Antragstellers befaßt. Niemand ist leicht veranlaßt, es als seine Funktion zu erblicken, die Entscheidung in ihrer Gesamtheit zu wägen. In den Stadien der Vorbereitung der Entscheidung, auf dem Wege zu ihrem formellen „Ergehen", zerteilen sich die Schritte der Prüfung in Kontrollelemente kleineren Formats, deren jedes anderen Händen anvertraut ist. Wenn in dem Bearbeitungsformular alle Namenszeichen zur Bekundung der Klärung der einzelnen Prüfungskomponenten zusammengekommen sind, mag es unwahrscheinlich sein, daß ein relevanter Faktor übersehen worden ist. Es wird sich unter solchen Umständen aber schwer sagen lassen, wer es wirklich ist, der die Entscheidung trifft.

Massenprozedur

Das Massenverfahren entspringt dem Bedürfnis, das Gewicht der gesteigerten Quantität des Arbeitsanfalls zu bewältigen. Der Triumphmarsch der Großorganisation, der in manchem selbst die Lenkungsgruppe einfach ins Schlepptau genommen hat, führt selbst zum Massenbetrieb. Gerade die Zusammenraffung des zu verarbeitenden Materials in wenigen, auf große Quantität berechneten Werkgängen ist die Grundlage der Rentabilität. Das Ergebnis ist oft mit den Ausschmükkungen der Selbstbemitleidung beschrieben worden: die gefühllose Anonymität der „großen Maschine", die alle gleich in ihre Räder zieht, die Großen und die Kleinen; der Irrgarten, in dem sich jedermann verläuft; der augenlose Apparat, der alle Fälle automatisch auf das Maß seiner „optimalen Leistungsfähigkeit" reduziert, wobei diese mit den operativen Bequemlichkeiten des Arbeitsgangs identisch sein mag.

Für nüchterne Betrachtung verbirgt sich allerdings hinter diesen an Kafka gemahnenden Ungeheuerlichkeiten der oft in die Irre gehende Versuch, den elementaren Erfordernissen von „Recht und Ordnung" Raum zu gewähren. Wenn jedes Einzelstück des fortlaufenden Verwaltungsgeschäfts auf der Grundlage aller seiner Besonderheiten zu bearbeiten wäre, ließe es sich nicht vermeiden, daß das „rechtmäßige Verfahren" sich im Nebel der Besonderheiten auflöste. Dann gibt es keine Möglichkeit, die Regel als Schützer des Allgemeinen und insofern der Verantwortlichkeit voranzustellen. Der Einzelfall könnte nicht unter Kontrolle gehalten werden, was vor allem auch bedeutet, daß der Fall aus jenen Garantien hinausgleiten würde, die das Ziel haben, die Werte der Gleichheit, der Objektivität, der Einheitlichkeit und der Folgerichtigkeit zu sichern. Aber in der Rüstung der Legalität machen sich diese Werte gern beritten: auf dem Amtsschimmel.

Das zeigt sich in den seltsamen Verzerrungen des Postulats der gerechten Behandlung der Interessen des Bürgers, wenn er sich dem Geschäftsgang der Verwaltung anvertrauen muß. Gerechtigkeit soll zwar eine Binde vor den Augen tragen, weil dadurch alles Schielen nach Gelegenheiten zur Begünstigung unmöglich gemacht wird. Unter den Auswirkungen des Massenverfahrens wird die Gerechtigkeit jedoch so blind, daß sie hilflos herumstolpert. Sie sieht nicht einmal mehr, was sie tut. Es fällt der Verwaltung immer schwerer, das eigene „institutionelle Produkt" zu erkennen. Ungeachtet der Zunahme von analytischen Tätigkeiten in der Form von Stabsstellen ist das Interesse der Verwaltung an sich selbst noch nicht so weit fortgeschritten, daß dem Verwaltungsmann ein klarer Spiegel dargeboten werden kann, in dem er den Erfolg seiner Behörde im Dienst der Allgemeinheit abzulesen vermag.

Massenverfahren stattet die Routine mit großer Zwangsgewalt aus. Wir haben bereits der Routine angebrachten Respekt gezollt. Sie ist beides: ein segensreicher Regulator des Arbeitstages und ein großer Zeitsparer. Wer die „Dinge am Finger hat", ist in seinem Tun zuhause. Er geht sowohl mit abschätzbarer Geschwindigkeit wie auch mit einer der Erfahrung entstammenden Sachkenntnis bei seiner Arbeit vor. Er bedarf nicht der ständigen Aufsicht. Aber es besteht ein großer Unterschied zwischen intelligentem Gebrauch der Routine und einem Zustand, der einem Ritt auf ihrem Rücken mit geschlossenen Augen gleich käme. Wenn Routine das Nachdenken ersetzt, leitet sie eine Flucht aus der Verantwortlichkeit ein. Diese Gefahr ist besonders groß im Massenverfahren.

Routine wird dann meistens zur Grundlage ihres eigenen Rechts. Sie hält den Vorgesetzten von der Suche nach besseren Arbeitsweisen ab. Sie erstickt in dem Untergebenen den Mut, von dem markierten Pfad der Prozedur abzuweichen, auch wenn er erkennt, daß die Umstände nach einer verständigen Modifikation rufen. Was noch folgenschwerer ist: Der Druck der „Fälle", die sich zwischen den Ufern des Massenverfahrens aufstauen, bringt einen überwältigenden Drang nach schneller Abwicklung hervor. Für den Handlanger der Routine ist es schon unter dem Blickwinkel der Zeit schlechthin unmöglich, sich mit dem Staatsbürger zu belasten, der seine eigenen Ideen darüber hat, wie sich das, was er will, am besten erreichen läßt. Daraus entsteht trotz periodischer „Höflichkeitskampagnen" der amtliche Erfahrungssatz, daß der „Kunde immer unrecht hat". Der Bürger steht im Wege; er sollte das wissen.

Auf diese Weise entfernt sich die Verwaltung von ihrem Kundenkreis. Was geschieht dann? Eine pathologische Tendenz führt zur anderen. Der verwaltete Mensch findet Wege, sich aus dem Massenverfahren loszureißen. Was es ihm generell verweigert, sucht er hinter den Kulissen und in formloser Weise zu erreichen, ganz „inoffiziell". Die kleinen Kugeln, die in den Rillen des Massenverfahrens hintereinander dahinkriechen, lassen sich manchmal umordnen. Die einzelne Kugel (Antrag II—12a85) läßt sich aus der Reihe herausheben und den anderen Kugeln voranlegen, vor denen sie auf diese Weise Vorzug erlangt. Das ist in erster Linie nicht eine Methode, um von der Behörde etwas zu ergattern, was sie zu gewähren keine Autorität hat. Es ist typischerweise ein Mittel zur „Beschleunigung" der Erledigung eines Antrags, genauer: ein Mittel zur Verminderung der Langsamkeit. Wir setzen hier zunächst voraus, daß der Antrag im „rechtmäßigen Verfahren" dahinwandert, weil die zugrunde liegenden Tatsachen das Anliegen nach Meinung des Antragstellers sachlich begründet erscheinen lassen.

Wie kommt es zur „Beschleunigung"? Dazu ist es nötig, daß man einen Mann im Inneren des Verwaltungsapparats kennt. Er braucht nicht ein Mann im Glanz der Prominenz zu sein, ein mit eigener Autorität ausgestatteter Beamter. Nützlicher ist vielleicht ein weniger sichtbarer Untergebener, der nicht dadurch ins Licht gerät, daß er selbst Verantwortung trägt. Der Freund am Hof mag mit Fällen dieser Art als Bearbeiter zu tun haben; oder er mag infolge anderer Umstände in der Lage sein, mit schneller Hand in die Parade der Fälle einzugreifen, indem er den einen herauszieht und nach vorne holt.

Um diese Zauberei zu ermöglichen, muß man, wie gesagt, auf einen verständnisvollen Geist im Amt rechnen können. Auf den ersten Blick scheint das Spiel verhältnismäßig unschuldig. Es ist gewissermaßen eine Betätigung der christlichen Nächstenliebe. Kein verstecktes Weitergeben von knisternden Umschlägen ist dabei vorgesehen. Aber ein wenig Wechselseitigkeit ist natürlich unerläßlich. Die kleinen Beweise der Empfänglichkeit mögen „rein gesellschaftlicher" Natur sein: ein Sonntagnachmittag auf der Jacht des Herrn Generaldirektors, eine Einladung für das Schwetzinger Sommertheater, vielleicht auch ein diskretes Darlehen. Aber es ist offensichtlich, daß der Weg von hier nach mehr geht — oder gehen kann.

Die freien Improvisationen, die darauf zielen, die Härten des Massenverfahrens zu mildern, werden durch mehr oder minder vertretbare Motive angeregt. Sie verdienen größere Aufmerksamkeit, als sie bisher gefunden haben. Der kenntnisreiche Verwaltungsklient, der sich in dieser

Form seiner „Beziehungen“ bedient, beweist ein bemerkenswert geringes Vertrauen in das generelle Verfahren. Er zeigt keinen Glauben an die Verwaltungsrationalität, soweit sie ihn persönlich berührt. Er macht sich selbst auf den Weg in die inneren Gemächer des amtlichen Entscheidens, indem er dort vorspricht, wo das für ihn den nachhaltigsten Nutzen hat. Er tut das natürlich nicht, weil jeder andere es auch tun könnte, sondern weil er eine Möglichkeit auszubeuten vermag, die gerade nicht allen offen steht.

Sonderrezepte

Man braucht nur Montesquieus *Persische Briefe* (1721) zur Hand zu nehmen, um zu erkennen, wie sehr diese Aufweichung der Autorität östlichen und westlichen Traditionen gemeinsam ist. Zwar folgen Ost und West einem unterschiedlichen historischen Fahrplan des Wandels; doch mag das nur den Eindruck erwecken, als ob der Wandel sich in einem großen Kreise bewegt. Während er als Richter im *Court of Chancery* saß, kam Thomas More seiner *Utopie* (1516) darin nahe, daß er fast alle die üblichen Gaben abwies; aber gelegentliche Ausnahmen zu dieser Regel sind geschichtlich nachgewiesen. Heute könnte das gleiche von manchem Verwaltungsmann der östlichen Welt gesagt werden, der den Problemen der nationalen Entwicklung seines Landes in staatsmännischem Geist zu begegnen sucht, während sich in der Verwaltungsstruktur trotz seiner Bemühungen noch ein Leck nach dem anderen zeigt.

Schon angesichts solcher Parallelen scheint es fragwürdig, ob das westliche Modell des Verwaltungssystems einen auf seinen eigenen geographischen Bereich beschränkten Typ darstellt, solange andere Teile der Erde in ihrer allgemeinen Entwicklung erheblich zurückstehen. Das ist gelegentlich behauptet worden. Nun ist es sicher richtig, daß die geformten kulturellen Charakteristiken der meisten Entwicklungsländer vorerst der industriellen Gesellschaft nur unzureichende Voraussetzungen bieten. Aber selbst wenn solche kulturellen Faktoren auf das Verwaltungshandeln einwirken, so berechtigt das nicht zu überspitzten Differenzierungen. Schon das Altertum berichtet von einer Fülle modern erscheinender Beispiele für den menschlichen Erfindungsgeist einerseits im Ausweichen vor der Amtspflicht und andererseits in der Beeinflussung feindseliger oder gleichgültiger Autorität. Das gilt nicht minder für die Macht des Terrors. Ein klassisches Bild davon gibt uns Anatole France in seinem Revolutionsroman *Die Götter haben Durst* (1912), wo er nicht nur auf die Preisliste der Korruption, sondern auch auf die Betrügerei eingeht, der die Hilflosen selbst seitens der Treuhänder „des Volkes“ ausgesetzt sind. Illustrationen dieser Art in beträchtlicher Zahl ereigneten sich ebenfalls unter dem Hitler-Regime, wo Hilfe für Gefährdete vielfach davon abhing, daß couragierte Menschen sich an die „richtigen Personen" wandten.

Wenn der normale Verlauf der Geschäftserledigung im Massenverfahren allzuoft sowohl blind wie auch langsam ist, wenn ein ausreichendes sachliches Eingehen auf das einzelne Begehren zur Unmöglichkeit zu werden scheint, empfiehlt sich das Sonderrezept für den Gesuchsteller durch das Gefühl der Abhilfebedürftigkeit des vorhandenen Zustands ebenso wie durch die sich ihm selbst bietenden Vorteile. Es entspricht ohnehin der Psychologie des Antragstellers, daß er davon überzeugt ist, sein eigenes Interesse stehe bei der Sache im Mittelpunkt. Dort müsse auch das Schwergewicht für die Bearbeitung liegen. Er glaubt natürlich, daß er selbst eine genügende Quelle der nötigen Nachweise sei, daß seine eigenen Bekundungen volles Vertrauen gebieten und daß seine Erklärungen als abschließend hingenommen werden müssen.

Zugang zu dem entgegenkommenden Ohr in der Behörde ist aber nicht eine Sache des allgemeinen Rechts. Es ist eine Sache des „Kontakts". Es bedarf eines persönlichen Schlüssels. Wer „zur Behörde geht", übt ein Privileg aus, in mehr als einem Sinne. Das Privileg steht im allgemeinen meistens nur für Privilegierte offen, für solche, die Gewicht haben: wirtschaftlich, politisch oder sozial. Es vermag zur Hinterpforte des Klassengedankens in seiner heutigen Form zu werden. Der persönliche Weg zur Behörde kann auch am Schluß zu einer Zerlöcherung der Regel der Gleichbehandlung aller gleich zu behandelnden Fälle führen; das aber ist das Herz des Verfahrens. Diese Folgen der Methode des Sonderrezepts reichen weit über den Bezirk der Verwaltungstechnik hinaus. Sie können unzweifelhaft große politische Breitenwirkung haben.

Achtes Kapitel

Sachgerechtigkeit und Rechtmäßigkeit

Verwaltung zielt auf Aktion; diese Erkenntnis hat sich uns wiederholt aufgedrängt. Aber Aktion ist nicht ein Naturereignis. Sie verläuft zwischen den Böschungen des ihr vorgeordneten Zwecks. Wille und Einsicht zeigen der Aktion Weg und Bestimmung an. Die Güte der Verwaltung, so könnte man dies umkehren, ist das Ergebnis gewisser Kardinaleigenschaften: der Kraft des Willens, der Tiefe der Einsicht und des Vermögens, Weg und Bestimmung durchzuhalten. Hinter jedem dieser Hauptelemente verbergen sich Sekundärfaktoren, die in absteigender Ordnung einen entsprechenden Grad von Wichtigkeit für sich in Anspruch nehmen können. Von größerer Bedeutung ist jedoch die Tatsache, daß Wille, Einsicht und Durchhaltevermögen in dem hier gemeinten Sinn nicht ausschließlicher Besitz der Verwaltung sind. Was der Verwaltung eigen scheinen könnte, entsteht zwar zum Teil aus ihrer eigenen Leistung, zu einem erheblich größeren Teil jedoch als Beitrag der Kräfte ihrer Umwelt: die politische Ordnung, das soziale Gefüge, das Wirtschaftssystem, das kulturelle Leben, der staatsbürgerliche Daseinskreis. Alle diese fließen ineinander über; sie sind nicht „Jurisdiktionen", weshalb sie auch nicht jurisdiktionell einander gegenübergestellt werden können.

Wenn wir von der Vorstellung des Tuns der Verwaltung ausgehen, könnte sich unser Interesse auf zwei unterscheidbare Dinge richten: auf das Ziel des Tuns, das Was; und auf die Art des Tuns, das Wie. Sofern die Verwaltung sich vornehmlich aus dem Was zu erklären suchte, würde sie vielleicht den Verdacht erwecken, sie wolle sich mit fremden Federn schmücken; denn die Aufgaben der Verwaltung werden ihr aufgetragen, in der Regel durch Gesetz. Anders mit dem Wie; hier wird der spezifische Beitrag der Verwaltung sichtbar: in der Übersetzung von festgelegten Zielen in die Methodik der Mittelwahl, die sowohl Mittelschaffung wie auch Überwachung der Mittelverwendung einschließt.

Im Zugang auf ein Ziel kommt es in erster Hinsicht auf das Ausfindigmachen der geeigneten Mittel an. Sie müssen sachgerecht sein, wobei die Erreichung des Ziels den Ausgangspunkt für die maßgeblichen Kriterien der Sachgerechtigkeit zu liefern hat. Verschiedene Ziele werden gewöhnlich verschiedene Kriterien der Sachgerechtigkeit zum Zuge bringen, obwohl in breitester Formulierung diese Unterschiede einer zunehmenden Gemeinsamkeit der letzten Gesichtspunkte Platz machen würden. Während aber der Gedanke der Sachgerechtigkeit die gesamte Skala der Mittel zum Tun beherrscht, gibt es auch sortierende Begriffe, die in erster Linie der engeren Mittelbestimmung im Rahmen erweisbarer Sachgerechtigkeit dienen. Damit wird der Begriff der Sachgerechtigkeit selbst umgewandelt; denn eine fest auferlegte Grenze beim Wählen ändert in gewissem Umfang auch das Wesen der Sache. Das trifft gerade auch auf das Erfordernis der Rechtmäßigkeit der Verwaltung zu. Seine Anerkennung umfaßt nicht nur den Grundsatz, daß alles Verwalten gemäß dem Recht vor sich gehen muß; in diesem Sinne spricht man gern von einem rechtsstaatlichen Gebot. Aber ebenso bedeutsam ist der Umstand, daß das Erfordernis der Rechtmäßigkeit die Verwaltung auch der gesetzgebenden Gewalt unterstellt, was im Repräsentativstaat das Parlament, damit die verantwortliche Mehrheit und damit das politische Programm umschließt.

Trotz ihrer großen Bedeutung sind weder Sachgerechtigkeit noch Rechtmäßigkeit eigentliche Zwecke der Verwaltung. Beide setzen das Vorhandensein und das Erreichen von Zwecken voraus. Anders ausgedrückt: Die Verwaltung besteht nicht, um sachgerecht zu sein; ebensowenig besteht sie, um rechtmäßig zu sein. Sie ist auf den Grundsatz der Sachgerechtigkeit und den weiteren Grundsatz der Rechtmäßigkeit verpflichtet, um beide als lenkende und korrigierende Einflüsse bei ihrem Handeln anzuwenden. Dies Handeln ist zentral. In den Ausstrahlungen dieses Handelns erfüllt die Verwaltung ihre Aufgaben im Dienst der Allgemeinheit. Aber sie wäre solchen Dienstes nicht fähig, ja: sie würde notwendigerweise zum Meister über diejenigen, denen sie ihre Dienste bietet, wenn ihr das letzte Wort über das Was oder das Wie ihres Handelns zufiele. Das Gebot der Sachgerechtigkeit unterwirft alles Handeln der Verwaltung dem Erfordernis einer wählenden Anstrengung im Hinblick auf die Art ihres Handelns. Nur derart darf die Verwaltung ihre Ziele angehen, daß ihr tatsächliches Tun im einzelnen sachgerecht ist. Die Notwendigkeit, diesem Erfordernis zu entsprechen, nimmt sie als Diener in Pflicht. Sie kann sich über das Gebot des sachgerechten Vorgehens nicht hinwegsetzen. Schon aus dem Erfordernis, bei der Bestimmung des Wie ihres Handelns die der Sachgerechtigkeit gemäße begrenzte Mittelwahl zugrunde zu legen, ergibt sich insoweit eine Unterworfenheit der Verwaltung. Bestärkt ist diese Wirkung durch das weitere Gebot der Rechtmäßigkeit, das neben der Disziplin des zweckmäßigen Verhaltens die Gesamtheit der Rechtsordnung als begrenzende und orientierende Kraft für das Verwaltungshandeln zur Geltung bringt.

Rechtsschutz gegen unstatthaftes Handeln der Verwaltung ist ein Thema, das vor allem in der verwaltungsrechtlichen Theorie und Praxis volle Beachtung gefunden hat. Wenn dies Kapitel von Sachgerechtigkeit und Rechtmäßigkeit handeln soll, so natürlich nicht in der Voraussetzung, daß ein Gegenstand von solcher Vielgestaltigkeit einer knappen Erörterung zugänglich ist. Nur einige Teilbereiche sollen berührt werden, vornehmlich unter dem Gesichtspunkt, die vorangehenden Erörterungen in gewisser Weise abzurunden.

Weg in die Sachgerechtigkeit

Einflüsse des sozialen Klimas

Wirtschaftsregelung ist in den Vereinigten Staaten auch heute noch ganz überwiegend einer Sonderkategorie im Behördensystem überlassen, den sogenannten unabhängigen regulatorischen Kommissionen (*commissions* und *boards*). Das gilt vor allem für den Bund. Dieser Behördentyp, der untergeordnete Variationen zeigt, ist durch gewisse Merkmale gekennzeichnet: kollegiale Spitze, mit meist fünf oder sieben Mitgliedern; Zweiparteilichkeit als Mittel zur Unparteilichkeit; ineinander greifende Ernennungsperioden, die weder zu kurz noch besonders lang sind: meist vier bis sieben Jahre; und Beschränkung der Entlassung durch den Präsidenten auf spezifizierte Tatbestände der Pflichtvernachlässigung und des Amtsmißbrauchs. Weshalb diese Besonderheiten? Sie umreißen eine Formel zur Sicherstellung der Sachgerechtigkeit. Und wie kam es dazu?

Wir wollen uns daran erinnern, daß der regelnde Drang innerhalb der Gesellschaft aus ihrem eigenen Wesen hervortritt. Unter diesem Gesichtspunkt erscheint alle staatliche Regelung als abgeleitete Gewalt. Ohne die gesellschaftliche Manifestation, mit ihren Erwartungen und Denkgepflogenheiten, würde das staatliche Regulativ einer Grundlage entbehren. Die Gesellschaft schlägt den Ton an; der Staat bekundet sich als das Echo. Aber solch ein Bild erfordert feinere Schattierung, um den Tatsachen ohne Entstellung gerecht zu werden. Der Staat, der im Dienst des Zwecks organisiert ist, ohne dadurch eine organische Eigenschaft zu erwerben, der errichtet ist, ohne wirklich eigenes Wachstum zeigen zu können, ist eben nur ein von Menschen für ihre Zwecke geschaffenes korporatives Gebilde. Die Gesellschaft bringt im Blickfelde ihrer wahren oder vermeintlichen Bedürfnisse die „Ansprüche" hervor, die vermittels des Staates verbindliche Formulierung und Anerkennung finden, jeweils für eine gewisse Zeit.

So gesehen, erscheint die Gesellschaft als das, was sich in dem nicht selten zischenden Kessel befindet; dem läßt sich der Staat als der Ausguß gegenüberstellen, einschließlich der Hand, die das Ausgießen besorgt. Unglücklicherweise mag ein glattes Ausgießen dadurch erschwert sein, daß der Ausguß zerspalten oder voll von Löchern ist. Mehr noch:

Statt einer einzigen Hand anvertraut zu sein, mag sich das Ausgießen in einen Streit zwischen verschiedenen Händen entwickeln. Wenn wir auf eine Minute das durch Schlitze und Löcher und zu viele Hände komplizierte Bild zu betrachten bereit sind, so wird klar, daß die tatsächliche Leistungskraft des Staates vermöge einer detaillierten Skala bewertet werden kann, die von einem Pol zum anderen verläuft. Gewürdigt als aktive Kraft, ist der Staat nicht eine Konstante, sondern eine Variable, die natürlich wiederum durch andere Variablen beeinflußt wird, einerlei ob diese politischer, wirtschaftlicher oder sozialer Natur sind. Wenn man soviel für den Staat zu konzedieren hat, sollte es sich von selbst verstehen, daß ein Gleiches für die Phänomene der staatlichen Regelung gesagt werden kann. Was auch immer die darauf bezüglichen gesetzlichen Vorschriften oder die technische Gestaltung sein mögen: von entscheidender Bedeutung für die Leistungshöhe ist die Umwelt der Regelung, das „Parallelogramm der Kräfte“, das die regulatorische Apparatur umschließt.

In letzter Auswirkung ist staatliche Regelung natürlich dazu bestimmt, Wegzeichen für das menschliche Verhalten aufzurichten und dadurch dies Verhalten selbst zu beeinflussen. Der Zweck mag jedoch durchkreuzt werden, wenn es je nach nationaler Übung entweder zu wenige oder zu viele solcher Wegzeichen gibt; oder wenn es ein Volkssport ist, die Wegzeichen umzuwerfen; oder wenn sie gewohnheitsmäßig ignoriert werden, obwohl sie gewissermaßen als staatsbürgerliche Dekoration am Platz gelassen werden. Ein gutes Beispiel ist die traditionelle Haltung der Amerikaner gegenüber dem heute meist nur im Selbstspott erinnerten achtzehnten Verfassungszusatz, der während des ersten Weltkrieges durch Kämpfer gegen den Dämon Alkohol der unwilligen Nation aufgezwungen worden war und im Aufstieg aus der großen Wirtschaftsdepression als eine der ersten Hilfsaktionen (1933) aus dem Fenster flog[1].

Die gewaltsame „Trockenlegung“ wurde auch von staatsbürgerlich gesinnten Amerikanern im Wege des Befolgungsstreiks sabotiert. So wurde

---

[1] Über das Verbot von weit gewünschten Genußmitteln sagte bereits ein Mitglied des Lehrkörpers der Hohen Kameral-Schule zu Lautern in der Kurpfalz: „Für erst soll der Staatswirth darauf sehen, daß er keine Güter und Befriedigungsmittel auf einmal zu Contrebande mache, welche der Unterthan für wesentlich hält, denn aller Vorsicht ungeachtet, sucht sie der Unterthan zu bekommen: der Fürst macht also ehrliche Leute zu Uebertretter der Geseze; derowegen soll man erst im Lande selber etwas zu erzeugen suchen, das die Stelle vertreten kann, und dann allmählich durch Auflagen die Einfuhr des ausländischen Produktes zu erschweren suchen, bis man es endlich mit Erfolge ganz verbieten kann.“ Und er setzt hinzu: „Man verbiete zum Beispiele einmal den Caffee, und man mache ihn zur Contrebande, so wird man den Erfolg sehen“ (Johann Heinrich Jung, *Versuch einer Grundlehre sämtlicher Kameralwissenschaften zum Gebrauche der Vorlesungen auf der Kurpfälzischen Kameral Hohenschule zu Lautern*. Ökonomische Gesellschaft: Lautern, 1779, S. 266).

sie zur Farce. Vollständige Vereitelung des regulativen Zwecks ist allerdings unter heutigen Bedingungen verhältnismäßig selten, weil der Staat sich in der zeitgenössischen westlichen Welt massiver Gewalt bedienen kann. Aber es gibt beträchtliche Unterschiede zwischen dem tatsächlichen Meßpunkt des regulatorischen Effekts und der naiven Sprache der Verwaltung, die als vorhanden zu beschreiben pflegt, was das fromme Soll daherdeklamiert. Der Erfolg des regulativen Modells bedarf des Nachweises. Die maßgeblichen Unterschiede des Grades lassen sich selten als schwarz und weiß kennzeichnen; sie treten fast immer als unterschiedliche Schattierungen von grau auf.

Die Hinnahme einer Verwaltungsregelung durch den Staatsbürger ist grundlegende Voraussetzung ihrer tatsächlichen Wirksamkeit. Solche Hinnahme ist wiederum primär mit verschiedenen Faktoren verknüpft. Einer, der als erster erwähnt werden sollte, ist der Grad, in dem die allgemeine Öffentlichkeit geneigt ist, sich im Staat als dem Garanten des Gemeinwohls selbst wiederzufinden. Das ist teilweise eine Konsequenz des Verfassungssystems und seiner Grundbestimmungen, teilweise die Folge des Maßes der Beteiligung der Wählerschaft an der Festlegung politischer Richtlinien. Teilweise fällt die Erklärung auf das relative Ansehen der privaten Unternehmung als Typ im Vergleich zu öffentlichen Einrichtungen, wobei das Forum der öffentlichen Meinung sich keineswegs immer als vorurteilsfrei erweist. Teilweise fällt es ins Gewicht, wieweit dem Staat die institutionellen Mittel zur Verfügung stehen, um das durchzuführen, was er anpackt. Darin offenbart sich erneut nicht zuletzt die intellektuelle Potenz des öffentlichen Dienstes.

Bei einer solchen Wägung eingebrachter „Rohstoffe" würde ein Land wie etwa Schweden in die Spitzengruppe fallen. Es hat lange den beneidenswerten Vorteil einer im wesentlichen reibungslos erzielten Synthese der konstruktiven Kräfte seines nationalen Lebens genossen. Darin ist Schweden auch den Vereinigten Staaten erheblich voran, zumal wenn man sich die außerordentlichen Spannungen politischer und wirtschaftlicher Natur vor Augen führt, die in der „Neuen Welt" während des neunzehnten Jahrhunderts fühlbar wurden. Es ist daher nicht überraschend, daß die Leistungsfähigkeit der schwedischen Verwaltung allgemein verhältnismäßig hoch veranschlagt wird. Auch das schwedische Verwaltungsrecht reflektiert ungeachtet der Schlichtheit seines begrifflichen Aufbaus einen rühmenswerten Grad von Sozialbewußtsein und Wertsinn.

Ein weiterer bedeutsamer Faktor ist der Grad des Erfolges, den das Staatswesen in der Zusammenführung der pluralistischen Antriebe und Wunschbilder der Gesellschaft zeitigt. Dabei soll die Zwangsläufigkeit der pluralen Natur aller Gruppenbildungen nicht geleugnet werden. Jedes Menschenwesen ist gewissermaßen in seine Haut eingenäht.

Jeder ist letztlich der Gefangene seines mehr oder minder explosiven Selbst. Der Mensch mag sich zwar unter Wattelagen von wohliger „Gemeinsamkeit“ zur Ruhe zu bringen suchen. Aber er wird dennoch oft zu einer unerträglichen Belastung in den elementarsten Gruppenvorgängen, wenn seine veränderlichen Stimmungen ihn beeinflussen und seine Hemmungen entfallen.

Gerade angesichts der notwendigerweise pluralen Gestalt der Gesellschaft gewinnen die vereinigenden Aufgaben des Staatswesens ihre Unabdinglichkeit. Die Vielen müssen zu bestimmten Zwecken und aus bestimmten Anlässen in der Lage sein, sich in eine Einheit umzuwandeln. Und um das zu tun, müssen sie lernen, sich in Formationen zu bewegen. Wenn Staatlichkeit sich nicht über die flüssige Vielförmigkeit der Gesellschaft zu erheben vermag, verfehlt sie ihren organisatorischen Wesenszweck. Sie kann es dann nicht übernehmen, gemeinsame Nenner zu liefern, einerseits für die Aufrechterhaltung von Ordnung und Freiheit und andererseits für den sozialen Fortschritt. Sie läßt die der Zusammenarbeit zuführbaren Energien der Gesellschaft verrinnen, ohne eine Formel herauszustellen, die verantwortliche Leitung legitimieren würde[2].

Der Pluralismus der Interessen und Strukturen unterliegt der Milderung durch ein Parteisystem, das stark genug ist, um mindestens zwei erste selektive Zusammenfassungen jedenfalls nach pragmatisch-utilitaristischen Gesichtspunkten zur Auswahl bereitzustellen. Dann können die bestehenden Interessen für Koalitionen und Bündnisse gewonnen werden, die auf eine Koordinierungsbemühung erster Hand hinauslaufen. Parteiprogramme drängen das, was einmalig, gesondert und selbstbezogen ist, zu einer wenn auch zögernden Anerkennung dessen, was mehrfach, gemeinsam und sogar allgemein ist. Parteiprogramme, die Interessengruppierung ermöglichen und erstmalige Partner zusammenzuhalten vermögen, sind stark genug, der siegreichen Partei auf den Fahrersitz des Kabinetts zu folgen. Soweit sie ein Zusammenfließen von vereinbaren Interessen zur Verfolgung von allseitig generell erwünschten politischen Zielen kennzeichnen, können sie unschwer in Regierungsprogramme umgewandelt werden, wenn die Partei an die Macht getragen wird. Programme, die nicht bloß zur Lektüre, sondern für politische Aktion bestimmt sind, gleichen dem elektrischen Strom, der gleichzeitig die

---

[2] Die Höherbewertung fremdbestimmter Ordnung unter heutigen jungen Menschen im Vergleich zu eigener Initiative und den praktischen Schwierigkeiten ihrer tatsächlichen Betätigung ist aus der folgenden Beobachtung ersichtlich: „Wie auch in unserem Lehrlingsheim die Jungens oft sagen: Bestimmt doch, befehlt, aber laßt uns ungeschoren mit eurer ‚Verantwortung‘, oder damit, daß wir selbst die Initiative ergreifen sollen“ (Horst Symanowski und Fritz Vilmar, *Die Welt des Arbeiters: Junge Pfarrer berichten aus der Fabrik.* Stimme-Verlag: Frankfurt/M., 1963, S. 88—89).

gesamte Maschine des Staates antreibt. Derselbe beherrschende Impuls wirkt sich dann auf Gesetzgebung und Verwaltung aus.

Wenn Wirtschaftsregulierung wie in den Vereinigten Staaten schon nach der Art der Behördenform bewußt zu einer Aussonderung aus dem allgemeinen politischen Geschehen veranlaßt wird, nimmt sie an dem beherrschenden Impuls eines gemeinsamen Aktionsprogramms ohnehin nicht teil. Unter solchen Umständen wird die Arbeitsweise der einzelnen regulatorischen Behörde sich weitgehend auf die eigene engere Welt beschränken. Sie wird sich selbstgenügsamen Tendenzen ergeben. Der breite Fluß der das Staatswesen in seiner Gesamtheit bewässernden Verantwortlichkeit kann sie nicht erreichen. Sie bleibt für sich und verfällt der Trockenheit.

Absonderung dieser Art liegt allerdings in den Vereinigten Staaten auf einer vertraut erscheinenden Linie, die vielleicht sogar vorschnell als die Linie des organisatorischen Stils bezeichnet werden könnte, wenn das Bild in Wahrheit nicht vielgestaltiger wäre, wie das Verfassungsprinzip der grundsätzlichen Einheit der allein vom Präsidenten repräsentierten Exekutive zeigt. Allerdings waren die „gründenden Väter" keine Autoritätsgläubigen. Sie glaubten daher auch an keine letzte Autorität. Sie erwiesen sich nicht als willens, für sich selbst oder für eine andere Gruppe das selbstsichere Prinzip der elitären Herrschaft festzulegen. Statt dessen planten sie gegen Beherrschung in jeder Form. Der Föderalismus, die Trennung der Gewalten, die zwei Häuser der Legislative, der Anruf an die Justiz im Falle eines Konflikts mit der Autorität — all dies verbündet sich jedoch gegen eine starke Integrationsfunktion des Staats ebenso wie gegen jede Art der Gewaltherrschaft.

Keines der Mittel des Nebeneinanders hat überdies bloß negative Bedeutung. Jedes hat Werte beigesteuert, die sich im Hauptbuch des amerikanischen Wachstums vermerkt finden. Aber dennoch ist es fraglos, daß gerade aus dem gleichen Grunde die Vereinigten Staaten periodisch durch ungeduldiges Suchen nach einem wahren System der öffentlichen Verantwortlichkeit aufgerüttelt worden sind. In immer kürzeren Abständen und im Gewand verschiedener Parolen ist die gleiche Forderung laut geworden. Man rief nach einem Ende der Fragmentierung der Gewalt; nach einer Klarstellung der Verantwortlichkeit, so daß sich ihr niemand mehr entwinden könnte; nach einer Überprüfung jener Aufteilungstendenzen, die im Ergebnis die staatliche Fähigkeit, im allgemeinen Interesse zu handeln, rücksichtslos verkleinerten.

Grundlagen der organisatorischen Initiative

Auf lange Zeit war das politische Selbstbildnis Amerikas in erster Linie auf den Gedanken der Erhaltung zugeschnitten. Das schloß eine wachsame Anstrengung in sich, den Spannungen ernster Kontroversen nach Möglichkeit zu entgehen. Das potentiell Aufspaltende war verdächtig, vielleicht sogar landesverräterisch. Daher die ursprünglichen Vorbehalte gegenüber Parteiungen, die „gemeine Menge" und Volkstribunen. Erhaltung fand ihren Mittelpunkt in der Vorstellung von der Notwendigkeit der „soliden" Mitte und des umfassenden „Einvernehmens", wobei als Grundlage eine schöpferisch aktive Unternehmergesellschaft vorausgesetzt war.

Erhaltung auf dieser Basis erforderte keine langen Arme. Im Gegenteil: sie war vor allem dadurch sicherzustellen, daß das massive Gewicht der gegebenen Dinge voll zur Geltung kam. Bei solchem Ausgangspunkt konnte die Vorstellung der öffentlichen Verantwortlichkeit in ihrer bewußt gestaltenden Dimension weitgehend verwischt bleiben. Sobald es dagegen darauf ankommt, die Kräfte des Staates für die Ausführung eines Programms einzusetzen, muß der Begriff einer aktivierten Verantwortlichkeit nach vorne treten; er gebietet eine entsprechende Struktur.

Solange das Gesamtthema der Erhaltung die Entwicklung der Funktionen des Staates beherrschte und solange das umfassende „Einvernehmen" der Gesellschaft der dominierende politische Wert blieb, kam es auf den speziellen Tätigkeitskreis der Behörden kaum an. Nach dem Durchbruch der demokratischen Idee auf verbreiterter Basis seit 1828 konnte man kaum daran Anstoß nehmen, daß die Verwaltung zur Hauptsache der politischen Patronage überlassen wurde. Selbst damals allerdings blieben die alten Behördenschreiber, die eigentlichen Kenner der Verwaltung, praktisch unentbehrlich. Jetzt trat indes eine neue Klasse von Zwischenhändlern des Einflusses hervor. Als „Politiker" genossen sie keine hohe Achtung; aber sie hatten eine entlastende Eigenschaft: soziale Konformität.

Niemand konnte sie dafür tadeln, daß sie dem Zwischenhandel aus Geschäftsgründen oblagen. Wichtiger war, daß sie instinktiv der „soliden" Mitte und dem „Einvernehmen" der Gesellschaft zustrebten, was insbesondere Hochachtung des Eigentums in sich schloß. Der neue Demagoge wandte sich selten zur Linken. Als ein reformerischer Geist, Lincoln Steffens, am Anfang unseres Jahrhunderts zum Feldzug gegen die städtischen Politiker ausrückte, dauerte es nicht lange, bis er entdeckte, daß er in diesem Kampf in Wirklichkeit mit den Wirtschaftsinteressen zusammenstieß. Er berührte einen Punkt, der mit der Vitalität des „Amerikanischen Systems" in Zusammenhang stand, wie es von Henry Clay früher getauft worden war.

Kein Wunder, daß die politisch-administrative Reformbewegung seit 1906 die Konzentration der Verantwortlichkeit für den Verwaltungsapparat in dem volksgewählten Haupt der Exekutive predigte, zusammen mit der beruflichen Gestaltung des öffentlichen Dienstes. Wenn diese Ziele nicht mit den hergebrachten Beutesitten der Parteiorganisationen in Widerspruch gestanden hätten, so daß diese lange in Gegnerschaft verharrten, wäre dem amerikanischen Volk wahrscheinlich die übertriebene Leidenschaft für „unparteiliche" Parteilichkeit erspart geblieben. Wie die Dinge aber lagen, war es notwendig, daß Führer aus dem Lager der Republikaner wie Charles E. Hughes, Elihu Root und Henry L. Stimson ihre Parteiabzeichen ablegten, um nach eigenem Rat den Kampf gegen die alte politische Ordnung aufzunehmen. Sie wandten sich der Aufgabe zu, das veraltete „Einvernehmen" der Gesellschaft selbst umzuwandeln, ohne den Versuch zu machen, neues Leben in den müden Körper ihrer Partei zu blasen.

Was aus der Reformbewegung hervorging, läßt sich kaum überschätzen. Hier kam es zu einer allmählichen Ausgestaltung der Mittel zu einer zunehmend wirkungsvollen Staatsleistung, die den Bedürfnissen des zwanzigsten Jahrhunderts gerecht werden konnte. Die Meilensteine sind schnell ermittelt, obwohl die Entwicklung für den Ungeduldigen sicherlich nur langsam verlief. Den Anfang machte 1906 die Gründung des New Yorker Büros für Kommunalwissenschaftliche Forschung, des ersten Instituts dieser Art, Ergebnis einer Zusammenarbeit zwischen staatsbürgerlich gesinnten Wirtschaftsführern, Leitern von Einrichtungen der freien Wohlfahrtspflege und beruflich denkenden Protagonisten einer Verwaltungswissenschaft. Die Arbeitsweise des Büros wurde von ihm als „geduldige wissenschaftliche Untersuchung und echte Hilfsbereitschaft" beschrieben. Wie William H. Allen, einer der Gründer des Büros, es ausdrückte: „Jedes Verwaltungszentrum sollte ein Tatsachenzentrum haben".

Das Jahr 1917 brachte, beeinflußt durch die Leistungen der jungen Verwaltungswissenschaft, weitreichende Reformmaßnahmen im Staat Illinois. Das wichtigste Ergebnis war die Anerkennung der Doppelfunktion der Haushaltsplanung und der Ausgabenkontrolle, die dem Gouverneur unmittelbar angegliedert wurde, der sich kraft seiner staatsrechtlich geprägten Leitungsstellung und seiner Persönlichkeit als „starker Exekutivchef" auswies. Vier Jahre später, im Jahre 1921, nahm der Kongreß fast einstimmig einen Gesetzentwurf an, der für den Bund in die gleiche Richtung zielte, aber dabei noch wesentlich weiter ausholte. Er verbarg seine verfassungspolitische Bedeutung hinter dem undurchsichtigen Titel des Haushaltsplan- und Rechnungslegungsgesetzes.

Das Gesetz verteilte und organisierte die Aufgaben der Haushaltsplanung und der Ausgabenkontrolle auf der einen Seite und der unabhängigen Rechnungsprüfung auf der anderen. Die Verantwortung dafür, daß dem Kongreß in dem jährlichen Haushaltsplan ein umfassender und in sich ausgewogener Arbeitsplan für die Gesamtheit der

Bundesverwaltung vorgelegt wird, wurde dem Präsidenten zugeteilt. Aber diesmal war eine bloße legislative Ankündigung nicht genug; Worte hatten sich schon in früheren Gesetzen als unzulänglich erwiesen. Deshalb räumte das Gesetz mit dieser Schwierigkeit auf, indem es dem Präsidenten eine neue Einrichtung an die Seite setzte: einen „Stab", das Budgetbüro, zur ausschließlichen Verfügung des Präsidenten, um ihm bei der Erfüllung der vielseitigen Anforderungen seines Amtes zu helfen. Die Stellung des Direktors des Budgetbüros war vom Gesetz so umrissen, daß er als „Mann des Präsidenten" beschrieben werden konnte. Als Haupt eines Stabes von Berufsbeamten übernahm er die Tatsachenzufuhr für den Präsidenten. Das Mittel dazu war die Stabsleitung unter dem Gesichtspunkt der besonderen Bedürfnisse des Präsidenten.

Nicht weniger wichtig: das Haushaltsplan- und Rechnungslegungsgesetz machte es zur Pflicht des Budgetbüros, die Leistungsfähigkeit der Verwaltung vor Augen zu haben und Verwaltungsstudien in den einzelnen Bundesbehörden zu betreiben. Damit veranlaßte das Gesetz, daß die neue Stabsstelle ihre Augen von den Haushaltsplanansätzen erhob und sie auf das Funktionieren des Verwaltungsapparates richtete, der für die Erfüllung des Programms des Präsidenten bereitsteht. Darüber hinaus legte das Gesetz eine Grundlage dafür, daß das Budgetbüro gleichzeitig zu einem *clearing house* des Präsidenten für Gesetzgebung wurde. In der fortlaufenden Prüfung des Inhalts von Gesetzentwürfen in jeder Legislaturperiode wurde das Büro weiterhin ermutigt, die negativen Neigungen eines finanziellen Wachhundes durch sorgfältiges Fahnden nach legislativen Mitteln für die Durchführung der Politik des Präsidenten zu einem verständigen Ausgleich zu bringen.

Ungeeignetes Mittel

Es ist also klar, daß sich der Arbeitsstil der Bundesverwaltung in den Vereinigten Staaten in unserem Jahrhundert grundlegend geändert hat. In dieser Entwicklung dokumentiert nichts einen frappanteren Wandel als ein Vergleich mit jenem Tage, an dem die *Interstate Commerce Commission* als erste der unabhängigen regulatorischen Behörden 1887 ihr Geschäft aufnahm. Seither ist das Amt des Präsidenten in den Vordergrund getreten, sowohl als einzigartiges Organ für Verwaltungszusammenfassung und Programmkoordinierung wie auch als Staubecken der politischen Kraft. Zudem hat die amerikanische öffentliche Verwaltung zunehmend berufliche Eigenschaften angenommen. Das gilt für den täglichen Geschäftsgang ebenso wie für die geistigen Energien, die über die Verwaltung dem politischen Entscheidungsprozeß zur Verfügung gestellt sind. Vor allem hat die dem Präsidenten zugeteilte Stabsorganisation einen hohen Grad von Leistungsfähigkeit erzielt.

Die Verwaltungswirklichkeit von heute läßt wenig von der undurchdachten Theorie übrig, die einst den Weg Amerikas in die Wirtschaftsregelung bestimmte. Daß man dazu aus der normalen Verwaltungsstruktur heraustreten müsse; daß sich parteiliche Zwecke durch Zweiparteilichkeit und Ausklammerung aus der Weisungsgewalt des Präsidenten überwinden ließen; daß Kollegialverfassung und institutionelle Autonomie Expertenleistung zusichern könnten; und daß sich die Schaffung solcher unabhängigen Gebilde mit einer weitfassenden Wirtschaftspolitik vereinbaren lasse — diese Aspekte der unabhängigen regulatorischen Kommission erweisen die Hohlheit des Begriffs. Heute steht der Begriff so weit von der Wirklichkeit des Verwaltungslebens entfernt, daß er kaum vorgeschlagen würde, wenn man sich in unserer Zeit um frische Ideen bemühen wollte. Ja: Wenn das regulatorische Modell in den Vereinigten Staaten zu dieser Stunde zum erstenmal entworfen werden müßte, würde es durchaus unwahrscheinlich sein, daß man auf die Idee der unabhängigen regulatorischen Kommission verfiele.

Der von Jackson gelenkte Aufstand des Westens hatte sich als endgültiger Durchbruch der Volksherrschaft kraftauslösend durchgesetzt. Aber auf seiten der staatlichen Verwaltungsleistung entstand ein gewaltiger Verlustposten. Das fast aus moralischem Eifer praktizierte Ritual der politischen Patronage als Mittel der Ämterbesetzung machte die Verwaltungsbehörden zunehmend unwirksam, ohne sie dem Volkswillen zu unterwerfen. Während der Jahrzehnte nach dem Bürgerkrieg lebte die Bundesverwaltung in einem Zustand der Verkümmerung und Lethargie dahin. Daher war die Frage plausibel, ob die traditionellen Behörden sich einer so kitzligen Idee annehmen könnten wie der, die Eisenbahnen einer effektiven Regelung zu unterwerfen. Das schien das Vermögen einer Patronagebürokratie weit zu übersteigen. Deshalb war es durchaus realistisch, daß man sich nach einem Mechanismus umsah, der die neue Aufgabe übernehmen könnte.

Die Regelung eines wichtigen und empfindlichen Sektors der Wirtschaft wurde einem besonderen Instrument anvertraut, weil man hoffte, auf diese Weise die Expertenhand dem Politiker entwinden und sie gleichzeitig aus dem unproduktiven Behördenbetrieb befreien zu können. Dazu gehörte auch die Vorstellung, daß die regulative Gewalt dem manipulativen Griff des Präsidenten entzogen werden müsse. War er nicht selbst Politiker? Die unabhängige regulatorische Kommission, die mit ihren gemischten Funktionen in das verfassungsrechtliche Niemandsland zwischen Gesetzgebung, Verwaltung und Justiz eingefügt werden sollte, schien ganz die richtige Antwort auf diese Bedürfnisse.

Aber der steile Aufstieg des Präsidentenamts als die Kontrollfeder für das Verwaltungssystem im nationalen Bereich und die Entwicklung des Bundesdienstes zu einer Berufslaufbahn haben die unabhängige regulatorische Kommission zu einem organisatorischen Museumsstück gemacht. Politisch hat sie sich als ein williges Opfer für geizige Finger erwiesen, in erster Linie infolge der Unklarheiten, die ihrem Zweck und ihrem Status anhaften. Die Isolierung ihres Daseins jenseits der allgemeinen Interessen der Exekutive hat sie furchtsam, unbeholfen und zurückgezogen gemacht. Der Ansporn einer Mitverpflichtung auf ein staatsumfassendes Programm fehlt und damit auch das Gefühl einer für alle gemeinsamen Dringlichkeit. Kein Wunder, daß die Mitgliedsposten in den dirigierenden Kollegien zu politischen Abstellgleisen geworden sind. Überdies hat die pluralistische Behördenleitung trotz einer gewissen Verstärkung der Rolle des Vorsitzenden in letzter Zeit sich meist als ein Hindernis der guten Verwaltung erwiesen. Man sieht: Im Alter des „Leistungsstaats" bleibt der Verwaltung nur eine begrenzte Wahl. Sie kann entweder in sich selbst die Energien entwickeln, die für ihre Wirksamkeit erforderlich sind; oder sie muß es erlauben, daß diejenigen, die im öffentlichen Interesse ihrer Regelung unterliegen, sich ihr auf den Rücken setzen.

Wahrung des Rechts

Recht als Freund oder Feind

Was lehrt zu diesen Fragen ein Blick auf andere Verwaltungssysteme, insbesondere solche, die früher zur Reife gelangten? In Frankreich, in Brandenburg-Preußen und selbst in England entwickelte sich die Verwaltung in Anpassung an soziale und wirtschaftliche Erfordernisse, vorwiegend der städtisch-kommerziellen Welt, die der monarchischen Gewalt als Bündnispartner das Vordringen in den Nationalstaat ermöglichte. Sein Rückgrat war eine vereinheitlichte Ämterordnung, insbesondere auf dem europäischen Kontinent. Ein geschlossener Verwaltungsapparat wurde als das Instrument der Krone aufgebaut. Er war von den „Mannen des Königs" besetzt, die zunehmend auf der Grundlage ihrer Verwendbarkeit wie auch der von ihnen erwarteten persönlichen Treue ausgelesen wurden: das andere stehende Heer im Dienst des neuen Staats, Vorläufer der heutigen Leistungsbürokratie. So bestimmte der Staat seine Ansprüche an die Verwaltung. Im achtzehnten Jahrhundert kam es zur Zusammenfassung der Kräfte der Verwaltung in Preußen und Österreich. Die napoleonische Ära trug Frankreich dem gleichen Ziele zu. England folgte um die Mitte des neunzehnten Jahrhunderts, indem es die Grundlage für das moderne britische Berufsbeamtentum legte, das so lange gerade auch ein Lichtstrahl für die Fürsprecher der Verwaltungsreform in den Vereinigten Staaten gewesen ist.

Der historische Gewinn ist offensichtlich: Zu einer Zeit, als die regulatorischen Aufgaben der Verwaltung in Europa sich den beginnenden

Spannungen des industriellen Zeitalters anzupassen hatten, lag bereits ein erprobtes Modell vor, das der nun gebotenen Expertise in den normalen Arbeitsmethoden des öffentlichen Dienstes einen institutionellen Standort bot. Was Männer der Verwaltung gegen Ende des achtzehnten Jahrhunderts selbst zur Anleitung anderer zu Papier brachten, war meist durch eine praktische Orientierung ebenso wie eine philosophische Blickweise ausgezeichnet. Schon in solchen Veröffentlichungen zeigt sich der vorausgesetzte Maßstab der Fähigkeit im Denken und im Handeln der Verwaltung. Das einheitliche Behördensystem war ein Objekt des beruflichen Interesses für die Bürokratie. Sie sah sich selbst als Wächter ihrer eigenen Leistungsmöglichkeiten. Im Gegensatz zu Amerika war in Europa die regulatorische Methodik mit dem allgemeinen Wesen des Verwaltens verschmolzen. Wirtschaftsregelung im neuen Format konnte an vertraute Arbeitsweisen anknüpfen[3].

Aus diesen Gründen wurden die Fragen des regulatorischen Verwaltens in erster Linie als Probleme der allgemeinen öffentlichen Rechenschaftspflicht angesehen. Die Lösung wurde nicht in organisatorischen oder verfahrenstechnischen Sondergestaltungen gesucht. Sie lag in dem allgemeinen Recht der Verwaltung, das gleichzeitig als Quelle der Autorität und als ihre Begrenzung wirkt. Aber Recht bedeutet wenig, wenn es in Frieden schlummert. Es muß sprechen. Dieser Sprecher erstand dem Verwaltungsrecht in der Form einer spezialisierten Rechtspflege, deren Sinn darin lag, daß sie Kenntnis des praktischen Geschäfts der Verwaltung besaß[4].

Man könnte sich aber schwer vorstellen, wie die Idee einer selbständigen Rechtspflege zur Entscheidung von Klagen der Staatsbürger gegen Verwaltungsbehörden ohne Verständnis seitens der Verwaltung selbst wirklich hätte Fortschritt machen können. Hier zeigt sich eine der Ursachen der juristischen Tradition im höheren Dienst: In einem noch weitgehend autoritären politischen System erwirkte die Legalisierung des

---

[3] Der Kameralismus war wirklichkeitsnah, aber brachte keine umfassende Theorie des Verwaltens hervor. Die Unzulänglichkeit der schwachen Systematisierung in dem frühen Gesamtwerk der Kameralisten wurde schon von zeitgenössischen Kritikern hervorgehoben: „Auch die Lehrart der deutschen Kameralisten war so schwankend, so unzweckmäßig, daß sie durch diese dem einleuchtenden Ansehen dieser Wissenschaften mehr schadeten, als nutzten: Sie wurden politische Mikromegen, rafften alles, was in ihr Fach paßte, zusammen, und beschrieben uns da mühsam technologische Handgriffe für Manufakturisten, wo wir deutlich entwickelte Grundsätze über den Nutzen, oder Schaden der Lizente suchen würden“ (Franz Xaver Moshammer, *Gedanken und Vorschläge über die neuesten Anstalten Teutscher Fürsten, die Kameralwissenschaften auf hohen Schulen in Flor zu bringen.* Montag: Regensburg, 1782, S. 5).

[4] Wie Lorenz Stein das Verhältnis von Recht und Verwaltung zugespitzt formulierte: „Alles Recht will etwas hindern, alle Verwaltung wird zur That“ (Lorenz von Stein, *Gegenwart und Zukunft der Rechts- und Staatswissenschaft Deutschlands.* Cotta: Stuttgart, 1876, S. 335).

Verwaltens gleichsam eine Ersatzverfassung. Die Bürokratie wandte sich selbst dem Ideal von Recht und Ordnung zu, und damit auch dem Prinzip der wesensnotwendig begrenzten Autorität. Dabei spielte ihr Vertrauen in die Verwaltungsjustiz natürlich eine gewisse Rolle. Ohne Vertrauen würde der Verwaltungsmann eher geneigt sein, dem Tag des Abrechnens im Gericht zu entkommen.

Eine ablehnende Haltung wäre nicht erstaunlich, vor allem für Verwaltungssysteme, die geringes Selbstvertrauen besitzen. Fritz Fleiner, der große Lehrer des Verwaltungsrechts, pflegte sich über die ausgeprägte Zurückhaltung der schweizerischen Beamtenschaft gegenüber voller Unterwerfung unter die verwaltungsgerichtliche Rechtskontrolle zu ereifern, obwohl die freie Eidgenossenschaft kaum für autoritäres Klima bekannt ist. Ähnlich hat der durch die Auswüchse eines reinen Justizstaats eingeschüchterte amerikanische Berufsbeamte es allzu häufig als Sieg gefeiert, wenn er um eine drohende gerichtliche Prüfung seines Tuns irgendwie herumkommen konnte. Wir müssen vielleicht hinzufügen, daß für ihn in Abwesenheit einer Verwaltungsgerichtsbarkeit das Urteil eines der ordentlichen Gerichte sehr viel weniger absehbar ist als selbst die obskursten Verständigungen, die sich in den Ausschüssen des Kongresses zutragen.

Demgegenüber zeigt sich in der Tradition des kontinentaleuropäischen Verwaltungsrechts, daß der höhere Verwaltungsdienst dazu kam, sich als Pfeiler des Legalprinzips zu betrachten. Die berufliche Anteilnahme an der Klarstellung der Grenzen der Verwaltungsmacht und des Umfangs der Rechte des Staatsbürgers wurde zu einem Aspekt des Amtsklimas. Als Teil der „bürokratischen Kultur“ entwickelte sich das Verwaltungsrecht als ein anti-autoritärer Einfluß.

Ein ergänzender Faktor ist der Nachdruck, der in der Verwaltungsrechtstradition auf Rechtskenntnis in der akademischen Vorbereitung für die höhere Verwaltungslaufbahn gelegt wurde, wobei allerdings der Wert einer auf das Verwalten selbst ausgerichteten Vorbildung nicht übersehen werden sollte. Die Schlüsselbegriffe des Verwaltungsrechts sind auf diese Weise in das Denken und in die Berufssprache des Oberbeamtentums eingegangen. In der Tat: Sie wurden zu einer Art von Parole, die den Berufsvertreter im öffentlichen Amt erkennbar machte. Recht und Verwaltung verbanden sich zu einer ideellen Einheit, wenngleich dabei das Verwalten oft in die Schablonen des Formalen gezwungen wurde. Eine bedenkliche Nebenerscheinung offenbarte sich in der Berufsmentalität des öffentlichen Dienstes, in der legalistische Autorität oft Vortritt vor der Sache selbst und ebenso vor dem verantwortlichen ethischen Urteil gewinnen konnte. Trotzdem war es von belebender Wirkung, daß die Organe der Verwaltungsjustiz, ungeachtet ihrer Freiheit von einer Bevormundung durch die

Exekutive, einen nennenswerten Teil ihrer unabhängigen Richter aus dem höheren Verwaltungsdienst bezogen.

Als Arsenale der Verwaltungskenntnis waren die Verwaltungsgerichte für ihre Rolle angemessen ausgestattet. Solche Kenntnis ermöglichte es ihnen, in der Entfaltung eines Fallrechts des Verwaltungshandelns besondere Sachnähe zu beweisen. Sie setzten sich das Ziel, dem Individuum nötigen Schutz zu gewähren, ohne den Vollzug des Gemeinwohls in Frage zu stellen. Dabei stand die Kunst des verständigen Ausgleichs scheinbarer Gegensätze in hohem Kurs. Daneben aber suchten die Verwaltungsgerichte, in ihren Rechtssprüchen Richtlinien für die rechtmäßige Wahrnehmung des öffentlichen Interesses niederzulegen. Nicht darauf kam es an, die Hand der öffentlichen Behörde niederzuschlagen. Es handelte sich im Gegenteil darum, der Behörde die praktische Synthese von Sachgerechtigkeit und Rechtmäßigkeit, von öffentlichem Zweck und individuellem Recht nahezulegen.

Wahrnehmung und Deutung

Was ist das Wesen des Verwaltens? Ein Rundgang durch „die Verwaltung“ bringt uns in den Klassenraum, das Elektrizitätswerk, die Schießplatzaufsicht, das chemische Laboratorium, das Krankenhaus, den Bahnpostwagen, die Busreparaturwerkstätte, das Kriminalrevier. Wenn wir Zeit darauf verwenden könnten, würde die Rekognoszierung noch erheblich weitergehen. Wer uns dabei begegnet, mag ganz unterschiedliche Auffassungen über das Wesen des Verwaltens haben. Der Laboratoriumsassistent hat „überhaupt nichts mit Verwaltung zu tun“, wie er versichert. Die Klassenlehrerin — „Gott sei Dank!“ — ist nicht in einer „Verwaltungsposition“, aber fühlt sich dennoch mit zuviel „Verwaltungszeug“ bepackt.

Drei Dinge werden aber wahrscheinlich am häufigsten als „Verwaltung“ erwähnt werden: die wechselseitige Gestaltung von Zusammenarbeitsbeziehungen, wenn eine Person regelmäßig mit anderen gemeinsam tätig ist, um ein bestimmtes Gut herzustellen, einerlei ob es ein Produkt oder einen Dienst darstellt; die Beteiligung an der Verrichtung von Aufgaben, deren Wahrnehmung im Endeffekt mit verbindlicher Wirkung die Interessen anderer berührt; und die verschiedenen Tätigkeiten, die mit der Leitung von Verwaltungsgebilden, mit der Arbeitsaufsicht, mit Informierung, Planung, Inswerksetzen und Bewertung, mit Leistungsverbesserung und mit allen übrigen auf das Funktionieren des Apparats zielenden Beiträgen zu tun haben. Nur einen Teil, bei weitem weniger als das gesamte so umrissene Verwalten, macht das Entscheiden aus, selbst wenn wir darin das „Nichtentscheiden“ einschließen.

Die geläufigeren Formen des Verwaltens, die „normale Arbeit" der Verwaltungsbehörden ist nirgendwo begrifflich festgelegt. Bei der Aufhellung der Natur der richterlichen Tätigkeit fand ein großer amerikanischer Oberrichter, Benjamin Nathan Cardozo, daß er mit der Frage an sich selbst beginnen müsse: Was tue ich, wenn ich richte? Damit kommt man an das eigentliche Geschehen heran. In ihrer Blüte erhielt die Schule des juristischen Realismus in den Vereinigten Staaten große Anregung von solchen handelnsbezogenen Perspektiven. Aber Cardozo war nicht daran interessiert, eine bestimmte Rechtstheorie zu prüfen; er wollte sich nur vergewissern, was im Verlauf der Ausübung der richterlichen Funktion tatsächlich vor sich ging. Was entdecken wir, wenn wir ähnlich das Auge der regelnden Funktion der Verwaltung zuwenden?

Eine Antwort würde mit der Beobachtung beginnen müssen, daß bei der Formulierung einer Regel zunächst Bedeutungen analysiert werden, die wiederum durch bestimmte Prinzipien, Axiome, Kriterien und Maßstäbe klärend beeinflußt sind. Dies trifft in der Tat auch dann zu, wenn wir die Stufen der Autorität emporsteigen. Volksvertretungen, als Quellen der Regelung, unterliegen vergleichbaren Sinnbindungen — durch Ideologie, Erwartungen, Verfassungsklauseln und dergleichen mehr. Wenn wir Verfassungsklauseln als Antwort auf die Träume der Menschheit ansehen, versteht es sich von selbst, daß in der Formulierung die geweihten Worte des Zeitalters und nicht minder das beharrliche Geflüster des zeitlosen Naturrechts vernehmbar sind. Für die Verwaltung ergibt sich die Notwendigkeit der Anlehnung an Bedeutungen schon daraus, daß sie sich letztlich auf ihren Markt einstellen muß, auf das Publikum, dessen Reaktion durch sein Verständnis von Bedeutungen gesteuert wird. Aber die Verwaltung muß sich ebenfalls Bedeutungen zuwenden, weil ihr der Handelnsumfang durch solche Sinnfestlegungen von oben zugeteilt ist. Um ausfindig zu machen, was ihr Mandat ist, hat sie sich um Bedeutungen zu bemühen, die an einem vorgeordneten Punkt verwendet werden.

Obwohl die Verwaltung unter dem Gesichtspunkt der Rechtmäßigkeit nicht einfach so handeln darf, wie es ihr am besten zu sein scheint, kann aus der generellen Norm ein Übermaß von Enge entstehen. Hier bewährt sich der nützliche Reibungsbrecher, der Ermessen heißt. Verallgemeinerung und Sondersituation, Regel und Fall müssen miteinander in eine Beziehung gebracht werden, die sowohl vertretbar ist, wie auch die Interessen, denen sie dienen soll, befriedigt. Ermessen ist erforderlich, um diese Verbindung herzustellen.

Ermessen kann allerdings nicht von seinem Zweck getrennt werden. Es ist nicht eine Freikarte für eine berauschende Stunde, die der Regel entgleitet. Es ist im Gegenteil ein Vollzugsagent für die Regel, um deren Geltung einheitlich zu machen. Ermessen soll sichern, daß kein Fall außerhalb seiner Beziehung zur Regel behandelt wird, was auch immer seine besonderen Umstände sein mögen; und daß besondere Umstände angemessene Aufmerksamkeit finden, wenn sich sonst die Regel in einen hirnlosen Tyrannen verwandeln würde. Dementsprechend hat das kontinentaleuropäische Verwaltungsrecht den Grenzen des rechtmäßigen Ermessens scharfe Beachtung geschenkt. Auch „freies" Ermessen muß sich allen nicht zur Sache gehörigen Motiven versagen, um nicht zum Unrecht zu werden.

Verwalten zielt auf bestimmte Ergebnisse, gewöhnlich auf ein Verhalten der „Betroffenen". Dazu bedarf es neben einer Würdigung der den Ausgangspunkt bestimmenden Bedeutungen weiterhin einer Durchleuchtung der relevanten Umstände. Das umfaßt die Beschaffung aller zugehörigen Tatsachen, die Prüfung und Würdigung dieser Tatsachen, die Herstellung verständiger kausaler Beziehungen zwischen Mitteln und Zielen, die Ermittlung und Bewertung von Alternativen des Handelns, die Formulierung von Aktionsentwürfen und die Identifizierung von Schritten, die den Weg der Aktion erleichtern würden. In diesen meist vielfach gegliederten analytischen Arbeitsgängen spielt das Gebot der Rechtmäßigkeit eine wichtige Rolle. Juristisches Wissen, ein scharfes Auge für Wortsinn und diszipliniertes Denken haben hier ein weites Feld. Allerdings ist in der Gesamtabwägung das Maß der empirischen Tatsachenfundierung für die endgültige Entscheidung meist wichtiger als rechtliche Argumente. Dieser Punkt drängte sich bereits vor fünfzig Jahren Professor Dicey auf, dem unentwegten Streiter für die Reinheit der britischen Verfassung, der lange in dem *droit administratif* Frankreichs eine skandalöse Korruption erblickt hatte; er sah am Ende ein, daß die Geschäfte der Allgemeinheit nicht nach dem speziellen Verfahren der Gerichte geführt werden können.

Nach ihren Methoden ist Verwaltungsregelung grundsätzlich nicht von anderen Verwaltungstätigkeiten verschieden. Eine vorherige Anzeige der regulatorischen Absicht und die Sicherung des Gehörs sind lediglich Bestandteile verläßlicher Sachverhaltsfeststellung. In dieser Hinsicht bestehen keine wesentlichen Unterschiede zwischen der Festlegung von öffentlichen Tarifen und der Genehmigung von atomaren Reaktoren, zwischen der Überwachung des Wertpapiermarktes und der Verteidigung einer günstigen internationalen Zahlungsbilanz, zwischen der Zubilligung einer Wellenlänge für Funkzwecke und der Bekämpfung einer Epidemie, zwischen der Aufrechterhaltung der industriellen Betriebssicherheit und der finanziellen Stützung des landwirtschaftlichen Erzeugungssektors.

Sachverhaltsermittlung allein führt zu Billigkeit zwischen Interessen und einer Kristallisierung des allgemeinen Interesses, beides nicht so sehr in unveränderlichen Endgültigkeiten wie in hinnehmbarer Approximation. Die Verwaltung soll nicht bloße Unterhändlerin zwischen den gegebenen Interessen sein. Die Entscheidung soll nicht bloß Ergebnis der Kalkulation des politischen Drucks sein. Das ist der Grund, weshalb das Berufsbeamtentum Festigkeit des Rückgrats ebenso benötigt wie Umsicht und Einsicht.

Gewährleistung des Rechts

Ebenso wie die regulatorische Funktion für die Erfüllung von Verwaltungszielen generell vorausgesetzt ist, wird auch die Abwehr von unstatthaften regulatorischen Eingriffen als Teilaspekt der Benutzung von allgemeinen Behelfen gegen unrechtmäßige Ausübung der Verwaltungsautorität betrachtet. Das System dieser Behelfe stellt den Bürger, wie erwähnt, unter die Sorgfaltspflicht einer Sonderrechtspflege: die Verwaltungsgerichte. Schon ihr Vorhandensein verstärkt für den Verwaltungsmann das Verständnis für Legalität. Auch der Stand der internen Verfahrensordnung, insbesondere die Behandlung formloser Einsprüche, muß diesem Erfordernis ebenso wie der Mitgliedsstellung des Einzelwesens vor der öffentlichen Gewalt im demokratischen Verband Rechnung tragen. Ein Rückzug in bürokratische Selbstgenügsamkeit ließe sich nicht rechtfertigen.

Auf diese Weise gewann das Verwaltungsrecht eine doppelte Wirkungssphäre. In der Beeinflussung der inneren Verfahrensordnung trug es dazu bei, das Haus der Verwaltung sauberzuhalten. Appellmöglichkeiten wurden eröffnet. Als Minimum wurde auf Beschwerde das Urteil des Vorgesetzten eingeschaltet. In entwickelter Form konnte die Prüfung der Beschwerde einem Kollegialverfahren zugewiesen werden. Die Ausgestaltung war in den Einzelheiten nicht einheitlich. Aber das Prinzip des Behelfs innerhalb der vier Wände der Verwaltung wurde zum Gemeinplatz.

Die verständliche Tendenz der Verwaltungsbehörde, sich im Recht zu wähnen, wurde dadurch ausgeglichen, daß die Beschwerde potentiell nur das Vorspiel zum Verfahren vor dem Verwaltungsgericht war. Außerdem neigte die Berufsauffassung des Oberbeamtentums dazu, Beschwerden zum Anlaß einer Prüfung zu machen, um sich zu vergewissern, daß alle Schrauben und Bolzen des Verwaltungsapparats tatsächlich am Platz waren. Der innere Bereich der Verwaltung stand insofern in ständigem Zusammenhang mit dem Verwaltungsrecht und der Welt der Verwaltungsgerichte. Bevor der höhere Beamte in seiner Laufbahn weit fortgeschritten war, konnte sich überdies für ihn die Möglichkeit eröffnen, seinen Platz zu wechseln und für seinen weiteren aktiven Dienst die Robe der Verwaltungsjustiz anzuziehen.

Da die Verwaltung es als ihre Pflicht ansah, auf dem Pfade des Rechts fortzuschreiten, vereinfachte sich die Aufgabe der Verwaltungsgerichte beträchtlich. Anstatt die ganze Last der Verwirklichung des Gebots der Rechtmäßigkeit tragen zu müssen, konnten sie sich auf die systematische Fortbildung des Verwaltungsrechts konzentrieren, insbesondere auf die Entwicklung eines Präjudikatssystems. Der Zusammenfluß von Funktion und Recht, von Handeln und Begrenzung, brachte eine lebensfähige Tradition von großer Anpassungsfähigkeit hervor. Sie zeigte sich fähig, den neuartigen Forderungen des Leistungsstaats Rechnung zu tragen[5].

Eine gute Verbindung der diesem Ergebnis günstigen Faktoren bekundet sich in dem französischen Staatsrat, dem *Conseil d'Etat,* der nicht nur Frankreichs höchster Verwaltungsgerichtshof, sondern gleichzeitig in seinen anderen Elementen eine zentrale Staatsbehörde ist. Als hohe Behörde hat der Staatsrat den Charakter einer Stabsstelle. Es liegen ihm in einer Anzahl von Sektionen beratende Funktionen ob, insbesondere in der Prüfung von Gesetzentwürfen für das Kabinett. Die dem Staatsrat angehörigen Beamten stellen eines der angesehensten *grand corps* des französischen Beamtentums dar. Der Wettbewerb um Eintritt ist lange besonders lebendig gewesen. Für eine Zulassung standen in der Vergangenheit intellektuelle Leistungskraft und juristische Qualifikation an erster Stelle. Nicht selten haben führende Geister des Staatsrats ihren Platz unter den lebenden Autoritäten des *droit administratif* gewonnen — wenn sie es nicht faszinierender fanden, sich universalen Gegenständen zuzuwenden, wie das der junge Léon Blum mit seinem Buch über die Ehe tat.

Als Teil der nach dem zweiten Weltkrieg durchgeführten Reformmaßnahmen fiel das Recht des Staatsrats wie anderer Behörden auf eigene Anwärterauswahl aufgrund von Spezialprüfungen zur Konsternation der alten Juristen weg. Der Wandel war eine Konsequenz der Errichtung der Nationalschule für Verwaltung, die ein breites Ausbildungsprogramm für künftige „Ziviladministratoren" bereitstellt, ohne eine eigentliche juristische Ausbildung vorzusehen. Die Spitzenabsolventen am Ende des dreijährigen Lehrgangs an der Nationalschule haben freie Behördenwahl. Sie sind daher auch berechtigt, an die Tür des *Conseil d'Etat* zu klopfen, ohne sich als Kenner des Verwaltungsrechts zu legitimieren. Aber der Staatsrat hat in diskreter Weise diese Anomalie durch eine tutoriale Einführung seitens eines besonders bestimmten Beamten zu bewältigen

[5] Die Spanne zwischen Gerichtsspruch und öffentlichem Interesse bestimmte ein „aufgeklärter" Geist vor mehr als 150 Jahren mit der kühlen Einschätzung: „Gerichtshöfe müssen vermöge ihres Berufs die Rechte der Individuen schützen, und unter Partheyen ohne Ansehn der Person entscheiden. Die Rücksicht auf das gemeine Wesen ist ihnen fremd" (August Wilhelm Rehberg, *Ueber die Staatsverwaltung deutscher Länder und die Dienerschaft des Regenten.* Hahn: Hannover, 1807, S. 168).

gewußt. Man muß zugestehen, daß die Ergebnisse bislang eindrucksvoll ausgefallen sind[6].

Es ist kaum überraschend, daß in seiner langen Geschichte der Staatsrat das in ihm vorhandene Talent in großer Nachfrage gefunden hat. Mitglieder des Stabs haben die verschiedensten Sonderaufträge übernommen. Diese haben sie auf führende Posten in der Kolonialverwaltung und andere Exekutivstellungen geführt. Überdies können Mitglieder auf die inaktive Liste hinüberwechseln, während sie etwa als Minister, Abgeordnete oder in internationalen Körperschaften dienen. Präsident de Gaulles langdauernder Ministerpräsident Michel Debré verblieb während seiner ganzen Amtszeit auf der Liste des *Conseil d'Etat.* Häufiger sind kurzfristige Aufträge durch Zuweisung: die Entwirrung einer schwierigen Verwaltungssituation innerhalb oder außerhalb Paris; die Führung des Vorsitzes über umfängliche Enteignungsverfahren für ein umstrittenes Projekt; die Abwicklung delikater Verhandlungen, die der Wahrnehmung französischer Interessen in einer auswärtigen Hauptstadt gelten; oder die Lenkung einer mit der Ermittlung von Tatsachen betrauten Arbeitsgruppe, die vielleicht eine Anzahl von unpopulären Vorschlägen zu sortieren und zu bewerten hat. Viel amtliche Erfahrung wird auf diese Weise ständig in die richterliche Rolle des Staatsrats zurückgetragen, die in seiner zahlenmäßig größten Abteilung wahrgenommen wird[7].

Das innere Verfahren des *Conseil d'Etat* zeigt eine Verzahnung von verschiedenen Prüfungsmechanismen. Normalerweise ist in jedem justiziellen Fall das Durchjäten der maßgeblichen Tatsachen einem bestellten Berichterstatter überlassen. Es ist seine Aufgabe, alle Tatfragen für das Protokoll genau zusammenzutragen. Die Berichterstattung wird mit einer

---

[6] Michel Debrés Rolle in der Errichtung der Nationalschule für Verwaltung in Paris (1945) ebenso wie der Geist ihrer Absolventen wird von Ehrmann betont: „It is true that most of the 'technocrats' themselves have a non-traditionalist outlook: more important than their youth is their common training by the Ecole Nationale d'Administration (E. N. A.) established mostly through the efforts of M. Debré in 1945. That the new institution has failed in some of its objectives, such as social promotion and greater intra-administrative mobility, has not prevented the growth of an intellectual and professional solidarity of its graduates (some would speak about an E. N. A. 'freemasonry')" (Henry W. Ehrmann, „Bureaucracy and Interest Groups in the Decision-making Process of the Fifth Republic", in: Gerhard A. Ritter und Gilbert Ziebura, Hrsg., *Faktoren der politischen Entscheidung.* Festgabe für Ernst Fraenkel. De Gruyter: Berlin, 1963, S. 284).

[7] Das Ansehen, das der französische Staatsrat im wissenschaftlichen Urteil Englands genießt, hat mit der Zeit erheblich zugenommen. Die Verbindung des Staatsrats mit der aktiven Verwaltung als Grund seiner Autorität betont Chapman: „The authority of the Conseil d'Etat rests on the fact that it is an administrative body, not primarily a judicial body and its members are widely experienced in administration, not simply barristers and judges" (Brian Chapman, *British Government Observed: Some European Reflections.* Allen & Unwin: London, 1963, S. 53).

präzisen mündlichen Darlegung der relevanten Gesichtspunkte in öffentlicher Sitzung abgeschlossen; auf dieser Grundlage geht die Untersektion, die mit dem Falle verteilungsgemäß befaßt ist, an ihre Arbeit. Die Zahl der Mitglieder jeder Untersektion sichert ein intimes Gremium, erlaubt es jedoch ohne Schwierigkeit, unterschiedliche Gesichtspunkte bei der gemeinsamen Arbeit ins Feld zu bringen.

Das Schwergewicht des analytischen Eindringens in die Rechtsfragen, die der Fall aufwirft, liegt in der Tätigkeit des Regierungskommissars. Er ist nicht selten ein Mann von großer juristischer Autorität und enzyklopädischem Wissen. Seine Aufgabe besteht darin, die verborgene Rechtsproblematik herauszustellen, die anwendbaren Präjudikate zu ermitteln und zu wägen und das Baumaterial zusammenzubringen, das für die vorgeschlagene Entscheidung in Frage kommt. Auch diese Vorbereitung kulminiert in öffentlicher Sitzung. Das sichtbare Publikum beläuft sich allerdings gewöhnlich nur auf ein halbes Dutzend, einschließlich des unvermeidlichen alten Mannes, der in seiner Zeitung vergraben bleibt und die Seiten geräuschvoll wendet. Die Disziplin der öffentlichen Verhandlung ist für die Hauptbeteiligten dennoch von großer Bedeutung.

Eine andere wichtige Rolle fällt dem Vorsitzenden der Untersektion zu, meist ein wohlbekannter Name. Normalerweise ist er sichtbarer als hörbar; aber er mag auch Grund haben, auf Klarstellung bestimmter Punkte zu drängen. All dies gehört zum organisierten Entscheidungsvorgang. Damit ist allerdings nicht gesagt, daß die Dinge in jedem Fall in der Untersektion zum Ende kommen. Wenn dafür ein Bedürfnis besteht, insbesondere um verschiedene Auffassungen unter den Untersektionen miteinander auszusöhnen, wird ein weiteres Forum in der Form einer gemeinsamen Sitzung oder sogar der gesamten Mitgliedschaft des *Conseil d'Etat* eingeschaltet.

Die Maschinerie fördert die Beachtung der Kontinuität. Der Staatsrat pflegt das Recht, wie es heute besteht, reicht dabei aber in die Vergangenheit zurück. Wo das Bedürfnis nach einer Abzweigung entdeckt wird, spekuliert die Entscheidungsgruppe über die wahrscheinlichen Erfordernisse der Zukunft. Was noch wichtiger ist: Bevor er sich festlegt, sucht der Staatsrat ohne Hitze nach einer Übereinstimmung der Meinungen in seiner Mitte. Er bemüht sich um die Beurteilung vieler Stimmen, ohne sich einer bestimmten Melodie vorschnell zu unterwerfen.

Individuelle Verantwortlichkeit und Gruppensinn sind in gewisser Weise miteinander verknüpft, ohne sich gegenseitig zu blockieren oder zu ersticken. Der Ton der Verhandlung zielt auf freie Fragestellung, unbelastet durch die Etikette der Altersvorsprünge oder des Ansehens. Für eine alte Institution, die geschichtlich in das vorrevolutionäre Königreich zurückgeht, ist das Beweis einer jugendlichen Beweglichkeit, nicht zum geringen Teil das persönliche Verdienst von René Cassin, dem jungen alten Mann, der so lange dem Staatsrat vorstand. Im Ergebnis läßt sich das, was aus dem *Conseil d'Etat* herauskommt, als Verkörperung institutioneller Energie bezeichnen. Der „Geist der Institution" ist nicht Ausdruck eines einzelnen dominierenden Kopfes.

Zwei ergänzende Punkte: Die Beamten des *Conseil d'Etat* haben trotz des Prestiges, das sie genießen, weder individuelle Dienstzimmer noch bloße Arbeitsecken. Diese Unbequemlichkeit ist die Kehrseite einer Ehre, der Unterbringung in dem vornehm knarrenden *Palais Royal*; die Bürde erscheint weniger ungewöhnlich, wenn man sich vor Augen hält, daß Mitglieder des britischen Abgeordnetenhauses in gleicher Weise auskommen. Nur das Haupt des *Conseil d'Etat,* der als Vizepräsident unter einer nominellen Ministerpräsidentschaft die Geschäfte führt, hat neben dem Generalsekretär sein eigenes Amtszimmer. Auf der anderen Seite bringt die Situation den Gewinn mit sich, daß kein Mitglied des Stabes sich in dem institutionellen Körper zu verbergen vermag. Sofern er nicht zu Hause arbeitet, kann er sich seinen Kollegen nicht vorenthalten. Wenn er im Amtsgebäude ist, verrichtet er seine Arbeit in der Bücherei.

Dort ist der Mittelpunkt der beruflichen Aussprache und der wechselseitigen Beratung, die in den Ecken in geflüsterten Unterhaltungen zwischen den Männern und Frauen des Stabes vor sich gehen. Mit wenig Übertreibung könnte man sagen, daß das Gehirn des *Conseil d'Etat* in der Bücherei zu finden ist. In gewissem Sinne befindet sich der Staatsrat mit sich selbst in ständiger Konferenz. Napoleon sagte einmal zu einem seiner Intimen, daß er nie müde werde, seinen Sitz im *Conseil d'Etat* selbst unmittelbar nach Rückkehr von einem Kriegstheater einzunehmen, weil er es genieße, seinen Kopf an den besten Köpfen Frankreichs zu messen. Diese geistige Erbschaft hat den Staatsrat für seine Mission vorbereitet: Formung des Rechts der Verwaltung und Schranke der Willkür — selbst unter dem ersten Kaiserreich, selbst unter Pétain.

Verwaltungsgerichtsbarkeit bedarf jenseits des Handwerklichen des weiten Blicks. In Deutschland ist solche Perspektive durch das Bindeglied zwischen dem akademischen Beruf und den Verwaltungsgerichten symbolisiert und gefördert worden. Die Beteiligung von Vertretern der Rechtswissenschaft an der verwaltungsrichterlichen Tätigkeit selbst trug dazu bei, für diese Tätigkeit das Terrain des öffentlichen Rechts theoretisch zu eröffnen. Die Hochschullehrer saßen nicht in ihrer Klause: Sie schrubbten die Grundbegriffe sauber, systematisierten fallbestimmte Gerichtsentscheidungen zu generellen Regeln und unternahmen es, eine logische Ordnung des Verwaltungsrechts zu schaffen. Im Gegensatz zum angloamerikanischen Rechtskreis konnte die kontinentaleuropäische Praxis des Verwaltungsrechts sich ein großes Maß von verzweifeltem Umhertasten ersparen. Ein lehrbares Verwaltungsrecht entstand im akademischen Bereich, das deshalb unschwer erlernbar war und der weiteren Entfaltung fähig blieb. Mehr als manche anderen Felder des Rechtswissens, lud das Verwaltungsrecht zur methodischen Gestaltung ein, zum System.

Das Verwaltungsrecht war überdies gemeinsames kontinentaleuropäisches Produkt, gemeines Recht gewissermaßen, das vor allem deshalb in anderen Teilen der Welt Wurzel faßte. Austausch war vereinfacht; in dieser Hinsicht sprachen der Däne und der Argentinier, der Vietnamese und der Algerier die gleiche Sprache. In diesem Verbindenden lag die Größe der Leistung Otto Mayers: In seiner klassischen Darstellung des Verwaltungsrechts flossen die grundlegenden Anregungen aus Frankreich und aus Deutschland glücklich zusammen. Nicht minder folgenreich jedoch war die unbesungene Teilnahme des Gelehrten als richterliches Mitglied der Verwaltungsjustiz. Nicht alle großen Lehrer sind große Richter. Aber Richter haben Gewinn von wiederholten Seminaren im Beratungszimmer. Ein ausholendes Denken stärkte die Treffsicherheit der Rechtspflege.

Neuntes Kapitel

Zwischen Stehen und Fallen

Wer sich anschickt, das Dilemma des Verwaltungsmanns zu beschreiben, lädt schon anfangs Herausforderungen von verschiedenen Seiten ein. Von einem Standpunkt, der dem Erlebnis des Verwaltens fern ist, der sich aber durch kritische Abwertung der Verwaltung einer gewissen Popularität erfreut, mag der geringschätzige Zweifel laut werden, ob das einschläfernde Dahinrollen auf den vertrauten Gleisen des Geschäftsgangs je ein Dilemma in Sicht bringen könne. Aus der Sphäre der praktischen Verwaltungstätigkeit läßt sich eher der Einwand erwarten, daß der Singular eine utopische Vereinfachung sei; vor allem in den Höhenlagen der Verantwortung werde der Arbeitstag nicht von *einem* Dilemma beherrscht, sondern sei dadurch gekennzeichnet, daß man von einem Dilemma in das nächste taumele. Unser Rundgang durch das Gelände der Verwaltung könnte uns veranlassen, diese Aussage zu bestätigen.

Eine dritte Herausforderung tritt uns in der Frage entgegen, ob es in der Verwaltung überhaupt jemanden gebe, dessen Verantwortlichkeit eben das Verwalten mit hinreichender Ausschließlichkeit umspanne. Diese Frage, in der die durch keine parteiliche Erklärung abzuweisende Wahrheitsliebe der Wissenschaft wach ist, fände eine Grundlage in der Vermutung, daß der Begriff des Verwaltungsmanns in die Welt der Fiktionen gehöre. Wer in der Verwaltung die letzte Entscheidung treffe, sei in der Regel ohne eigentliche Berufsausbildung für das Verwalten. Wer dagegen eine solche Berufsausbildung besitze, müsse es gewöhnlich anderen überlassen, als Lenker der Verwaltung aufzutreten.

Bei diesem Bedenken handelt es sich nicht nur um die schwer zu klärende Beziehung zwischen dem Behördenchef als dem Vertrauensmann der hinter ihm stehenden Machthaber einerseits und den eigentlichen Leitern der verschiedenen Betriebselemente andererseits. Eine weitere Gegensätzlichkeit tut sich auf, wenn das Leiterstratum als juristisch vorgebildete Lenkungsgruppe ohne entsprechende Beziehung zum Verhalten ist, andererseits aber die Vertretbarkeit der Verwaltungsresultate zu attestieren hat, während das Verwalten selbst zur Hauptsache in nachgeordneten Verarbeitungsgruppen geschieht, deren Vorsteher praktische Erfahrung als Grundlage ihrer beruflichen Rolle betrachten. Noch undurchsichtiger wird das Bild dadurch, daß der Chef zur Erfüllung seiner Aufgabe als Vertrauensmann der Machthaber sich eigener Vertrauensmänner bedient. Diese sind sowohl in der unmittelbaren Umgebung des Chefs wie auch an anderen Plätzen in der Behördenstruktur anzutreffen. Sie schließen Leiter, Vorsteher und andere Behördenangehörige ein. Daneben gibt es noch weitere Vertrauensmänner, die den Machthabern unmittelbar dienstbar sind und dabei ihr Auge auch auf den Chef richten.

Einige Dinge bringt uns bereits eine so stark vereinfachte Skizze wieder in Erinnerung. Durch jeden Verwaltungskörper laufen zwei getrennte, aber dennoch wesensnotwendige Impulse. Der eine wirkt dahin, daß der Körper handelnd in Erscheinung tritt. Er soll den Machthabern gefügig sein; er soll ihren Zwecken dienen, wobei schon das nüchterne Kalkül der Erhaltung der Macht solche Zwecke von rein selbstbezogenen Ausgangspunkten abdrängt; jedenfalls in Form von minimalen Zugeständnissen müssen umfassendere Belange berücksichtigt werden. Der andere Impuls ist der unmittelbaren Körperlichkeit der Verwaltung verhaftet, dem Wie des Funktionierens, ihrer Energiewirtschaft im wörtlichen Sinne, was sowohl ihren Bestand als auch ihre Leistungsfähigkeit in sich schließt.

Nicht weniger wichtig ist der Umstand, daß beiden Impulsen ein moralisches Vorzeichen fehlt. Sie sind nicht generell gut oder böse an sich. Die Zielorientierung der handelnden Verwaltung spielt über eine breite Skala: vom Dienst an der Allgemeinheit an dem einen Pol bis zur befohlenen Ausführung eines parteipolitisch ausgeheckten Schachzuges am anderen. Die Pflege des Verwaltungskörpers in dieser umspannenden Bedeutung reicht ebenfalls von Pol zu Pol: von der nüchternen Prüfung der Leistungskapazität angesichts zunehmender Aufgaben bis zur Kampfansage der Bürokräfte wegen zurückbleibender Entgeltsätze. Was ebenfalls der Betonung bedarf: Diese beiden Impulse — hier der auf die zu erreichenden Ziele, dort der auf die Daseinsbedürfnisse des Apparats hinstrebende Impuls — verlaufen nicht grundsätzlich in entgegengesetzten Richtungen. Tatsächlich ergeben sich ungezählte, oftmals nur zeitweilige Verbindungen.

Von diesen selten erörterten Verbindungen soll in diesem Kapitel die Rede sein. Ihnen ist eine bemerkenswerte Schattenhaftigkeit eigen. Ein beträchtlicher Teil des Dilemmas des Verwaltungsmanns liegt sicherlich darin, daß er sich mit dieser Schattenhaftigkeit herumzuschlagen hat. Auf einer solchen Schnittfläche sehen öffentliche und private Verwaltung einander in allen wesentlichen Punkten wiederum so ähnlich, daß wir die äußeren Unterschiede gemäß den auf beiden Seiten herkömmlichen Selbstbeschreibungsmethoden getrost beiseite lassen können[1].

---

[1] Der Wunsch, den Verwaltungsmann besser dafür auszustatten, sich auf

Reorganisation an der Spitze

Ursprung des Entwurfs

Die langerörterte Koalitionsumgruppierung war endlich zustande gekommen. Wie zu erwarten, brachte das beträchtliche Nachdruckverlagerungen im Hauptprogramm mit sich. In dem in erster Linie betroffenen Bereich wäre es fast zur Ausbootung des Chefs gekommen. Aber trotz anhaltender Meinungsverschiedenheiten über die Ratsamkeit seiner Beibehaltung hatten sich die Machthaber dahin geeinigt, zunächst den Chef wie auch seine rechte Hand am alten Platz zu lassen. Man wollte sehen, ob beide unter dem Druck der veränderten Anforderungen sich zu einer überzeugenderen Demonstration von Stärke aufschwingen würden, als bisher wahrzunehmen war.

Für den Chef bedeuteten die Nachdruckverlagerungen im Hauptprogramm etwas anderes als für seine rechte Hand, den Hauptleiter. Zwischen beiden war es gerade über das, was der Chef als „lose Zügel" zu bezeichnen liebte, wiederholt zu heftigen Worten gekommen. Er hatte mehrfach darüber Klage geführt, daß die meisten der Leiter in Dingen des Programms „völlig uninteressiert" seien, wie er es ausdrückte. Sie kämen aus dem „Kleinkram" ihrer Abteilungen nie heraus. Der Hauptleiter hatte bei verschiedenen Gelegenheiten diesen Eindruck abzuschwächen versucht, vor allem unter Hinweis darauf, daß die Programmanforderungen nicht von Widersprüchen frei seien und zudem ungewöhnliche Arbeitserschwernisse mit sich gebracht hätten.

In gewissem Umfang ließ sich das zwar nicht leugnen. Aber dahinter verbarg sich für den Hauptleiter die Hoffnung, daß er durch die Vertretung dieser Auffassung seine eigene Stellung in der Organisation befestigen könne. Es lag ihm sehr daran, die meisten der Leiter davon zu überzeugen, er sei ihr Interessenwahrer „nach oben". In seinen Beziehungen mit den Leitern hatte er oftmals diskret angedeutet, das erscheine ihm als seine wichtigste Aufgabe. Viel Glauben hatte er bislang allerdings nicht gefunden.

---

dieser Ebene mit Sicherheit zu bewegen, drängte sich während des vergangenen Jahrhunderts immer stärker hervor. Schon Robert Mohl vertrat die Auffassung, die Heranziehung von hoch qualifizierten Kräften an den höheren Dienst erfordere besondere Einrichtungen. In einem Aufsatz, der auch auf die erste Verwaltungsschule in Paris 1848, Traditionsvorgängerin der heutigen *Ecole Nationale d'Administration*, von Einfluß war, schrieb er: „Wir sind . . . der festen Ueberzeugung, daß sich die Zahl der über dem Typus des gewöhnlichen brauchbaren Geschäftsmannes stehenden Staatsmänner und Großbeamten nur dann ansehnlich vermehren kann, wenn ausgezeichneten Individualitäten wieder mehr Bildungs-Spielraum und mehr Zeit zur Aneignung des gerade ihnen zusagenden Wissens gelassen wird" (Robert Mohl, „Über eine Anstalt zur Bildung höherer Staatsdiener", *Zeitschrift für die gesammte Staatswissenschaft*, Bd. 2, 1845, S. 273).

Die Neufassung des Hauptprogramms und vertrauliche Mitteilungen darüber, was ihr zugrunde lag, veranlaßten den Chef zu besonderen Schritten. Er bat den ihm am engsten verbundenen Leiter in die Wohnung, erklärte ihm, die Zeit zum Handeln sei gekommen, und ersuchte ihn um einen Entwurf für eine interne Reorganisation, die der neuen programmatischen Lage gerecht werde. Der Entwurf müsse sich auf grundsätzliche Dinge beschränken. Kern der Reorganisation müsse die Angliederung der Verarbeitungsgruppe A an die Abteilung des mit dem Entwurf beauftragten Leiters sein. Da der programmatische Schwerpunkt sich in erster Linie gerade in den Tätigkeitbereich dieser Abteilung hinübergeschoben habe, sei es unerläßlich, sie angemessen zu stärken. Das lasse sich am besten durch Angliederung der aus der Art ihrer Spezialisierung wichtigen Verarbeitungsgruppe A erreichen. Man wolle endlich Ergebnisse, nicht nur Gesten.

Der mit dem Entwurf beauftragte Leiter meldete in dieser Besprechung keinerlei Bedenken gegenüber einer solchen Reorganisation an. Im Gegenteil: Er hielt mit seiner Zustimmung nicht zurück. Eine andere Haltung wäre auch überraschend gewesen; denn der Leiter war selbst der Urheber der Idee. Er hatte sie früher einmal dem Chef während eines gesellschaftlichen Zusammenseins als Versuchsballon vorgeführt. Damals schien der Chef aber nicht Feuer zu fangen. Das war allerdings kurz vor der Reise, die den Chef auf längere Zeit nach Asien entführt hatte. Man sprach damals von einem Nervenzusammenbruch, munkelte aber auch von Zerwürfnissen unter den Machthabern, die sich ebenfalls auf den Chef ausgewirkt hätten.

Im Verlauf der Besprechung in seiner Wohnung erwähnte der Chef den Hauptleiter mit keinem Wort. Dadurch unterstrich er die Vertrauensgrundlage der unmittelbaren Fühlungnahme zwischen ihm und seinem Gesprächspartner. Beide waren sich trotz ihres völlig verschiedenen Werdegangs schnell nahe gekommen. Als der Chef als „reiner Politiker" vor drei Jahren zu seiner eigenen Überraschung an seinen jetzigen Posten kam, hatte ihm originellerweise ein alter Schulfreund den Leiter empfohlen, der damals noch in einer anderen Abteilung verborgen war; das sei ein „erstklassiger Mann", auf dessen berufliche „Gradheit" man sich verlassen könne. Der Rat hatte sich bewährt. Dabei war das entdeckte Talent beschleunigt vorangekommen, während der Chef durch den neuen Leiter häufig von Situationen und Aktionsmöglichkeiten vernahm, deren Kenntnis für die Fundierung seiner Stellung als Haupt der Organisation von erheblicher Bedeutung war.

Der Leiter glaubte selbst, er könne den Chef besser verstehen als der Hauptleiter, der ohnehin nicht von derselben Gruppe unter den Machthabern gestützt wurde, mit der der Chef identifiziert war. Etwas war natürlich über diese Verbindung in die Organisation gesickert. Dem

Hauptleiter gegenüber hatte der Chef gelegentlich betont, er halte viel von der unmittelbaren Verbindung zwischen ihm selbst und den Abteilungsleitern, wodurch die Rolle des Hauptleiters als seines „ersten Beraters" auf keine Weise gemindert werden solle.

Für die anderen Abteilungsleiter war dies ebenfalls die offizielle Version; nur hatten einige bereits gemerkt, daß ihren individuellen Anregungen und Vorstellungen beim Chef praktisch kaum Gewicht beigemessen wurde. Sie glaubten, ihr bevorzugter Kollege sei auf den Hauptleiterposten aus, der ihm nach ihrer Auffassung sicher zufallen werde, wenn der Chef nicht selbst ausscheide. Für zwei Abteilungsleiter verhieß ein Aufstieg ihres Kollegen zum Hauptleiter eine „bessere sachliche Grundlage" für die Arbeit in der Organisation. Die Mehrheit hielt ihn jedoch für „zu scharf", für „undemokratisch", für einen „verhüllten Politiker".

Am Ende der Besprechung in der Wohnung des Chefs wurde vereinbart, daß der Entwurf Montag früh von dem Leiter dem persönlichen Assistenten des Chefs zur Durchsicht gegeben werden solle. Etwa auftauchende Fragen könnten in unmittelbarer Zusammenarbeit zwischen diesen beiden erledigt werden. Der Chef erbat sich den Entwurf für die Mittagsstunde; er werde ihn als seine eigene Konzeption durchzusetzen haben. Bei der Verabschiedung beglückwünschte sich der Chef in Gedanken, daß gute Verwaltung manchmal die physikalische Wirkung habe, einen heißen Sitz erfreulich abzukühlen. Der Leiter dagegen stellte zu seiner Genugtuung fest, daß die unabweisbaren Notwendigkeiten rationaler Funktionenstruktur, die ihm schon lange am Herzen lagen, doch auch für die politische Gedankenwelt einleuchtend gemacht werden könnten; worauf es eben ankäme, sei die Fähigkeit, die Notwendigkeiten in strenger Sachlichkeit zu begründen.

Zu Hause suchte sich der Leiter einen früheren Entwurf hervor, der dem derzeitigen Versuchsballon zugrunde gelegen hatte. Der Entwurf schien ihm aufs neue das Produkt objektiv bewerteter Tatsachen. Die jetzige Lage, so schloß er, mache alle maßgeblichen Erwägungen um so zwingender. Zwar würde es so aussehen, als ob ihm vornehmlich daran läge, seinen eigenen Bereich auszubauen. Aber kein neutraler Beobachter werde leugnen können, daß es für die Wirksamkeit der Organisation insgesamt ein klarer Gewinn wäre, wenn die Verarbeitungsgruppe A zu seiner Abteilung käme. Dorthin gehöre sie, um unter voller Ausschöpfung ihrer Möglichkeiten und bei dynamischem Antrieb für die Organisation zu ausschlaggebenden Leistungen zu gelangen. In ihrer jetzigen Abteilung sei die Gruppe zum Vegetieren verurteilt, schon weil der Abteilungsleiter auch im Urteil der Kollegen einfach nicht das erforderliche Format besitze.

Aber der alte Entwurf habe den weiteren Vorzug, daß er über die richtige Zuteilung der Verarbeitungsgruppe A hinausgehe. Um der Organisation wirklich auf die Beine zu helfen, sei es ferner geboten, gleichzeitig einige verzettelte funktionelle Elemente zusammenzufassen, die bislang als Teile von vier Verarbeitungsgruppen in drei anderen Abteilungen ihr Dasein fristeten. Der Sachzusammenhang mit der Verarbeitungsgruppe A schien dem Leiter beim erneuten Studium seines Entwurfs wiederum so eng, daß die aus den Funktionssplittern neu zu bildende Verarbeitungsgruppe aus ganz den gleichen Erwägungen ebenfalls seiner Abteilung einverleibt werden müsse. Im Aufputzen des Entwurfs beschränkte sich der Leiter daher im wesentlichen darauf, die Einleitung auf die Folgen der Revision des Hauptprogramms umzufrisieren und den Gesichtspunkt zu dramatisieren, die Reorganisation habe eine durchgreifende Lösung anzustreben.

Ein Schritt zurück

Der persönliche Assistent des Chefs hatte am Montagmorgen an dem Entwurf nur eins auszusetzen: Der Plan gehe über die Absichten des Chefs hinaus. Der Assistent wies ferner darauf hin, daß der Entwurf durch Einbeziehung von drei weiteren Abteilungen das Ausmaß des Widerstandes in der Organisation beträchtlich vergrößern werde. Einerlei was sich zur Sache selbst sagen lasse: Vielleicht sei eine halbe Lösung einer unerreichbaren vorzuziehen. Ein Entwurf, der über die mit dem Chef besprochenen Punkte hinausgehe, wäre am besten als selbständige Alternative zu formulieren. Mit Glück habe der Leiter für die Vorbereitung eines solchen Alternativentwurfs allerdings vor der Mittagsstunde noch Zeit.

Der Leiter war nun vor eine schwere Wahl gestellt. Die Hoffnung für seinen erweiterten Entwurf hing von einer unbekannten Größe ab: dem Druck von oben, den der Chef auf sich lasten fühlte. Der Druck, der einem umfassenderen Plan vielleicht günstig wäre, würde das Höchstmaß des angezeigten Handelns bestimmen. Ein Alternativentwurf könnte andererseits die Wahrscheinlichkeit erhöhen, daß die vom Chef selbst erörterte Idee trotz ihrer Enge automatisch den Vortritt gewinnen würde. Vielleicht ließe sich noch einmal an den Chef herankommen. Das mißlang jedoch, trotz bester Beziehung zum Vorzimmer. Dann rief der persönliche Assistent den Leiter an: Der Chef habe nach dem Entwurf verlangt und von ihm das unveränderte Exemplar erhalten. Der Chef habe seinerseits den Entwurf geändert; nur die Verarbeitungsgruppe A sei darin geblieben.

„Ich möchte Sie dabei haben", sagte der Chef zu seinem persönlichen Assistenten, „wenn ich jetzt mit dem Hauptleiter spreche". Dieser zeigte sich sowohl „völlig überrumpelt", wie er beinahe fassungslos herausbrachte, wie ebenfalls bemerkenswert gut unterrichtet — ein Punkt, auf den jedoch von keiner Seite mit irgendeiner Anspielung eingegangen wurde. Der Hauptleiter sah nur negative Gesichtspunkte. Das Auswechseln der Verarbeitungsgruppe A würde überall als eine Begünstigung des profitierenden Leiters aufgefaßt werden. Eine so weitgehende Verstimmung müsse zu einem Absinken des Arbeitssinns und der Leistungen führen. Überdies sei zu bezweifeln, daß der Vorsteher der Verarbeitungsgruppe A sich bei dem neuen Leiter wohlfühlen werde. Die Vorsteher glaubten sich ohnehin mit ihren eigenen Auffassungen ignoriert.

Daneben protestierte der Hauptleiter scharf gegen seine Ausschaltung in der ganzen Sache. Ihn treffe die Verantwortung für die Beratung des Chefs. Er empfahl nachdrücklich eine Erörterung in weiterem Kreise, falls das beabsichtigte Vorhaben überhaupt weitergehen solle. An einer solchen Konferenz müßten alle Abteilungsleiter und jedenfalls einige der erfahrensten Vorsteher teilnehmen, einschließlich des Vorstehers der Verarbeitungsgruppe A.

Kampf der Wagen und Gesänge

Die Besprechung fand mit der vom Hauptleiter vorgeschlagenen Beteiligung am nächsten Nachmittag unter Vorsitz des Chefs statt. Er leitete die Aussprache mit einigen Bemerkungen über den allgemeinen Zweck interner Reorganisationen ein. Sie seien schließlich nur Versuche, deren Möglichkeiten man ohne vorgefaßte Meinung erproben müsse. Der vorliegende Vorschlag sei eine solche Improvisation. Es sei das Zeichen der lebendigen Verwaltung, sich aus Formen zu befreien, die durch veränderte Umstände hinfällig geworden wären. Andererseits seien angesichts der Neuordnung des Hauptprogramms alle Augen auf die Organisation gerichtet. Nur durch überzeugende Beweise der Initiative könne sie erwarten, ihre Stellung unter den anderen Ressorts zu behaupten. Es müsse etwas Sichtbares geschehen. Der Entwurf sei der Schlüssel zu den Gegebenheiten der neuen Situation.

Eine Pause entstand, bevor einer der ältesten Leiter sich zum Wort meldete. Er sei sich über das wahrscheinliche Maß der erhofften Leistungssteigerung nicht klar, glaube aber, gewisse Konsequenzen voraussagen zu können. Schon die Einladung zu dieser Besprechung habe in der ganzen Organisation erhebliche Unruhe ausgelöst. Man solle aus der ständigen Unsicherheit herauszukommen suchen und sie nicht durch Experimente vermehren. Der Kollege, auf dessen Kosten der Plan durchgeführt würde, habe sich die Sache so zu Herzen genommen, daß er bei seiner geschwächten Gesundheit heute habe zu Hause bleiben müssen. Das sei sicher nicht die rechte Art, langjährige treue Dienste anzuerkennen.

Fast wie auf Bestellung äußerte sich als nächster der Abteilungsleiter, der als „Lamm“ des Chefs bekannt war. Er könne diese Gesichtspunkte nicht besonders ernst nehmen und begrüße die Absichten des Chefs. Man müsse sich umstellungsfähig zeigen. Es sei eine alte Verwaltungsregel, die sich entwickelnden Schwerpunkte der Arbeit organisatorisch zu stärken. Dem widersprach jedoch ein anderer Abteilungsleiter, der besonders betonte, seine Kollegen wie auch er selbst hätten es als eine feste Zusicherung betrachtet, daß das Gleichgewicht unter den Abteilungen gewahrt bleiben werde, was gerade der Hauptleiter viele Male wiederholt habe. Sei es damit nun zu Ende?

Das brachte den bislang distanziert erscheinenden Hauptleiter auf den Plan. Er wandte sich in erregter Weise gegen die Behauptung, er habe zu dem Punkt des sogenannten Gleichgewichts unter den Abteilungen eine bestimmte Auffassung oder gar eine offizielle Haltung vertreten. Nie habe er von einem unveränderlichen Zustand gesprochen. Sein Befremden sei um so größer, als eine solche Bekundung aus dem Kreise der Leiter komme, denen er sich stets so nahe gewähnt habe. Da sehe man wieder, welchen Mißverständnissen redliche Bemühung ausgesetzt sei. Er wolle jetzt ohne weitere Zurückhaltung bekennen, daß er trotz erster Vorbehalte zu der Folgerung gelangt sei, der Vorschlag des Chefs weise den richtigen Weg.

Pfad ins Einvernehmen

Überrascht wie die anderen von dieser Wendung der Sache glaubte nun der Vater des ursprünglichen Entwurfs die Lage dafür günstig, seine weitergehenden Reorganisierungsideen zur Debatte zu stellen. Man müsse hinter dem einen Schritt, der jetzt geplant sei, das umfassendere Bedürfnis nach struktureller Stärkung ins Auge fassen. Um die Organisation von den Zufälligkeiten der geschichtlichen Entwicklung zu befreien, sei eine gründliche Flurbereinigung geboten — ganz in der Richtung, in der sich der Entwurf selbst bewege. Aber dem Leiter konnte die mangelnde Resonanz nicht entgehen. Die psychologische Temperatur fiel so schnell unter den Gefrierpunkt und der Chef zeigte so offensichtliche Ungeduld, daß der Leiter die Parade der beherrschenden Faktoren sehr bald als aussichtslos abbrach.

Als letzter kam der Vorsteher der Verarbeitungsgruppe A zu Wort. Er glaubte vor allem die Momente betonen zu müssen, die für die Arbeit seiner Gruppe ausschlaggebend seien. Dabei stehe eins im Vordergrund: die guten Beziehungen zwischen seiner Gruppe und anderen Verarbeitungsgruppen innerhalb der Abteilung, der die Gruppe gegenwärtig angehöre. Ebenso fest sei die Beziehung zwischen allen Verarbeitungsgruppen und der besonders verständnisvollen Abteilungsleitung. Eine Zuteilung seiner Gruppe an eine andere Abteilung würde ihm und seinen Mitarbeitern wie eine Strafversetzung vorkommen, die einen erheblichen Leistungsschwund erwarten lasse. Er meine auch, daß die „Herumschneiderei“ im Körper der Organisation nur böses Blut mache, wie er es ausdrückte.

Am Schluß holte der Hauptleiter noch einmal für den Chef das heiße Eisen aus dem Feuer. Erfolg und Konsequenzen von organisatorischen Maßnahmen seien anfänglich immer schwer zu übersehen. Als praktischer Mann könne er die Befürchtungen, die von einzelnen der Anwesenden geäußert worden seien, zwar verstehen, ihnen aber nicht entscheidendes Gewicht zubilligen. Es sei ein gutes Zeichen der willigen Zusammenarbeit, daß sich diese Art von Aussprache ermöglicht habe. Im gleichen Geist werde sich sicher auch viel durch die Reorganisation erreichen lassen.

Der Chef beschränkte sich anschließend auf eine Dankesbekundung, die vornehmlich an den Hauptleiter gerichtet zu sein schien. Er werde den Entwurf vorerst noch an höchster Stelle zur Erörterung stellen und dabei auch auf die Bedenken hinweisen, die in diesem Kreise geäußert worden seien. Wenn aber danach das Signal zur Reorganisation gegeben würde, setze er voraus, daß jeder das Seine dazu beitrage, um ihr zum vollen Erfolg zu verhelfen. „Mich macht so was seekrank“, stöhnte einer der Abteilungsleiter in der Halle. „Geht es Ihnen auch so?“

Gesetz des Milieus

Empirische Grundlage

Rohmaterial dieser Art wird in der modernen verwaltungswissenschaftlichen Forschung als Grundlage theoretischer Klarstellung zunehmend verwendet; aber einstweilen kann man sich noch keineswegs über ein Zuviel beklagen. Der Neugierige mag fragen, wo sich die geschilderte Episode ereignet hat. Solch eine Frage setzt den Materialsammler gewöhnlich in Verlegenheit. Er ist selten frei, seine Quellen preiszugeben oder gar bloßzustellen. Er ist darin dem Arzt oder dem Journalisten vergleichbar. Wer Sorglosigkeit gegenüber Informationsgrundlagen an den Tag legt, verbaut sich für die Zukunft den Zugang zu den Quellen.

Man kann natürlich den anderen Weg des erleichterten Austausches mit sympathisierenden Auskunftsgruppen beschreiten; dann aber muß der große Nachteil der entsprechenden Begrenzung des Blickfeldes in Kauf genommen werden. So wurde neulich auf einer Tagung von einem wissenschaftlichen Projekt berichtet, das die Arbeitsbeziehungen zwischen Stab und Linie zum Gegenstand hatte. Zur Ermittlung der Tatsachen war auf die Betriebspsychologen als Auskunftsgruppe zurückgegriffen worden, weil sie der systematischen Befragung den freundlichsten Empfang bereiteten. Die Begründung erregte unter den versammelten Fachvertretern verständnisvolle Heiterkeit.

Aber zurück zu der unbeantworteten Frage: Ganz so wie sie hier geschildert ist, hat sich die Episode meines Wissens nirgendwo zugetragen. Sie stellt eine Verknüpfung von sieben einander im großen und ganzen ähnlichen Tatsachenkomplexen dar, die übrigens in verschiedenen nationalen Bereichen angefallen sind. Was vielleicht interessanter ist: Vier dieser Situationen stammen aus der Behördenwelt, während die drei anderen aus der Privatverwaltung berichtet sind, und zwar aus zwei Großbetrieben und einer Unternehmung mittleren Ausmaßes. Die einzelnen Glieder der hier beschriebenen Ereigniskette sind aus verschiedenen Bündeln von Forschungsnotizen zusammengefügt.

Der heterogene Ursprung des Materials macht es verständlich, daß für unsere Skizze meist Bezeichnungen gewählt worden sind, die nicht allgemein benutzt werden. So war von Machthabern die Rede, was auf Führungselemente im politischen Bereich hinweisen könnte. Aber der Begriff schließt dem Wesen nach auch die Sachwalter von Herrschaftsinteressen in der rein privatwirtschaftlichen Sphäre ein. Ähnlich wurde vom Hauptleiter und von Vorstehern gesprochen, obwohl solche Bezeichnungen hier in erster Linie dem Generalisierungsbedürfnis entspringen und tatsächlich nur in bestimmten Organisationen angewandt werden.

Trotzdem die Skizze daher in gewissem Umfang stilisiert ist, bleibt das Bild doch scharf. In ihm setzt sich die weitgehende Einheitlichkeit des Verwaltungsmilieus in seinen wesentlichen Umständen unabgeschwächt durch. Insofern deutet der empirische Befund das gleiche an, was in unseren Erörterungen wiederholt erkennbar wurde: Daß im Handeln der Verwaltung ein zentrales Phänomen gegenständlich ist.

Das kann durch die traditionelle Trennung in öffentlichrechtliche und privatrechtliche Strukturen für die analytischen Ziele der Verwaltungswissenschaft nicht in Frage gestellt werden. Im Zeitalter der Großorganisation und der ihr entspringenden umfassenden Handelnssysteme nimmt der Verwaltungsmann zunehmend allgemeinen Charakter an. Je nach seinem Standort in Behörde, Betrieb oder Verband wird er sich zwar weiterhin gemäß den in seinem Bereich respektierten Verhaltensmodellen in gewissen Dingen differenziert gebärden. Aber wer ihm an seinen verschiedenen Wirkungsplätzen als vorurteilsloser Beobachter an die Seite tritt, wird das übersehen wollen. Er wird sich im Gegenteil kaum der Einsicht entziehen können, daß das Berufserlebnis des Verwaltens durch Situationen gekennzeichnet ist, die von Standort zu Standort austauschfähig sind[2].

---

[2] Wenn wir Positionsgarantie als Rollensicherung übersetzen, gilt auch

Milieubezogenes Verhalten

Wichtiger noch ist eine andere Hypothese, die sich in unserem Material ankündigt. Die technischen Voraussetzungen allen Verwaltens, insbesondere Organisation und Verfahren, wie die dadurch im wesentlichen geprägten Verhaltensnormen geben der Verwaltung eine unverkennbare Formung. Anders ausgedrückt: Verwaltung schafft sich ihr eigenes Milieu. Freilich wollen wir uns daran erinnern, daß Verwaltung ihrerseits in wichtigen Punkten nicht nur technologisch und politisch, sondern ebenfalls kulturell beeinflußt ist. Sie ist selbst milieugebunden. Das mindert aber nicht die in dem weiteren Rahmen vor sich gehende Bildung eines Sondermilieus. Wer in dies Sondermilieu eingefügt ist, bewegt sich schon im Interesse der eigenen Geltung und Sicherung in milieubezogenen Formen. Seine Ausdrucksweise, die Beschreibung seiner Absichten, die Art seiner Rechtfertigung werden durch den zugrunde gelegten Sinn des Verwaltungsmilieus bestimmt[3].

Unser Fall belegt also das, was man das Gesetz des milieubezogenen Verhaltens nennen könnte. Trotz durchaus unterschiedlicher Interessen wurde die Stellung jedes Beteiligten von ihm nach allgemein funktionellen Gesichtspunkten verbalisiert. Auch das, was aus dem persönlichen Nutzenkalkül emporzusteigen schien, trat nur als Teil der Gewinn- und Verlustrechnung für den Apparat unter den Umständen hervor, die der Situation eigen waren.

Dabei handelt es sich nicht um bewußte Tarnung. Eher könnte man sagen: Das Eigeninteresse des Beteiligten sucht sich das komplementäre Interesse des Apparats als Weg zur Befriedigung, wodurch das Eigeninteresse selbst automatisch für die Interessen des Apparats eingespannt wird, dem es so aus autonomem Antrieb lebenswichtige Energie zuführt. Dies ist ein für die Vitalität der Organisation entscheidendes Übersetzungsrad. Jeder der Beteiligten redete Verwaltung, selbst die Exponen-

---

für die öffentliche Verwaltung, was ein Wirtschaftsberater wie folgt ausdrückt: „Gäbe es einen Kodex über die Kampfbedingungen der Führungskräfte, würde man dort bestimmt nachlesen können, daß jede Positionsgarantie ausgeschlossen ist. Und mit dem Blick auf den Organisationsplan ist jede Position von allen Seiten der Gefährdung ausgesetzt" (Heinrich Mechler, *Die unentbehrliche Klasse: Das betriebliche Führungskorps in der industriellen Gesellschaft.* Seewald: Stuttgart, 1964, S. 134).

[3] Über den „klubartigen" Kommunikationsstil unter den britischen Oberbeamten sagt ein feinfühliger Amerikaner anhand einiger Kostproben: „The epistolary style of the Administrative Class is revealed rather strikingly and is significant. It tends to be deliberately informal, with a considerable underlay of understated humor; at times a bit arrogant, particularly in its references to lesser breeds ... ; and is obviously a style designed for use among members of the same club — not for the outside world" (Harold Stein, „The British Administrator's World", *Public Administration Review,* Bd. 22, 1962, S. 227).

ten der „politischen Ebene“, der Chef und der Hauptleiter. In gewissem Umfang objektivierten sich die persönlichen Zielsetzungen, indem sie institutionellen Zielsetzungen parallel geschaltet wurden und mit ihnen im Bewußtsein des Handelnden als nächste psychologische Phase mehr oder minder verschmolzen.

Wenn es somit naheliegt, daß man im Gebäude der Verwaltung der Verwaltung gemäß lebt, so verschiebt das auch die herkömmliche Vorstellung von der polaren Gegensätzlichkeit von Politik und Verwaltung. Ein durchgreifender Unterschied muß jedoch vorangestellt werden. Unter revolutionären Auspizien wird das Neue, das die Politik beherrscht, unvermeidlich gegen das Bestehende anbranden, das gewöhnlich in der Verwaltung seinen Schwerpunkt findet. In einer solchen Situation wird das verwaltungseigene Argument oft als Methode des Widerstands verdammt werden, mit oder ohne Grund. Wenn das öffentliche Leben sich andererseits im großen und ganzen im konstitutionellen Gleichgewicht befindet, steht die Politik zur Verwaltung in der Beziehung der lenkenden Gewalt, die auf produktive Dienstleistung erpicht ist. Selbst wenn die Machthaber der Verwaltung fremd oder skeptisch gegenüberstehen, muß die von ihnen zugeteilte verantwortliche Leitung die Leistungsvoraussetzungen des Apparats sachlich zu würdigen suchen. Dazu hat auch die politisch eingespannte Leitung verwaltungsbezogen denken zu lernen.

Nicht um eine Gegensätzlichkeit, die durch sprödes Entgegenkommen bewältigt werden müsse, handelt es sich deshalb in der Beziehung zwischen sanktionierter Gewalt und sachgerechtem Tun. In Wirklichkeit handelt es sich um eine Wechselseitigkeit fundamentaler Interessen. Diese Wechselseitigkeit zwingt einerseits die Politik, soweit sie sich selbst gerecht zu werden imstande ist, der Verwaltung gegenüber die gleiche Haltung einzunehmen, die ein verständiger Kraftwagenfahrer gegenüber seinem Fahrzeug bekundet: er muß gewisse Konzessionen in der Vorrangordnung des Verlockenden zu machen bereit sein. Die Wechselseitigkeit zwingt andererseits die Verwaltung, angesichts der Anforderungen der Politik vom vollen Maß der auf ihren eigenen Bestand gerichteten Fürsorge innerhalb bestimmter Grenzen Abstriche hinzunehmen. *Eine* Schwierigkeit liegt freilich auf der Hand: Wie sich der Zusammenprall des politisch inspirierten Ausnahmefalls für das Präjudizielle des allgemeinen Geschäftsgangs erträglich machen läßt.

Der oben beschriebene Sachverhalt legt die Schlußfolgerung nahe, daß in der eigentlichen Sphäre der Verwaltung auch der politische Ausgangspunkt in Verwaltungslogik umgeprägt wird, wenn es sich darum handelt, ihm Durchschlagskraft zu verschaffen. Obwohl der Chef bei seiner Bindung an die politische Konstellation seine Aufgabe in erster Linie als Agent der Machthaber definieren muß, kommt er gerade unter diesem Gesichtspunkt zu einem Reorganisierungsplan, der sich als sachgerechtes

Mittel zur Erzielung programmbedingter Verwaltungsleistungen aufdrängt. Er bemüht sich, seine Position gegenüber den Machthabern zu festigen, kann das aber nur tun, indem er seiner leitenden Stellung durch eine objektiv geeignete Verwaltungsmaßnahme Rechnung trägt[4].

Er bedient sich dabei eines beruflich orientierten Gegenspielers, des Abteilungsleiters, dessen „Gradheit" als Mann der Verwaltung einem außerhalb des Apparats stehenden Zeugen offensichtlich war. Aber die Zugehörigkeit des Leiters zur beruflichen Sphäre der Verwaltung dämpft nicht die Kritik der meisten seiner Kollegen. Die Mischung von Fähigkeit und Ehrgeiz beeinflußt sie, ihn als „verhüllten Politiker" abzubuchen. Er ist ihnen kein richtiger Kollege; sonst würden sie ihn nicht als „zu scharf" und als „undemokratisch" beurteilen[5].

Der feste Boden

Das Gesetz des milieubezogenen Verhaltens erklärt zweierlei. Es erhellt nicht nur, weshalb alle Beteiligten ihre Einstellung und ihre Vorschläge aus der Rationalität der Verwaltung argumentierten, aus dem, was der Zielrichtung und den Bedürfnissen des Apparats Rechnung tragen würde. Das Gesetz erklärt auch, weshalb jeder, gemessen allein an der objektiven Überzeugungskraft seiner geäußerten Argumente, recht zu haben schien, wenn auch nur in Begrenzung auf die Reichweite der jeweiligen Argumente.

---

[4] Gewöhnlich haben diese wechselseitigen Beziehungen ein unmittelbares Echo in der Allgemeinheit. Der Zusammenhang zwischen Autoritätsbekundungen der öffentlichen Gewalt und staatsbürgerlichem Sinn ist ein uraltes Thema. Wie ein Mitglied des Lehrkörpers der Hohen Kameral-Schule zu Lautern in der Kurpfalz, Traditionsvorgängerin der Hochschule für Verwaltungswissenschaften Speyer, es 1775 im Hinblick auf die Haltung des Untertanen ausdrückte: „Man gebe ihm Freiheit, oder Befoerderung bei seinen edeln Neigungen, man berichte ihn mit Vernunft, wann er abweicht: so wird er ein guter Unterthan seyn, und das gemeine Wesen, dem er angehört, als einen Theil seiner selbst, lieben, und seinem Regenten, nicht aus Eigennutze, sondern mit der zärtlichsten und dankbarsten Empfindung ergeben seyn" (F. L. M. Schmid, „Von dem Zusammenhange zwischen der Land- und Stadtwirthschaft, der Handlung, der Polizei, dem Finanzwesen und der Staatswirthschaft" [11. Dezember 1775], in: *Sammlung Kleiner Schriften der Kameral-Hohen Schule zu Lautern*, Bd. 1. Ökonomische Gesellschaft: Mannheim und Lautern, 1781, S. 54).

[5] Dies fließt in eine lang beobachtete Tendenz über. Wie schon Rehberg hervorhebt: „Noch gefährlichere Gegner hat das emporstrebende Talent in seinen Mitwerbern. Unter diesen existirt ohne Verabredung eine stillschweigende Verschwörung, den nicht aufkommen zu lassen, dessen stärkerer und besserer Wille, noch mehr als überlegne Fähigkeiten, denen imponiren, die nur von kleinen selbstsüchtigen Neigungen beherrscht werden" (August Wilhelm Rehberg, *Ueber die Staatsverwaltung deutscher Länder und die Dienerschaft des Regenten*. Hahn: Hannover, 1807, S. 107).

Ja: Als bester Schlüssel zur Würdigung der sachlichen Argumente erwies sich gerade genaue Kenntnis der unangekündigten persönlichen Motivierungen — abgesehen natürlich von der Möglichkeit, in eine institutionell organisierte Wägung aller zugehörigen Gesichtspunkte einzutreten, vielleicht durch eine speziell gebildete Studiengruppe oder einen bestehenden Fachstab für organisatorische oder ähnliche Fragen. Wir sahen ferner, daß sich das Gesetz des milieubezogenen Verhaltens als Minderung der Kluft zwischen Politik und Verwaltung auswirkt. Jedenfalls erscheint die Kluft als weniger wirklich. Ist der Chef oder der ebenso fähige wie hilfsbereite Abteilungsleiter der eigentliche „Politiker"?

In dieser Perspektive liegt ein erheblicher Teil des Dilemmas des Verwaltungsmanns darin, daß er im ständig erneuten Gaukeltanz der auf ihn eindrängenden Faktoren für sich selbst eine verläßliche Bewertungsgrundlage zu gewinnen hat. Das Vorhandensein der Organisation zieht die Beteiligten in ihren Bann. Sie sind darauf angewiesen, ihre Handlungen aus der Natur der Organisation zu gestalten und so im Rahmen des Möglichen ihren persönlichen Interessen nachzukommen. Daher auch die dem Bewußtsein des Beteiligten meist entrinnende Zwiespältigkeit des Angestrebten und der Art der Verlautbarung.

Der Fuß, der den Ball zuerst abstößt, ist der persönliche Interessenantrieb, es sei denn, dieser Antrieb wäre entweder durch vorangehende Befriedigung ausgeräumt („Danke, keine Klagen!") oder durch moralische Zügelung, durch „Dienstgesinnung" generell in Schranken gewiesen. Unser Sachverhalt deutet darauf hin, daß in Ermangelung solcher Gegenkräfte das Wuchern des Persönlichen nicht überraschend ist. Er erklärt, wie selten umfassende institutionelle Interessen der Organisation in eigenem Recht einen Fürsprecher finden und durch ihn der Befriedigung zugeführt werden.

Das liegt letzten Endes daran, wie schon erwähnt, daß eine Organisation kein Organismus ist. Sie ist eher eine fluktuierende Gruppierung als eine verläßlich gebildete Formation, in der der einzelne Beteiligte aufgeht. Was wir beobachten, ist eine pluralistische Gestaltung, die jedem einen Aktionsbereich eröffnet. Das Autoritätsgerippe bedingt eine minimale Rollenverteilung; aber die unentbehrlichen, wenngleich instabilen Gemeinsamkeiten der handelnden Verwaltung entfließen überwiegend einem anderen Gesetz, dem Gesetz der selektiven Akkordierung, wie man es bezeichnen möchte.

Die Vielheit ist das Gegebene in der Organisation, ungeachtet der juristisch konstruierten Körperschaftlichkeit. Die Verbindung, das Gemeinsame muß durch Bemühung erzielt werden. Die Verbindung ist nur insoweit real, als sie sich ständig erneuert. Der Zement ist das Interesse, das elementar zunächst nur das Eigeninteresse sein kann, aus dem sich erst in der Sublimierung ein Sinn für das Gemeininteresse entwickeln läßt. Auf dem Wege zum Gemeininteresse steigt die Kraft des Zusammenhangs in der Organisation als Zwischenphase vor allem aus dem Assoziationsinstinkt hervor, der sich spontan geltend macht.

Die Organisation ist durchwachsen von intimeren Gemeinsamkeiten — Gruppen und Klüngeln, Bündnissen und Patronaten. Die Grundlage dieser Gemeinsamkeiten ist selektive Akkordierung: Man vereint sich mit unterschiedlichen, aber meist wohl verstandenen Verbindlichkeiten, einfach weil's kaum anders geht. Dementsprechend ist die Akkordierung selektiv. Welche Akkordierung erwünscht erscheint, mit wem und wielange, kann dem Beteiligten vorbehalten bleiben. Die formalen Regeln der Organisation üben hier keinen Zwang aus, obwohl Autorität vielfach erhöhte Kaufkraft hat.

„Verfassung" der Verwaltung

Nicht selten wird den heutigen Sozialwissenschaften nachgesagt, sie beschränkten sich auf die Störung der öffentlichen Ordnung durch ungebetene Verbreitung von Licht. Wenn dann der Ruf nach Abhilfe der sichtbar gewordenen Unzulänglichkeiten ertöne, entfernten sie sich schnellen Schrittes von der Szene, weil die Verbesserung der Welt nicht ihnen obliege. Sie täten das mit der Erklärung, die dazu nötige Methodik hätten sie nicht zur Hand.

Dies Eingeständnis des Sozialwissenschaftlers ist sicherlich keine bloße Ausrede, obwohl er sich damit dem Vorwurf der eitlen Besserwisserei aussetzt. Auch die Verwaltungswissenschaft sucht sich das Leben durch Beschränkung auf rein empirische Vorhaben erträglich zu machen. Sie will nur zeigen, was ist. Aber die Seele des Verwaltens gehört so sehr dem Tun, daß der Drang nach praktisch verwertbarer Erkenntnis überwältigend wird. Darf man unter Preisgabe der akademischen Tugend zum Abschluß riskieren, mit zögerndem Schritt dem Laster der unkonzessionierten Therapie entgegenzukommen?

Wie bereits bemerkt, ist das Leben der Verwaltung durch pluralistische Tendenzen dominiert. Das ist nicht die Folge des Verfalls früher bestehender Homogenitäten. Denn wenn bereits Aristoteles den Menschen als Sozialwesen erkannte, so beleuchtete er damit die Grundtatsache, daß alle Organisation, wenngleich als Einheit gewollt, aus der Vielheit lebt. Das lebende Individuum ist schon als Baustein primär; und obwohl der Mensch mit erstaunlichen Differenzierungen des Motivs die Organisation trägt, *er*trägt er sie nie ganz, geplagt von dem Zweifel, daß sie ihm weniger geben könnte, als er sich wünscht, und ihm mehr zu nehmen droht, als er opfern möchte.

In solcher Spannung wird jedoch der die Organisation an ungezählten Stellen spaltende Pluralismus zur schöpferischen Kraft. Im Verband, selbst wenn er von seinen Mitgliedern nur als Notwendigkeit geduldet wird, reicht der einzelne Beteiligte schon in schierer Selbstbehauptung über sich selbst hinaus. Er kommt seinen Absichten nur dadurch näher, daß er andere in seinen Interessenbereich zieht. Das bietet die Grundlage zum Zusammenhang ebenso wie zur produktiven Gesamtleistung. Die Handelnden in der geschilderten Episode verfolgten ihren Weg, indem sie sich die Strategie zu eigen machten, andere zur Beteiligung, zum unterstützenden Selbsteinsatz, zum Engagement zu bringen. In diesem Gewebe hat niemand *die* Macht; alle suchen aber nach Anteil an dem wahrnehmbaren Machtgehalt, selbst wenn es sich nur um Eigenbehauptung oder Rückenstärkung handelt.

Die individualisierte Autonomie der Beziehungen setzt andererseits die Vorstellung des Verbandes voraus. Seine „Verfassung", sozial gesehen, ist aus verschiedenen Dingen zusammengesetzt: verbindlich formulierten Normen, Arbeitsgewohnheiten, räumlichen Verhältnissen, Leitbildern organisatorischer Art und ähnlichen Dingen mehr. Diese Verfassung muß sich gegenüber den beobachteten Gegebenheiten des täglichen Daseins durchsetzen. Sie kann verschleißen; ebenso aber kann sie bewußt verstärkt werden, vor allem in der Symbolik des Gemeinsamen. Bestimmte Denkweisen können gleichfalls einen Einfluß ausüben. Dazu ist es vielleicht von Interesse, daß unlängst ein amerikanischer Fachvertreter in einer Monographie die relativ hohe Lenkbarkeit des deutschen Verwaltungssystems in historischer Sicht auf die institutionelle Geschlossenheit des Berufsbeamtentums zurückgeführt hat. Eine allgemeine Dienstgesinnung könnte sogar eine parzellierende bundesstaatliche Behördenstruktur über sich selbst hinausführen.

Noch ein weiteres. Schon das Gesetz der selektiven Akkordierung weist darauf hin, daß der Inhalt der Übereinkommen und daher des Einvernehmens in der Organisation in der Regel individualisiert, fragmentiert und veränderlich bleibt. Was zwei oder mehrere Beteiligte durch persönliche Beziehungsstränge miteinander verbindet, bindet nur sie und im jetzigen Zeitpunkt. Natürlich gibt es auch in besonderen Situationen einen Rütli-Schwur, aber kaum allmonatlich. Als Institution bleibt daher die Organisation meist zweideutig.

Benennbare Bindungen, die in die Zukunft hinein gelten sollen, kommen nur mit großer Anstrengung zustande. Der Grund liegt einfach darin, daß sie die selektive Akkordierung beiseite drängen würden. „Das sagte der Chef? Welcher? Wann?" Daß Institutionen kein Gewissen haben, daß auf ihr bloßes Wort kein Verlaß ist, daß Opportunismus ihre Lebensformen bestimmt — diese Behauptungen der *apparatchiki* aus allen Sphären legen eine Schlußfolgerung nahe, die der Verwaltungsmann nicht außer acht lassen wird.

Was sollte man noch hinzufügen, wenn ihm all dies auf der Waage der praktischen Relevanz noch zuwenig erscheint? Vielleicht eine letzte Anregung: Daß er sich den Apparat um einiges vom Leibe halten muß. Das ist für ihn geboten, um den eigenen gestaltenden Beitrag zur Zivilisierung des Apparats und zur Geltendmachung der durch ihn zu erwirkenden Werte ermitteln und leisten zu können. Eine solche Aufgabenstellung ruft vor allem nach Verständnis des Milieus der Verwaltung — ein eindringendes Verständnis, das sich bloßer Erfahrung nicht vorschnell beugen darf.

Schrifttumsauswahl

Mushtag Ahmad, *Government and Politics in Pakistan*. Karachi: Pakistan Publishing House, 1959.

Chadwick F. Alger, „The External Bureaucracy in United States Foreign Affairs", *Administrative Science Quarterly*, Bd. 7, 1962, S. 50 ff.

Gabriel A. Almond und James S. Coleman, Hrsg., *The Politics of the Developing Areas*. Princeton, N. J.: Princeton University Press, 1960.

Gabriel A. Almond und Sidney Verba, *The Civic Culture: Political Attitudes and Democracy in Five Nations*. Princeton, N. J.: Princeton University Press, 1963.

Jean Amphoux, *Le Chancellier fédéral dans le Régime constitutionnel de la Republique Fédérale d'Allemagne*. Paris: Pichon & Durand-Auzias, 1962.

Adolf Angermann, Hrsg., *Betriebsführung und Operations Research*. Frankfurt/M.: Nowack, 1963.

Ders., *Entscheidungsmodelle*. Industrielle Planungsrechnung, Bd. 1. Frankfurt/M.: Nowack, 1963.

David E. Apter, *Ghana in Transition*. New York: Atheneum, 1963.

Chris Argyris, *Personality and Organization: The Conflict between System and the Individual*. New York: Harper, 1957.

Hans-Joachim Arndt, *Politik und Sachverstand im Kreditgewährungswesen: Die verfassungsstaatlichen Gewalten und die Funktion von Zentralbanken*. Berlin: Duncker & Humblot, 1963.

Henning v. Arnim, *Der Beamte als Vorgesetzter: Gedanken zu Fragen der Personalführung in der Behörde*. Hamburg, Berlin, Bonn: Schenck, 1961.

Sidney H. Aronson, *Status and Kinship in the Higher Civil Service: Standards of Selection in the Administrations of John Adams, Thomas Jefferson, and Andrew Jackson*. Cambridge, Mass.: Harvard University Press, 1964.

G. E. Aylmer, *The King's Servants: The Civil Service of Charles I, 1625—1642*. New York: Columbia University Press, 1961.

Reinhard K. J. Badenhoop, Hrsg., *Wirtschaftliche öffentliche Verwaltung: Beiträge zu kostenbewußtem Denken*. Veröffentlichungen der Kommunalen Gemeinschaftsstelle für Verwaltungsvereinfachung. Stuttgart: Kohlhammer 1961.

Hans Paul Bahrdt, *Industriebürokratie: Versuch einer Soziologie des industrialisierten Bürobetriebes und seiner Angestellten*. Stuttgart: Enke, 1958.

Ernest Barker, *The Development of Public Services in Western Europe, 1660 to 1930*. London: Oxford University Press, 1943.

Pierre Bauchet, *La planification française*. Paris: Editions du Seuil, 1962.

Erich Becker, „Stand und Aufgaben der Verwaltungswissenschaft", *Festschrift für Friedrich Giese*. Frankfurt/M.: Kommentator, 1953, S. 9 ff.

Samuel H. Beer, *Treasury Control: The Coordination of Financial and Economic Policy in Great Britain*. 2. Aufl. Oxford: Clarendon Press, 1957.

Stafford Beer, *Kybernetik und Management*. Frankfurt/M.: Fischer, 1962.

Reinhard Bendix, *Herrschaft und Industriearbeit: Untersuchungen über Liberalismus und Autokratie in der Geschichte der Industrialisierung*. Frankfurt/M.: Europäische Verlagsanstalt, 1960.

Ders., *Higher Civil Servants in American Society: A Study of the Social Origins, the Careers, and the Power-Positions of Higher Federal Administrators*. Boulder, Col.: University of Colorado Press, 1949.

Ders., *Nation-building and Citizenship: Studies of our Changing Social Order*. London: Wiley, 1964.

Morroe Berger, *Bureaucracy and Society in Modern Egypt: A Study of the Higher Civil Service*. Princeton, N. J.: Princeton University Press, 1957.

Serge Birn und Andere, *Wege zur Senkung und Kontrolle der Verwaltungskosten: Ein Handbuch für Wirtschaft und Verwaltung*. Berlin: Schmidt, 1964.

Pius Bischofberger, *Durchsetzung und Fortbildung betriebswirtschaftlicher Erkenntnisse in der öffentlichen Verwaltung: Ein Beitrag zur Verwaltungslehre*. Veröffentlichungen der Hochschule St. Gallen für Wirtschafts- und Sozialwissenschaften, Rechts- und Verwaltungswissenschaftliche Reihe, Bd. 2. Zürich und St. Gallen: Polygraphischer Verlag, 1964.

Hans Blohm und Franz-Josef Brenneis, *Wegweiser für den Einsatz von interner und externer Revision*. Wegweiser für die wirtschaftsprüfenden und wirtschaftsberatenden Berufe, Reihe A, Bd. 2. Berlin: Haude & Spener, 1964.

Edwin A. Bock, Hrsg., *Études sur la Méthode des Cas en Administration publique*. Brüssel: Institut International des Sciences Administratives, 1962.

Ernst-Wolfgang Böckenförde, *Die Organisationsgewalt im Bereich der Regierung: Eine Untersuchung zum Staatsrecht der Bundesrepublik Deutschland*. Berlin: Duncker & Humblot, 1964.

Herbert v. Borch, *Obrigkeit und Widerstand: Zur politischen Soziologie des Beamtentums*. Tübingen: Mohr, 1954.

Kenneth E. Boulding, *The Organizational Revolution: A Study in the Ethics of Economic Organization*. New York: Harper, 1953.

Arnold Brecht, *The Art and Technique of Administration in German Ministries*. Cambridge, Mass.: Harvard University Press, 1940.

Ders., *Federalism and Regionalism in Germany: The Division of Prussia*. New York: Oxford University Press, 1945.

Rupert Breitling, *Die Verbände in der Bundesrepublik: Ihre Arten und ihre politische Wirkungsweise*. Meisenheim: Hain, 1955.

W. F. Bruck, *Das Ausbildungsproblem der britischen Beamten in Verwaltung und Wirtschaft: Eine soziologische und verwaltungspolitische Studie*. Jena: Fischer, 1928.

Hartwig Bülck, *Der Strukturwandel der internationalen Verwaltung*. Recht und Staat, Heft 247. Tübingen: Mohr, 1962.

Bericht der Sachverständigenkommission für die Vereinfachung der Verwaltung beim Bundesministerium des Innern. Bonn: Köllen, 1960.

Gemeinsame wirtschaftliche Grundregeln in privater Wirtschaft und öffentlicher Verwaltung: Welche Erfahrungen der Betriebswirtschaft können Staat und Kommunen für die wirtschaftliche Gestaltung ihrer Verwaltung und ihrer Ausgaben übernehmen? Gutachten im Auftrag des Bundesfinanzministers. Studien der Forschungsgesellschaft für Staats- und Kommunalwirtschaft, Frankfurt/M. Göttingen: Schwartz, 1958.

James Burnham, *Das Regime der Manager.* Stuttgart: Union Deutsche Verlagsgesellschaft, 1948.

Fred G. Burke, *Local Government and Politics in Uganda.* Syracuse University Press: Syracuse, N. Y., 1964.

Benjamin N. Cardozo, *The Nature of the Judicial Process.* New Haven: Yale University Press, 1921.

Brian Chapman, *British Government Observed: Some European Reflections.* London: Allen & Unwin, 1963.

Ders., *The Profession of Government: The Public Service in Europe.* London: Allen & Unwin, 1959.

Ders., *The Prefects and Provincial France.* London: Allen & Unwin, 1955.

Joan Chapman, „The Prefect at Home", *Public Administration,* Bd. 30, 1952, S. 179 ff.

D. N. Chester, Hrsg., *The Organisation of British Central Government* (written by F. M. G. Willson). Survey by a Study Group of the Royal Institute of Public Administration. London: Allen & Unwin, 1957.

Taylor Cole, „The Democratization of the German Civil Service", *Journal of Politics,* Bd. 16, 1952, S. 3 ff.

Richard Couvé, *Menschen und Maschinen im Büro: Wirtschaftliches Arbeiten in Betrieb und Behörde.* Stuttgart: Forkel, 1961.

John A. Craig, *History of Red Tape.* London: Macdonald & Evans, 1955.

Michel Crozier, *Le Phénomène bureaucratique: Essai sur les Tendances bureaucratiques des Systèmes d'organisations modernes et sur leurs relations en France avec le Système social et culturel.* Paris: Éditions du Seuil, 1963.

Richard M. Cyert und James G. March, *A Behavioral Theory of the Firm.* Englewood Cliffs, N. J.: Prentice Hall, 1963.

Hansjürgen Daheim, *Die Sozialstruktur eines Bürobetriebes: Eine Einzelfallstudie.* Dissertation, Wirtschafts- und Sozialwissenschaftliche Fakultät, Universität Köln, 1957.

Ralf Dahrendorf, *Gesellschaft und Freiheit: Zur soziologischen Analyse der Gegenwart.* München: Piper, 1961.

Ders., *Industrie- und Betriebssoziologie.* 2. Aufl. Berlin: de Gruyter, 1962.

Harold E. Dale, *The Higher Civil Service of Great Britain.* London: Oxford University Press, 1941.

Bruno Dechamps, *Macht und Arbeit der Ausschüsse: Der Wandel der parlamentarischen Willensbildung.* Meisenheim: Hain, 1954.

Karl Demeter, *Das Deutsche Offizierskorps in Gesellschaft und Staat 1650 bis 1945.* Frankfurt/M.: Bernard & Graefe, 1964.

Karl Deutsch und Lewis J. Edinger, *Germany Rejoins the Powers: Mass Opinion, Interest Groups and Elites in Contemporary German Foreign Policy.* Stanford: Stanford University Press, 1959.

Karl-Heinz Diekershoff, *Der Einfluß der Beamtenverbände auf die Gestaltung des Personalvertretungs-Gesetzes: Eine Studie zur Verbandsproblematik in der parlamentarischen Demokratie.* Diplomarbeit, Universität Köln, 1961.

Josef Distel, *Berufsbeamtentum heute: Tradition und Fortschritt.* Hrsg. vom Deutschen Gewerkschaftsbund, November 1963.

Peter F. Drucker, *Gesellschaft am Fließband: Eine Anatomie der industriellen Ordnung.* Frankfurt/M.: Verlag der Frankfurter Hefte, 1950.

Ders., *Praxis des Management: Ein Leitfaden für die Führungs-Aufgaben in der modernen Wirtschaft.* 4. Aufl. Düsseldorf: Econ, 1964.

Friedrich von Dungern, *Bürokraten oder schöpferische Beamte?* Göttingen: Schwartz, 1960.

Gerald Eberlein, *Der Erfahrungsbegriff der heutigen empirischen Sozialforschung.* Sozialwissenschaftliche Schriftenreihe, Heft 2. Berlin: Meiler, 1963.

S. N. Eisenstadt, „Bureaucracy and Bureaucratization: A Trend Report", *Current Sociology,* Bd. 7, 1958, S. 99 ff.

Thomas Ellwein, *Das Regierungssystem der Bundesrepublik Deutschland.* Köln und Opladen: Westdeutscher Verlag, 1963.

Carl August Emge, *Bürokratisierung unter philosophischer und soziologischer Sicht.* Akademie der Wissenschaften und der Literatur, Abhandlungen der geistes- und sozialwissenschaftlichen Klasse, Heft 18. Mainz, 1950.

Theodor Eschenburg, *Der Beamte in Partei und Parlament.* Kleine Schriften, Institut zur Förderung öffentlicher Angelegenheiten. Frankfurt/M.: Metzner, 1952.

Ders., *Ämterpatronage.* Stuttgart: Schwab, 1961.

Herman Finer, *Der moderne Staat: Theorie und Praxis.* 3. Bde. Stuttgart und Düsseldorf: Ring-Verlag 1957/58.

Ernst Forsthoff, *Deutsche Verfassungsgeschichte der Neuzeit: Ein Abriß.* 2. Aufl. Stuttgart: Kohlhammer, 1961.

Ders., „Der lästige Jurist", *Die Öffentliche Verwaltung,* Jg. 8, 1955, S. 648 ff.

Ders., *Die Verwaltung als Leistungsträger.* Stuttgart und Berlin: Kohlhammer, 1938.

Jean Fourastié und Jean-Paul Courthéoux, *La planification économique en France.* Paris: Presse Universitaires de France, 1963.

Ernst Fraenkel, *Das amerikanische Regierungssystem: Eine politologische Analyse.* 2. Aufl. Köln und Opladen: Westdeutscher Verlag, 1962.

Helmar Frank, Hrsg., *Kybernetik: Brücke zwischen den Wissenschaften.* Frankfurt/M.: Umschau, 1964.

Robert C. Fried, *The Italian Prefects: A Study in Administrative Politics.* New Haven und London: Yale University Press, 1963.

Ludwig von Friedeburg, *Soziologie des Betriebsklimas.* Frankfurt/M.: Europäische Verlagsanstalt, 1963.

Ludwig von Friedeburg und Andere, *Betriebsklima: Eine industriesoziologische Untersuchung aus dem Ruhrgebiet.* Frankfurter Beiträge zur Soziologie, Bd. 3. Frankfurt/M.: Europäische Verlagsanstalt, 1955.

Carl J. Friedrich, *Der Verfassungsstaat der Neuzeit.* Berlin, Göttingen, Heidelberg: Springer, 1953.

Ders., *Demokratie als Herrschafts- und Lebensform.* Studien zur Politik, Bd. 1. Heidelberg: Quelle & Meyer, 1959.

Ernst Friesenhahn und Karl Joseph Partsch, „Parlament und Regierung im modernen Staat", *Veröffentlichungen der Vereinigung Deutscher Staatsrechtslehrer,* Heft 12. Berlin: de Gruyter, 1958.

Otto Heinrich v. d. Gablentz, „Industriebürokratie", *Schmollers Jahrbuch,* Bd. 50, 1926, S. 539 ff.

Arnold Gehlen, *Studien zur Anthropologie und Soziologie.* Soziologische Texte, Bd. 17. Neuwied: Luchterhand, 1963.

John Gimbel, *Eine deutsche Stadt unter amerikanischer Besatzung: Marburg 1945—1952.* Köln und Berlin: Kiepenheuer & Witsch, 1964.

Kurt Glaser, *Verwaltungstechnik.* Frankfurt/M.: Metzner, 1950.

Friedrich Glum, „Staatsoberhaupt und Regierungschef", *Zeitschrift für Politik,* Jg. 6, 1959, S. 293 ff.

John Ford Golay, *The Founding of the Federal Republic of Germany.* Chicago: University of Chicago Press, 1958.

Alvin W. Gouldner, „Metaphysical Pathos and the Theory of Bureaucracy", *American Political Science Review,* Bd. 49, 1955, S. 496 ff.

Bernard Gournay, „Un Groupe dirigeant de la Société française: Les grands fonctionnaires", *Revue Française de Science Politique,* Bd. 14, 1964, S. 215 ff.

David Granick, *The European Executive.* London: Weidenfeld & Nicolson, 1962.

Ders., *The Red Executive: A Study of the Organization Man in Russian Industry.* New York: Doubleday, 1961.

Roger Grégoire, *La Fonction Publique.* Paris: Colin, 1954.

Alfred Grosser, Hrsg., *Administration et Politique en Allemagne Occidentale.* Paris: Colin, 1954.

Robert d'Harcourt, *L'Allemagne d'Adenauer.* Paris: Flammarion, 1958.

Ernst von Harnack, *Die Praxis der öffentlichen Verwaltung.* 2. Aufl. Schwenningen/N.: Holtzhauer, 1951.

Joseph P. Harris, *Congressional Control of Administration.* Washington, D. C.: Brookings Institution, 1964.

Heinz Hartmann, *Funktionale Autorität: Systematische Abhandlung zu einem soziologischen Begriff.* Stuttgart: Enke, 1964.

Fritz Hartung, *Studien zur Geschichte der preußischen Verwaltung.* Abhandlungen der Deutschen Akademie der Wissenschaft Berlin. Berlin: Akademie-Verlag, 1948.

Otto Haußleiter, „Verwaltungssoziologie", *Vorzüge und Mängel des öffentlichen Dienstes.* Schriftenreihe des Deutschen Beamtenbundes, Heft 29. Bad Godesberg: Deutscher Beamtenverlag, 1962, S. 185 ff.

Ferrel Heady und Sybil L. Stokes, Hrsg., ***Papers in Comparative Public Administration***. Ann Arbor, Mich.: University of Michigan, Institute of Public Administration, 1962.

Dies., *Comparative Public Administration: A Selective Annotated Bibliographie*. 2. Aufl. Ann Arbor, Mich.: University of Michigan, Institute of Public Administration, 1960.

Arnold S. Heidenheimer, *Adenauer and the CDU: The Rise of the Leader and the Integration of the Party*. Den Haag: Nijhoff, 1960.

Wolfgang Heineken, *Exakte Methoden der Unternehmensführung*. Karlsruhe: Braun, 1963.

Wilhelm Hennis, *Richtlinienkompetenz und Regierungstechnik*. Recht und Staat, Heft 300/301. Tübingen: Mohr, 1964.

Ders., „Verfassungsordnung und Verbandseinfluß: Bemerkungen zu ihrem Zusammenhang im politischen System der Bundesrepublik", *Politische Vierteljahresschrift*, Jg. 2, 1961, S. 23 ff.

Laurin L. Henry, *Presidential Transitions*. Washington: Brookings Institution, 1960.

K. Paul Hensel, *Einführung in die Theorie der Zentralverwaltungswirtschaft: Eine vergleichende Untersuchung idealtypischer wirtschaftlicher Lenkungssysteme an Hand des Problems der Wirtschaftsrechnung*. Schriften zum Vergleich wirtschaftlicher Lenkungssysteme, Heft 1. 2. Aufl. Stuttgart: Fischer, 1959.

Ferdinand A. Hermens, *Ethik, Politik und Macht: Demokratische Existenz heute*. Schriften des Forschungsinstituts für Politische Wissenschaft, Köln, Heft 1. 1961.

John H. Herz, „German Officialdom Revisited: Political Views and Attitudes of the West German Civil Service", *World Politics*, Bd. 7, 1954, S. 63 ff.

Robert Heussler, *Yesterday's Rulers: The Making of the British Colonial Service*. Syracuse, N. Y.: Syracuse University Press, 1963.

Carl Heyland, *Das Berufsbeamtentum im neuen demokratischen deutschen Staat: Eine staatsrechtliche Studie*. Berlin: de Gruyter, 1949.

Otto Hintze, *Der Beamtenstand*. Nachdruck des 1911 veröffentlichten Textes. Darmstadt: Wissenschaftliche Buchgesellschaft, 1963.

Ders., *Geist und Epochen der Preußischen Geschichte: Gesammelte Abhandlungen*. Hrsg. Fritz Hartung. Leipzig: Koehler & Amelang, o. J. (1943).

Peter R. Hofstätter und Werner H. Tack, *Das Bild des Beamten in der Öffentlichkeit: Eine sozialpsychologische Untersuchung*. Bad Godesberg: Deutscher Beamtenverlag, 1963.

Karl Otto Hondrich, *Die Ideologien von Interessenverbänden: Eine strukturell-funktionale Analyse öffentlicher Äußerungen des Bundesverbandes der Deutschen Industrie, der Bundesvereinigung der Deutschen Arbeitgeberverbände und des Deutschen Gewerkschaftsbundes*. Berlin: Duncker & Humblot, 1963.

Adolf Hüttl, „Gegenstand, Methode, Gliederung und Aufgabe der Verwaltungslehre", *Vorzüge und Mängel des öffentlichen Dienstes*. Schriftenreihe des Deutschen Beamtenbundes, Heft 29. Bad Godesberg: Deutscher Beamtenverlag, 1962, S. 144 ff.

Institut zur Förderung öffentlicher Angelegenheiten, *Neues Beamtentum: Beiträge zur Neuordnung des Öffentlichen Dienstes*. Frankfurt/M.: Metzner, 1951.

Martin Irle, *Soziale Systeme: Eine kritische Analyse der Theorie von formalen und informalen Organisationen*. Göttingen: Schwartz, 1963.

Herbert Jacob, *German Administration since Bismarck: Central Authority versus Local Autonomy*. New Haven and London: Yale University Press, 1963.

Gotthard Jasper, *Der Schutz der Republik: Studien zur staatlichen Sicherung der Demokratie in der Weimarer Republik 1922—1930*. Tübingen: Mohr, 1963.

Horst Jecht, Hrsg., *Probleme des öffentlichen Budgets*. Schriften des Vereins für Socialpolitik, Neue Folge Bd. 31. Berlin: Duncker & Humblot, 1964.

Joseph H. Kaiser, *Die Repräsentation organisierter Interessen*. Berlin: Duncker & Humblot, 1956.

Werner Kaltefleiter, *Die Frage der Kompatibilität von legislativem Mandat und exekutiver Funktion in den europäischen Organisationen*. Dissertation, Köln, 1962.

R. K. Kelsall, *Higher Civil Servants in Britain from 1870 to the present day*. London: Routledge & Kegan Paul, 1955.

Ernst Kern, *Die Institution des Berufsbeamtentums im kontinentaleuropäischen Staat: Eine rechts- und verwaltungsvergleichende Studie*. Dortmund: Ardey, 1952.

Jean-François Kesler, „Les anciens Elèves de l'Ecole Nationale d'Administration“, *Revue Française de Science Politique*, Bd. 14, 1964, S. 243 ff.

Otto Kirchheimer, „Vom Wandel der parlamentarischen Opposition“, *Archiv für Rechts- und Sozialphilosophie*, Bd. 43, 1957, S. 59 ff.

Maxwell Knight, *The German Executive, 1890—1933*. Hoover Institute Studies, Series B, Nr. 4. Palo Alto: Stanford University Press, 1952.

René König, „Die Gemeinde im Blickfeld der Soziologie“, *Handbuch der Kommunalen Wissenschaft und Praxis*. Berlin, Göttingen und Heidelberg: Springer, 1956, Bd. I, S. 18 ff.

Arnold Köttgen, *Das Deutsche Berufsbeamtentum und die parlamentarische Demokratie*. Berlin und Leipzig: de Gruyter, 1928.

Ders., „Der Einfluß des Bundes auf die deutsche Verwaltung und die Organisation der bundeseigenen Verwaltung“, *Jahrbuch des öffentlichen Rechts der Gegenwart*, Bd. 11. Tübingen: Mohr, 1962, S. 173 ff.

Ernst Korff, *Menschen beurteilen und Menschen führen: Ein Praktikum der Vorgesetztenkunst*. Heidelberg: Recht und Wirtschaft, 1960.

János Kornai, *Overcentralization in Economic Administration: A Critical Analysis based on Experience in Hungarian Light Industry*. London: Oxford University Press, 1959.

Erich Kosiol, *Grundlagen und Methoden der Organisationsforschung*. Veröffentlichungen des Instituts für Industrieforschung der Freien Universität Berlin, Bd. 3. Berlin: Duncker & Humblot, 1959.

Ders., *Bibliographie der Organisationsliteratur*. Berlin: Duncker & Humblot, 1961.

Raymund Krisam, *Die Beteiligung der Arbeitnehmer an der öffentlichen Gewalt: Ideen und Wirklichkeit der Arbeitnehmerkammern sowie der Wirtschafts- und Sozialräte in Europa.* Schriftenreihe zur Europäischen Integration, hrsg. mit Förderung des Europarates. Leyden: Sythoff, 1963.

Joachim Lampe, *Aristokratie, Hofadel und Staatspatriziat in Kurhannover: Die Lebenskreise der höheren Beamten an den kurhannoverschen Zentral- und Hofbehörden, 1714—1760.* Göttingen: Vandenhoeck & Ruprecht, 1963.

Siegfried Landshut, „Formen und Funktionen der parlamentarischen Opposition", *Wirtschaft und Kultursysteme,* Festschrift für Alexander Rüstow. Zürich und Stuttgart: Rentsch, 1955, S. 214 ff.

Georges Langrod, *La Fonction Publique Internationale: Sa Genèse, son Essence, son Evolution.* Leyden: Sythoff, 1963.

Ders., „Le Rôle Administratif des Soviets et son Évolution", *L'U.R.S.S.: Droit, Économie, Sociologie, Politique, Culture.* Hrsg. M. Mouskhely. Paris: Éditions du Centre National de la Recherche Scientifique, 1964, Bd. II, S. 53 ff.

Joseph LaPalombara, Hrsg., *Bureaucracy and Political Development.* Studies in Political Development, Bd. 2. Princeton, N. J.: Princeton University Press, 1963.

Gerhard Leibholz, *Strukturprobleme der modernen Demokratie.* Karlsruhe: Müller, 1958.

Jacques Lesourne, *Unternehmensführung und Unternehmensforschung.* München und Wien: Oldenbourg, 1964.

Klaus A. Lindemann, *Behörde und Bürger: Das Verhältnis zwischen Verwaltung und Bevölkerung in einer deutschen Mittelstadt.* Darmstadt: Roether, 1952.

Wilhelm Loschelder, „Über das Betriebsklima im öffentlichen Dienst", *Verwaltungsarchiv,* Bd. 54, 1963, S. 217 ff.

Wilhelm Loschelder und Hellmuth Rössler, *Ausbildung und Auslese der Beamten: Gestern, heute und morgen.* Beamtenpolitische Schriftenreihe, Hrsg. Friedrich Gärtner. Baden-Baden: Lutzeyer, 1961.

Niklas Luhmann, *Funktionen und Folgen formaler Organisation.* Schriftenreihe der Hochschule Speyer, Bd. 20. Berlin: Duncker & Humblot, 1964.

Ders., „Lob der Routine", *Verwaltungsarchiv,* Bd. 55, 1964, S. 1 ff.

Ders., „Der neue Chef", *Verwaltungsarchiv,* Bd. 53, 1962, S. 11 ff.

W. J. M. Mackenzie und J. W. Grove, *Central Administration in Britain.* 3. Aufl. London, New York und Toronto: Longmans, Green, 1963.

Männer der Deutschen Verwaltung. Köln und Berlin: Grote, 1963.

Karl Mannheim, *Freedom, Power, and Democratic Planning.* New York: Oxford University Press, 1950.

Gustav Marchet, *Studien über die Entwicklung der Verwaltungslehre in Deutschland von der zweiten Hälfte des 17. bis zum Ende des 18. Jahrhunderts.* München: Oldenbourg, 1885.

Fritz Markull, „Rationalisierung der öffentlichen Verwaltung", *Verwaltungsarchiv,* Bd. 48, 1957, S. 5 ff.

Renate Mayntz, *Soziologie der Organisation.* Reinbek: Rowohlt, 1963.

Dies., *Die soziale Organisation des Industriebetriebes.* Stuttgart: Enge, 1958.

Dies., *Parteigruppen in der Großstadt: Untersuchungen in einem Berliner Kreisverband der CDU.* Köln und Opladen: Westdeutscher Verlag, 1959.

Lucien Mehl, „La Cybernétique et l'Administration", *Revue Administrative,* Bd. 10, 1957, S. 410 ff.; Bd. 11, 1958, S. 539 ff., 667 ff.; Bd. 12, 1959, S. 201 ff., 531 ff.; Bd. 13, 1960, S. 75 ff., 323 ff.; Bd. 14, 1961, S. 311 ff., 671 ff.

Poul Meyer, *Die Verwaltungsorganisation: Vergleichende Studien über die Organisation der öffentlichen Verwaltung.* Göttingen: Schwartz, 1962.

Jean Meynaud, *La Technocratie: Mythe ou Réalité?* Paris: Payot, 1964.

Delbert C. Miller und William H. Form, *Unternehmung, Betrieb und Umwelt: Soziologie des Industriebetriebes und der industriellen Gesellschaft.* Köln und Opladen: Westdeutscher Verlag, 1957.

C. Wright Mills, *Menschen im Büro: Ein Beitrag zur Soziologie des Angestellten.* Köln-Deutz: Bund-Verlag, 1955.

Arthur C. Millspaugh, *Americans in Persia.* Washington: Brookings Institution, 1946.

R. S. Milne, Hrsg., *Bureaucracy in New Zealand.* Wellington: New Zealand Institute of Public Administration, 1957.

Ludwig von Mises, *Bureaucracy.* New Haven: Yale University Press, 1944.

Herbert Morrison, *Regierung und Parlament in England.* München: Beck, 1956.

Fritz Morstein Marx, *Einführung in die Bürokratie: Eine vergleichende Untersuchung über das Beamtentum.* Neuwied: Luchterhand, 1959.

Ders., *Amerikanische Verwaltung: Hauptgesichtspunkte und Probleme.* Schriftenreihe der Hochschule Speyer, Bd. 15. Berlin: Duncker & Humblot, 1963.

Ders., „Beamtenethos und Verwaltungsethik", *Verwaltungsarchiv,* Bd. 54, 1963, S. 323 ff.

Ders., „Zum Ursprung des Stabsbegriffs in den Vereinigten Staaten: Zuwanderung und Anpassung", *Verwaltungsarchiv,* Bd. 55, 1964, S. 97 ff.

Ders., „Freiheit und Bürokratie: Zur Natur des Amtsschimmels", *Archiv für Rechts- und Sozialphilosophie,* Bd. 42, 1956, S. 351 ff.

Gaetano Mosca, *Die herrschende Klasse: Grundlagen der politischen Wissenschaft.* München: Lehnen, 1950.

Karl Valentin Müller, *Der Manager in der Sowjetzone: Eine empirische Untersuchung zur Soziologie der wirtschaftlichen und militärischen Führungsschicht in Mitteldeutschland.* Schriftenreihe des Instituts für Empirische Soziologie, Bd. 2. Köln und Opladen: Westdeutscher Verlag, 1962.

Gunnar Myrdal, *Jenseits des Wohlfahrtsstaates: Wirtschaftsplanung in den Wohlfahrtsstaaten und ihre internationalen Folgen.* Stuttgart: Fischer, 1961.

Karlheinz Neunreither, *Der Bundesrat zwischen Politik und Verwaltung.* Studien zur Politik, Bd. 2. Heidelberg: Quelle & Meyer, 1959.

Richard E. Neustadt, *Presidential Power: The Politics of Leadership.* New York, London: Wiley, 1960.

Orin F. Nolting, *Post-Entry Training in the Public Service in Western Europe.* Chicago: International City Managers' Association, 1962.

Josef Olszewski, *Bureaukratie.* Würzburg: Stuber, 1904.

K. Oppler und E. Rosenthal-Pelldram, *Die Neugestaltung des öffentlichen Dienstes*. Deutsche Gesellschaft für Personalwesen. Frankfurt/M.: Kommentator, 1950.

Glenn D. Paige, *Proposition-Building in the Study of Comparative Administration*. Comparative Administration Group, Special Series Nr. 4. Chicago, 1964.

Talcott Parsons, *Structure and Process in Modern Society*. Glencoe, Ill.: Free Press, 1960.

Ders., *Beiträge zur soziologischen Theorie*. Neuwied: Luchterhand, 1964.

Rechtliche Ordnung des Parteiwesens: Bericht der vom Bundesminister des Innern eingesetzten Parteienrechtskommission. Frankfurt/M.: Metzner, 1957.

Karl Josef Partsch, *Verfassungsprinzipien und Verwaltungsinstitutionen*. Recht und Staat, Heft 221. Tübingen: Mohr, 1958.

Heinz Pentzlin, *Der Mann an der Spitze: Unternehmer im Zeitalter der Elektronik*. Oldenburg und Hamburg: Stalling, 1964.

Kurt Pentzlin, *Meister der Rationalisierung*. Düsseldorf, Wien: Econ, 1963.

Hans Peters, *Die Gewaltentrennung in moderner Sicht*. Arbeitsgemeinschaft für Forschung des Landes Nordrhein-Westfalen, Heft 25. Köln und Opladen: Westdeutscher Verlag, 1954.

Ders., *Lehrbuch der Verwaltung*. Berlin, Göttingen, Heidelberg: Springer, 1949.

Edward L. Pinney, *Federalism, Bureaucracy and Party Politics in Western Germany: The Role of the Bundesrat*. Chapel Hill: University of North Carolina Press, 1963.

Theo Pirker, *Bürotechnik: Zur Soziologie der maschinellen Informationsverarbeitung*. Stuttgart: Enke, 1963.

Theo Pirker und Andere, *Arbeiter, Management, Mitbestimmung: Eine industriesoziologische Untersuchung der Struktur, der Organisation und des Verhaltens der Arbeiterbelegschaften in Werken der deutschen Eisen- und Stahlindustrie*. Stuttgart und Düsseldorf: Ring-Verlag, 1955.

Heinrich Popitz und Andere, *Das Gesellschaftsbild des Arbeiters: Soziologische Untersuchungen in der Hüttenindustrie*. Tübingen: Mohr, 1957.

Peter Rassow, *Der Konflikt König Friedrich Wilhelms IV. mit dem Prinzen von Preußen im Jahre 1854: Eine preußische Staatskrise*. Abhandlungen der Geistes- und Sozialwissenschaftlichen Klasse, Nr. 9. Mainz: Verlag der Akademie der Wissenschaften und der Literatur, 1961.

D. P. Ray, Hrsg., *The Political Economy of Contemporary Africa*. Washington, D. C.: National Institute of Social and Behavioral Sciences, 1960.

Der Mensch im Betrieb: Freiheit und Persönlichkeit. Veröffentlichungen der Walter-Raymond-Stiftung, Bd. 3. Köln und Opladen: Westdeutscher Verlag, 1962.

Die Unternehmerische Verantwortung in unserer Gesellschaftsordnung. Veröffentlichungen der Walter-Raymond-Stiftung, Bd. 4. Köln und Opladen: Westdeutscher Verlag, 1964.

August Wilhelm Rehberg, *Ueber die Staatsverwaltung deutscher Länder und die Dienerschaft des Regenten*. Hannover: Hahn, 1807.

Everett Reimer, „The Case Against the Senior Civil Service“, *Personnel Administration,* Bd. 19/2, 1956, S. 31 ff.

Henry Reining, Jr., *The Fourth Dimension: The Administration of Development and the University's Role.* Comparative Administration Group, Special Series Nr. 3. Chicago, 1964.

Audrey I. Richards, Hrsg., *East African Chiefs.* London: Faber & Faber, 1960.

Fred W. Riggs, *Administration in Developing Countries: The Theory of Prismatic Society.* Boston: Houghton, Mifflin, 1964.

Fred W. Riggs und Edward W. Weidner, *Models and Priorities in the Comparative Study of Public Administration.* Comparative Administration Group, Special Series Nr. 1. Chicago, 1963.

Alexander Rüstow, *Das Versagen des Wirtschaftsliberalismus.* 2. Aufl. Zürich: Küpper, 1950.

Hans Ryffel, „Der Mensch als politisches Wesen: Gegenwartsaspekte“, *Der Staat,* Bd. 2, 1963, S. 25 ff.

Arnold Sachse, *Friedrich Althoff und sein Werk.* Berlin: Mittler, 1928.

Anthony Sampson, *Wer regiert England? Anatomie einer Führungsschicht.* München: Piper, 1963.

Maria Savio, *Fragen der Rationalisierung und der Personalpolitik in der öffentlichen Verwaltung.* Winterthur: Keller, 1956.

Helmut Schelsky, *Der Mensch in der wissenschaftlichen Zivilisation.* Köln und Opladen: Westdeutscher Verlag, 1961.

Ders., *Die sozialen Folgen der Automatisierung.* Düsseldorf, Köln: Diederichs, 1957.

Ulrich Scheuner, „Der Bereich der Regierung“, *Rechtsprobleme in Staat und Kirche.* Festgabe für Rudolf Smend. Göttingen: Schwartz, 1952, S. 253 ff.

Eugen Schmalenbach, *Über Dienststellengliederung im Großbetriebe.* Köln und Opladen: Westdeutscher Verlag, 1959.

Günter Schmölders, *Die Politiker und die Währung.* Frankfurt/M.: Knapp, 1959.

Hans Schneider, „Die Bedeutung der Geschäftsordnungen oberster Staatsorgane für das Verfassungsleben“, *Rechtsprobleme in Staat und Kirche.* Festgabe für Rudolf Smend. Göttingen: Schwartz, 1952, S. 303 ff.

Hans Schneider, Planification als normatives Informationssystem und als Koordinationsprinzip“, *Zeitschrift für die gesamte Staatswissenschaft,* Bd. 120, 1964, S. 329 ff.

Herbert A. Simon, *Das Verwaltungshandeln: Eine Untersuchung der Entscheidungsvorgänge in Behörden und privaten Unternehmen.* Stuttgart: Kohlhammer, 1955.

Alfred P. Sloan, Jr., *My Years with General Motors.* Hrsg. John McDonald und Catharine Stevens. Garden City, N. Y.: Doubleday, 1964.

Rudolf Smend, *Verfassung und Verfassungsrecht.* München und Leipzig: Duncker & Humblot, 1928.

C. P. Snow, *The Two Cultures and a Second Look.* New York: Mentor Book, New American Library, 1964.

Theodore C. Sorensen, *Decision-Making in the White House: The Olive Branch or the Arrows.* New York, London: Columbia University Press, 1963.

Robert Staerkle, *Stabsstellen in der industriellen Unternehmung.* Bern: Haupt, 1961.

Harold Stein, *Public Administration and Policy Development.* New York: Harcourt, Brace, 1952.

Ders., „The British Administrator's World", *Public Administration Review,* Bd. 22, 1962, S. 221 ff.

Dolf Sternberger, „Gewaltenteilung und parlamentarische Regierung", *Politische Vierteljahresschrift,* Jg. 1, 1960, S. 22 ff.

Donald C. Stone, Hrsg., *Education in Public Administration: A Symposium on Teaching Methods and Materials.* Brüssel: International Institute of Administrative Sciences, 1963.

Horst Symanowski und Fritz Vilmar, *Die Welt des Arbeiters: Junge Pfarrer berichten aus der Fabrik.* Frankfurt/M.: Stimme-Verlag, 1963.

Friedrich H. Tenbruck, „Zur deutschen Rezeption der Rollentheorie", *Kölner Zeitschrift für Soziologie und Sozialpsychologie,* Bd. 13, 1961, S. 1 ff.

Werner Thieme, *Der öffentliche Dienst in der Verfassungsordnung des Grundgesetzes.* Göttingen: Schwartz, 1961.

Hans Thomae, Hrsg., *Die Motivation menschlichen Handelns.* Köln-Berlin: Kiepenheuer & Witsch, 1965.

Carl Hermann Ule, „Öffentlicher Dienst", *Die Grundrechte,* Hrsg. Karl August Bettermann und Hans Carl Nipperdey. Berlin: Duncker & Humblot, 1962, Bd. IV, S. 537 ff.

Carl Hermann Ule, Hrsg., *Die Entwicklung des öffentlichen Dienstes: Berichte, Vorträge, Diskussionsbeiträge.* Köln, Berlin, München und Bonn: Heymann, 1961.

P. J. Vatikiotis, *The Egyptian Army in Politics: Pattern for New Nations?* Bloomington: Indiana University Press, 1961.

Die Verwaltungsausbildung der Juristen. Vorträge und Diskussionsbeiträge. Schriftenreihe der Hochschule Speyer, Bd. 25. Berlin: Duncker & Humblot, 1965.

Sir Geoffrey Vickers, *The Art of Judgment: A Study of Policy Making.* London: Chapman & Hall, 1965.

Dwight Waldo, *Comparative Public Administration: Prologue, Problems, and Promise.* Comparative Administration Group, Special Series Nr. 2. Chicago, 1964.

Helmut Weber, *Die Planung in der Unternehmung.* Nürnberger Abhandlungen zu den Wirtschafts- und Sozialwissenschaften, Heft 19. Berlin: Duncker & Humblot, 1963.

Max Weber, *Wirtschaft und Gesellschaft.* Grundriß der verstehenden Soziologie. 4. Aufl. Tübingen: Mohr, 1956.

Werner Weber, *Spannungen und Kräfte im westdeutschen Verfassungssystem.* 2. Aufl. Stuttgart: Vorwerk, 1958.

Edward W. Weidner, *Intergovernmental Relations as Seen by Public Officials.* Minneapolis: University of Minnesota Press, 1960.

Friedrich Weltz, *Vorgesetzte zwischen Management und Arbeitern: Eine industriesoziologische Untersuchung der Situation und Vorstellungen von Meistern und Steigern.* Soziologische Gegenwartsfragen, Neue Folge. Stuttgart: Enke, 1964.

William H. Whyte, *Herr und Opfer der Organisation.* Düsseldorf: Econ, 1958.

Norbert Wiener, *Kybernetik: Regelung und Nachrichtenübertragung im Lebewesen und in der Maschine.* 2. Aufl. Düsseldorf und Wien: Econ, 1963.

Aaron Wildavsky, *The Politics of the Budgetary Process.* Boston und Toronto: Little, Brown, 1964.

Rudolf Wildenmann, *Macht und Konsens als Problem der Innen- und Außenpolitik.* Frankfurt und Bonn: Athenäum Verlag, 1963.

Theodor Wilhelm, *Die Idee des Berufsbeamtentums: Ein Beitrag zur Staatslehre des deutschen Frühkonstitutionalismus.* Tübingen: Mohr, 1933.

F. M. G. Willson, *Administrators in Action.* London: Allen & Unwin, 1961.

Karl A. Wittfogel, *Oriental Despotism: A Comparative Study of Total Power.* Yale University Press: New Haven and London, 1962.

Roland Young und Henry A. Fosbrooke, *Smoke in the Hills: Political Tension in the Morogoro District of Tanganyika.* Evanston, Ill.: Northwestern University Press, 1960.

Max Zacherl, *Der Bürokratismus und seine Überwindung.* München: Pflaum, 1948.

Wolfgang Zapf, Hrsg., *Beiträge zur Analyse der Deutschen Oberschicht.* Studien und Berichte aus dem Soziologischen Seminar der Universität Tübingen, Heft 3. Tübingen, 1964.

Karl Zeidler, *Über die Technisierung der Verwaltung: Eine Einführung in die juristische Beurteilung der modernen Verwaltung.* Karlsruhe: Müller, 1959.

Gilbert Ziebura, *Die V. Republik: Frankreichs neues Regierungssystem.* Die Wissenschaft von der Politik, Bd. 12. Köln und Opladen: Westdeutscher Verlag, 1960.

Personen- und Sachverzeichnis